Arnulf Krause

Die Normannen

Arnulf Krause

Die Normannen

Eroberer – Ritter – Staatengründer

marixverlag

Inhalt

9. Normannen als Kreuzfahrer – das Fürstentum Antiochia

10. Normannisches Erbe und normannische Kultur

Anhang

1. Einführung: Wer waren die Normannen?

Teppichdiplomatie oder Aktuelles zu den Normannen

Während eines Besuchs der britischen Premierministerin Theresa May im Januar 2018 in Frankreich beeindruckte Präsident Emmanuel Macron die Öffentlichkeit mit einer diplomatischen Geste ersten Ranges: Er kündigte die Ausleihe des Wandteppichs von Bayeux an England an, wo das fast 70 Meter lange Objekt nach gründlichen Restaurierungsarbeiten irgendwann nach 2020 präsentiert werden soll. Nun ist der Teppich von Bayeux (frz. Tapisserie de Bayeux, engl. Bayeux Tapestry) nicht nur eine einzigartig gut erhaltene Textilie aus der Zeit um 1070, sondern auch ein historisches Zeugnis, dessen Bedeutung gar nicht hoch genug eingeschätzt werden kann. Illustriert doch dieser Mittelalter-Comic mit hunderten von Figuren ein Ereignis, das die englische und europäische Geschichte maßgeblich beeinflusst hat – und das gilt bis heute: Denn die dargestellten Geschehnisse rund um die Schlacht von Hastings im Jahr 1066 bezeugen nicht nur die Eroberung Englands durch den normannischen Herzog Wilhelm den Eroberer und damit die letzte erfolgreiche Invasion der Britischen Inseln, sondern sie initiierten auch einen grundlegenden Wandel Englands in Gesellschaft, Sprache und Kultur. Wenig verwunderlich ist darum, dass viele Szenen des Teppichs, der im Museum von Bayeux aufbewahrt wird und seit 2007 zum Weltdokumentenerbe der UNESCO gehört, bereits englischen Schülerinnen und Schülern vertraut sind. In London und andernorts im Vereinigten Königreich dürfte man sich einer gewissen Doppelbödigkeit der freundschaftlichen Geste des französischen Präsidenten bewusst sein: Erinnert sie doch die Briten und insbesondere die Engländer nicht nur an die lange gemeinsame Geschichte, sondern auch an die Niederlage des angelsächsischen Heeres gegen die Normannen und ihre nordfranzösischen Verbündeten. Der Bayeux-Teppich erweist sich folglich als ein fast ein Jahrtausend altes Relikt, das mit seiner Symbolik selbst politische Tagesereignisse noch auf den Punkt bringen kann (mehr dazu in Kap. 5).

Darüber hinaus bringt er die Normannen ins Spiel und damit jenes »Volk«, das Thema dieses Buches ist. Der Bayeux-Teppich und die folgenden Beispiele wollen als Einstieg auf deren offensichtliche Relevanz verweisen. In England und auf den gesamten Britischen Inseln haben sie (engl. Normans) überdeutliche Spuren hinterlassen. So im Tower of London, der seit den Zeiten Wilhelm des Eroberers Residenz, Trutzburg und Festung war. Darüberhinaus gehören normannische Burgen und Kirchen zum Grundvokabular englischer Kunst- und Architekturgeschichte. Die Eroberer von 1066 kamen aus der Normandie (frz. Normandie, engl. Normandy) und damit aus jener nordfranzösischen Region bzw. historischen Provinz, deren Bewohner bis heute ihre sehr spezielle Identität pflegen. Selbstredend liegt hier das Kernland der Normannen (frz. Normands), nicht nur der modernen, sondern auch der mittelalterlichen. Doch mit der engen Beziehung zwischen der Normandie und England ist deren Wirkungskreis bei weitem nicht erschöpft. Zu Zeiten Wilhelm des Eroberers und seiner Erben prägten die Normanni (ital.) die Geschichte und Kultur Süditaliens. Gerade Sizilien weist etliche Monumente auf, die auf die Männer aus der Normandie zurückzuführen sind – so den Dom von Palermo (auch Normannendom genannt), der in einer Seitenkapelle den Sarkophag König Rogers II. birgt. Die Familie dieses mächtigen süditalienischen Herrschers stammte aus der Normandie. Dass sich in seiner unmittelbaren Nachbarschaft die Gräber der deutschen Stauferkaiser Heinrich VI. und Friedrich II. befinden – historisch genauer müsste man sie als Kaiser des Heiligen Römischen Reiches bezeichnen – ist den Ergebnissen mittelalterlicher Feudalgeschichte geschuldet und soll andernorts erläutert werden (vgl. Kap. 8). Ebenso etwa die Geschichte der Reichsburg Trifels im Südpfälzer Wald, auf der im Frühjahr 1193 mit Richard Löwenherz ein englischer König mit entfernter normannischer Verwandtschaft gefangen gehalten wurde. Und ein Jahr später wurde genau dorthin auf unzähligen Lasteseln der Normannenschatz aus Sizilien transportiert. Wie anschaulich Gegenstände Geschichte erzählen können belegt ein Teil dieses Kronschatzes aus dem Süden: Der so genannte Krönungsmantel Rogers II. weist arabisch-normannische Eigenschaften auf, darunter auch eine arabische Inschrift. Seine exotische Pracht beeindruckte so sehr, dass er Teil der kaiserlichen Reichsinsignien des Heiligen Römischen Reiches wurde und heute in der Wiener Hofburg aufbewahrt wird. Schließlich noch eine letzte normannische Spur fernab im Nahen Osten: Dort, in Syrien, findet sich unter anderem mit der Burgruine Margat (arab. Qalaʿat al-Marqab) eine Kreuzfahrerfestung unweit des Mittelmeers. Sie legt Zeugnis ab von dem Fürstentum Antiochia, das einstmals von normannischen Herren regiert wurde.

Eine Annäherung

Als deren unmittelbare Heimat hat die Normandie zu gelten – mit möglichen Zwischenstufen in Süditalien. Die heutige Region (frz. région) im Nordwesten Frankreichs stimmt noch im Großen und Ganzen mit dem Gebiet des mittelalterlichen Herzogtums überein. Sie erstreckt sich zwischen Ärmelkanal und Pariser Becken, von der Picardie im Nordosten bis zur Bretagne im Südwesten – auf knapp 30.000 qkm mit ca. 3 Millionen Einwohnern. Mit mehr als 600 km langen, abwechslungsreichen Küsten und zahlreichen Badeorten, die sich seit dem 19. Jahrhundert großer Beliebtheit erfreuten, gilt die Normandie als ausgemachte Urlaubsregion. Im Landesinnern bieten die Départements und ihre Untergliederungen, die Arrondissements, saftige Wiesen, bewaldete Höhen, reichlich strömende Flüsse und Bäche, was Acker- und Obstbau begünstigt. Neben der Hauptstadt Rouen mit ihrer bedeutenden Kathedrale weist das Land etliche historisch bedeutsame Städte auf, außerdem Burgen, Schlösser, Herrenhäuser und – nicht zu vergessen – die berühmte Klosterberginsel des Mont-Saint-Michel. Der Haute Normandie mit der Halbinsel Contentin vorgelagert finden sich in Küstennähe die Kanalinseln, deren weitere Bezeichnung Normannische Inseln (engl. Channel Islands, frz. Îles Anglo-Normandes) auf ein Kuriosum ihrer historischen Sonderrolle verweist. Blieben sie doch der britischen Krone als letzter Rest des Herzogtums Normandie erhalten – aus der Zeit also, in der die Normannen in London herrschten und England und die Normandie gemeinsam unter ihrer Herrschaft standen.

Als Normannen bezeichnen sich tatsächlich die heutigen Bewohner der Normandie. Uns interessieren hier allerdings die mittelalterlichen Normannen, deren Wirkungskreis wie oben angesprochen die Normandie, England bzw. die Britischen Inseln, Süditalien nebst Sizilien und schließlich ein Teil des Heiligen Landes war. Dies gilt für den Zeitraum zwischen 900 und 1200. In diesen 300 Jahren etablierten sie sich seit 911 im erst etwas später so genannten Herzogtum Normandie, von dort aus eroberten sie 1066 England, einzelne Gruppen zog es in süditalienische Gebiete, wo schließlich unter normannischer Führung ein zeitweise mächtiges Königreich entstand (1130), wieder andere Gruppen zog es mit dem 1. Kreuzzug (1096–1099) ins Heilige Land, um dort das Fürstentum Antiochia zu begründen. Übrigens sollte man sich unter diesen umtriebigen Menschen kein Volk vorstellen, das in Völkerwanderungsmanier mit Sack und Pack in Europa und am Mittelmeer umherzog. Sämtliche dieser Eroberungszüge nahmen ihren Ausgang von einer kleinen feudalen Oberschicht hoher und niedriger Adliger. Für das entstehende Rittertum des Mittelalters spielte die Normandie eine bedeutende Rolle, darum treten an vielen weiteren Orten normannische Ritter als Akteure auf.

Normannen und Wikinger

Nach dieser ersten Begriffsklärung folgt zwingend eine zweite, denn so manche Leserin und mancher Leser mag unter dem Titel und Thema des Buchs Ausführungen zu den skandinavischen Wikingern erwartet haben. Verständlicherweise, weil beide Begriffe als Synonyme verwendet wurden. Wir verfahren hier anders und folgen der im deutschsprachigen Raum üblich gewordenen Unterscheidung zwischen Normannen (vgl. oben) und Wikingern. Unter letzteren verstehen wir die Nordgermanen des frühen Mittelalters, die zwischen dem Ende des 8. und der Mitte des 11. Jahrhunderts in einzelnen Gruppen respektive Bevölkerungsteilen in alle Himmelsrichtungen auszogen: auf die Britischen Inseln, zu den Inseln im Nordatlantik, ins Frankenreich und nach Osteuropa bis nach Russland, darüber hinaus über das Schwarze Meer, die Wolga und das Kaspische Meer bis ins heutige Istanbul, nach Bagdad und zum Kaukasus. Von Island aus erschlossen sie sich sogar Grönland und Neufundland. Die Wikinger verband zu keinem Zeitpunkt ein einheitliches Reich aber doch eine Fülle an Gemeinsamkeiten einer letztlich zusammengehörigen Kultur: die altnordische Sprache, die dem heutigen Isländisch ähnlich war, die Runenschrift und insbesondere der alte germanische Götterglaube um Odin und Thor mit seinen zahlreichen Opfern und Ritualen. Dazu zählten ebenso die agrarische Lebensweise mit einigen wichtigen Handelsplätzen und die gesellschaftlich akzeptierte Form eines gewissen Piratentums, schließlich als Paradestück exzellente Kenntnisse des Schiffbaus und nautische Fähigkeiten.

Die Verwendung des Wortes Wikinger als Gruppenbezeichnung der nordgermanischen Skandinavier ist allerdings ein recht junges Phänomen, das der romantischen Verklärung des 19. Jahrhunderts geschuldet ist. Im frühen Mittelalter bezeichneten die Skandinavier selbst damit nämlich Piraten (altnord. víkingr m., Pl. víkingar), deren Überfällen sie ebenfalls ausgesetzt waren. Dabei waren allerdings die Grenzen zwischen Tätern und Opfern fließend: Wenn damals ein dänischer oder norwegischer Bauer sagte, er gehe über den Sommer auf Wiking (altnord. víking f. Wikingerfahrt), meinte er, dass er mit anderen eine Raubfahrt unternahm. Diese führte meistens nach England oder an die Küsten des Frankenreiches, richtete sich mitunter aber auch gegen skandinavische Nachbarn. Die Herkunft dieses markanten Wortes ist übrigens ungewiss. Es lässt sich unter anderem auf die Bezeichnung eines Handelsplatzes (Wik), auf das altnordische Wort für eine Bucht (vík) oder auf den südnorwegischen Landschaftsnamen Viken zurückführen. In Osteuropa setzte sich für die vordringenden Schweden die Bezeichnung Waräger (altnord. væringi m., Pl. væringjar) durch, was wahrscheinlich »die durch Eide Verpflichteten« bedeutet. Diese gaben der legendären Warägergarde am Hof von Konstantinopel ihren Namen. Ein anderer ihrer Namen hatte weitreichende Folgen: Unter den Slawen verbreitete sich nämlich die Bezeichnung Rus für die Schweden (was mit deren finnischen Namen Ruotsi »Ruderer« zusammenhing). Mit der Slawisierung schwedischstämmiger Herrscher übertrug sich die Bezeichnung schließlich auf deren überwiegend slawisches Reich und dessen Bevölkerung. Mit den Russen lebt er bis heute fort, ohne dass er noch etwas mit den Skandinaviern zu tun hätte. In den Schilderungen angelsächsischer und fränkischer Chroniken und Annalen erhalten die Plünderer aus Skandinavien eine Fülle anderer Namen: Heiden (pagani), Barbaren (barbari), Piraten (piratae) und Eschenmänner (ascomannos), was sich wahrscheinlich auf das Holz ihrer Bögen oder ihrer Schiffe bezog. Ebenso benannte man sie nach ihrer Herkunft als Dänen (dani) und als Nordmänner (nortmanni oder normanni in verschiedenen Schreibweisen). Als sich um 911 Wikinger dauerhaft im Mündungsgebiet der Seine niederließen, wurden auch sie als Nordmänner bezeichnet. Die Raubfahrten der Skandinavier nahmen mit der Zeit ein Ende, aber ihren in Nordfrankreich sesshaften Nachfahren blieb die Bezeichnung der Normannen und wurde sogar auf die Bevölkerungsmehrheit eingesessener Romanen und Franken übertragen. Ihr gemeinsames Land hieß Terra Northmannorum »Land der Nordmänner« oder Northmannia »Normandie« (Rowley 2003, 10).

Wer waren die Normannen?

Soviel vorerst zur eng mit der Wikingerzeit verbundenen Vorgeschichte der Normannen. Im Unterschied zu den Wikingern lässt sich für die nordfranzösischen Normannen und ihre mittelalterlichen Nachfahren kein so klares Profil gewinnen. Denn während die ersteren im Großen und Ganzen Skandinavien verbunden blieben, nahmen die Normannen – ganz ähnlich wie die Rus – bereits im Laufe von Jahrzehnten eine andere Identität an. Das lag an einer rasanten Romanisierung, derzufolge immer mehr Normannen die altfranzösische Sprache benutzten und die familiären wie kulturellen Verbindungen zu den Heimatländern schwächer wurden. Dazu trug die rasche Annahme des Christentums ebenso bei wie die Integration und Assimilierung in der alteingesessenen Bevölkerungsmehrheit – wozu nicht zuletzt zahlreiche Mischehen beitrugen. Für das 11. Jahrhundert muss man sich bereits fragen, was von einem wikingischen Erbe erhalten geblieben war (vgl. Kap. 3). Mit ethnischer Fixierung ist es jedenfalls gerade im normannischen Adel nicht weit her; denn der bevorzugte familiäre Verbindungen mit dem alten Frankenadel, wovon man sich mehr Macht und Einfluss versprach. In den eroberten Territorien der Normannen sah es nicht viel anders aus: Selbst in England und in Süditalien sowieso erfolgte eine schnelle Integration. Was blieb dann aber noch von einer gemutmaßten normannischen Identität? Interessanterweise das eigene Bewusstsein, von Skandinaviern abzustammen, das lange gepflegt wurde (und bis heute in der Normandie präsent ist). Die nichtnormannischen Historiographen überlieferten dieses Bewusstsein übrigens auch, allerdings mit negativer Konnotation. Ihnen zufolge stammten die Herzöge schlichtweg von Piraten ab. Gern verwenden mittelalterliche Zeugnisse wie moderne HistorikerInnen ein Bündel an charakteristischen Eigenschaften wie Kriegserfahrung, Ehrgeiz und Listigkeit. Ob sich derlei Attribute ausschließlich auf eine Gruppe beziehen lassen, sei dahingestellt.

Klarere Konturen dürften gewonnen werden, wenn man die Normannen von ihrer Herkunft trennt und den Blick auf ihre Entwicklung richtet. Dabei stößt man auf Phänomene wie das eines Musterstaates mit effizienter Verwaltung und einer engen Beziehung zwischen den Herzögen und der Kirche. Dazu zählt ebenso die Entwicklung des Rittertums, der Burgenbau, die Gelehrsamkeit der Klosterschulen und vieles mehr. Der englische Historiker und Normannenkenner Reginald Allan Brown (1924–1989) hielt ihre Wirkung für »so nachhaltig und umfassend« (Brown 1991, 7), dass ein einziges Buch dafür nicht ausreiche. Er hebt die »wichtigsten historischen Leistungen hervor«, gesteht jedoch, dass sie »oft schwierig einzugrenzen und zu definieren sind« (ebd.). Schließlich bringt er ganz und gar unnüchtern seine Begeisterung für sein Forschungsobjekt zum Ausdruck, wenn er den Normannen »eine von Energie überschäumende, integrierte, loyale und selbstbewußte Gesellschaft« (ebd.) bescheinigt, der am Ende des 11. Jahrhunderts die ganze Welt als Spielball diente. Spielball »einer Gesellschaft, die offenbar alles erreichte, was sie sich vorgenommen hatte« (ebd., 8). Diese Begeisterung eines englischen Gelehrten des 20. Jahrhunderts mag Neugier auf die Normannen und ihre Geschichte wecken. Und nicht zuletzt auf die Lektüre dieses Buches.

2. Die Vorgeschichte: Wikinger in Europa

Die Fahrten der Wikinger – Gründe und Ziele

Wer die Normannen kennenlernen will, muss sich mit ihrer Vorgeschichte und ihren Vorfahren beschäftigen, in denen sie selbst einen Gutteil ihrer Identität ausmachten. Bekanntlich hielten ihnen die zeitgenössischen Chronisten ihre Abkunft von Piraten vor. Aus der Zeit Wilhelm des Eroberers liegt uns ein Bericht des Gelehrten Adam von Bremen vor, der um 1070 eine Geschichte des Erzbistums Hamburg schrieb (Gesta Hammaburgensis ecclesiae pontificum). Da Hamburg für die Kirchenangelegenheiten und Missionsbestrebungen in Skandinavien zuständig war, widmet er sich eingehend den dortigen Ländern, die damals im Großen und Ganzen christianisiert waren. Über Dänemark schreibt er: »Hier gibt es viel Gold, das von Piraten zusammengeraubt worden ist. Diese Seeräuber, die bei ihnen Wikinger (Wichingos), bei uns aber Eschenleute heißen, leisten dem Dänenkönig Tribut, damit sie Beutezüge … unternehmen dürfen. Doch es kommt vor, dass sie die gewährte Freiheit gegen die Feinde oft gegen die eigenen Leute missbrauchen. Sie kennen keinerlei Treue gegeneinander, und ohne Erbarmen verkauft einer den anderen, wenn er ihn gefangen hat, als unfreien Knecht an einen Freund oder Barbaren.« (Trillmich, Werner (Hg., Übers.): Adam von Bremen. Bischofsgeschichte der Hamburger Kirche. In: Quellen des 9. und 11. Jahrhunderts zur Geschichte der Hamburgischen Kirche und des Reiches. Darmstadt 1978. S. 135 ff.). Dieses Zeugnis vom Ende der Wikingerzeit findet seine Entsprechungen in den Annalen um 800, denen zufolge Skandinavier Raubzüge gegen britische und fränkische Küsten unternahmen, die im Laufe der Jahrzehnte immer größere Ausmaße annahmen.

Piraterie darf folglich über ein Vierteljahrtausend als Grundzug der Wikinger gelten. Deren Expansion nahm jedoch auch andere Züge an, so wenn die Nordmänner in den überfallenen

Ländern überwinterten und sich insbesondere in England Land aneigneten, um dorthin mit ihren Familien auszuwandern. Auf Island, den Färöern und Grönland siedelte man sich friedlich an, weil diese Länder menschenleer waren bzw. anfangs so schienen. Gleichzeitig reisten skandinavische Händler bis nach Konstantinopel und Bagdad. In der späten Wikingerzeit tritt die politische Komponente der Expansion deutlich hervor: Dänische Könige unternahmen Kriegszüge nach England, dessen Krone sie dann zeitweilig trugen – deswegen berühren sich im 11. Jahrhundert die dänisch-norwegische Geschichte und das Wirken der Normannen aus der Normandie (vgl. Kap. 5).

Diese Expansion vom Rande Europas her trägt derart außergewöhnliche Züge, dass man immer schon deren Ursachen und genaueren Umstände hat begreifen wollen. Von entscheidender Bedeutung war zweifelsohne Erfindung und Entwicklung der Drachenboote. Sie verschafften in unterschiedlicher Ausprägung ihren Nutzern Schnelligkeit und Beweglichkeit, wie sie bei herkömmlichen Schiffen der Zeit in Europa völlig unbekannt waren. Damit stach man in See, um mit Überraschungsangriffen Beute zu machen. Oder man verstaute die gesamte Habe einschließlich des Viehs darauf, um sich neues Land zum Siedeln zu suchen. Aber auch die politischen Verhältnisse des frühen Mittelalters spielten dabei eine Rolle (bei den Normannen werden sie ebenso ein Thema sein): Die fränkischen Karolinger nahmen sich das spätantike Römische Reich zum Vorbild, dessen Glanz sie mit der christlichen Religion verknüpften. Dieses Reichskonzept erfuhr seine Krönung mit Karl dem Großen (768–814), unter dem im Jahr 800 ein neues westliches Kaisertum begründet wurde. Doch nach seinem Tod entwickelten sich Anspruch und Wirklichkeit immer weiter auseinander: Obwohl die karolingischen Höfe und Pfalzen Pracht entfalteten und viele Klöster überaus reich waren, blieb das Fränkische Reich doch eine weite Wildnis zwischen Atlantik und Elbe mit zerstreut liegenden Siedlungsinseln. Alle Küsten dieses Reiches waren nicht zu verteidigen. Dies nutzten die Wikinger mit ihren schnellen Schiffen zu immer häufigeren Überfällen.

In Skandinavien selbst herrschten damals traditionelle Stammesverhältnisse: Der Adel hielt die Macht in seinen Händen und war bestrebt, sich prestigeträchtige Reichtümer zu verschaffen. Die zahlreichen Söhne fühlten sich als Krieger und wollten sich im Kampf beweisen. Reiche Beute verhieß den größten Ruhm. Aber auch Bauern und Händler überfielen und plünderten nahe und ferne Nachbarn. Solche Verhaltensweisen gehörten zu den Gepflogenheiten herkömmlicher Stammesgesellschaften. Zumal die Nordgermanen nicht im Überfluss lebten. Die große Bevölkerungsmehrheit der Bauern war den Unbilden der Natur mehr oder weniger schutzlos ausgesetzt. Darum war man seit jeher bereit, in besonders schlimmen Zeiten sein Heim aufzugeben und sich eine neue Heimat zu suchen. Rivalitäten und Kämpfe innerhalb Dänemarks und Norwegens komplettierten die Vielzahl von Gründen, die Heimat vorübergehend oder auf Dauer zu verlassen.

Für die Vorgeschichte der Normannen ist vor allem das militärische Vorgehen der Wikinger von Interesse. Und das war ausgesprochen pragmatisch. Mit ihren Schiffen befuhren sie Meere wie Flüsse und transportierten die Boote sogar für gewisse Strecken über Land – was insbesondere aus Russland überliefert ist. Wenn es sich als notwendig erwies, wurden aus den Seekriegern berittene Kämpfer. Dies mussten beispielsweise die Engländer feststellen, als die Dänen Pferde raubten und über die noch intakten Römerstraßen ritten. Die Wikinger zogen in Scharen umher, die einige Dutzend bis mehrere hundert Männer umfassen konnten und selten die Größe ganzer Heere von einigen tausend Kriegern erreichten. Seit ihrem Erscheinen auf den Britischen Inseln und im Frankenreich wurden sie auch in innenpolitische Auseinandersetzungen verstrickt. Die Skandinavier koalierten sogar mit den Herrschenden, verdingten sich als Söldner und schreckten auch nicht davor zurück, sich gegenseitig zu bekämpfen. Die gewinnversprechendsten Optionen wog man ab: Plünderung und Beute, Erpressung, Lösegeld, Tribut, Bezahlung mit Silbermünzen oder Land. Dafür kämpfte man vom Schiff, zu Pferd und zu Fuß; offen und hinterhältig, auf dem Schlachtfeld, mit einer Belagerung, oder indem man sich selbst verschanzte und abwartete.

Mithilfe jüngerer isländischer Sagas ist es möglich, recht glaubwürdige Wikingerviten zu rekonstruieren, die eine erstaunliche Flexibilität zeigen. Zum Beispiel bewirtschaftete ein norwegischer Bauer seinen heimischen Hof, ging den Sommer über auf Wikingfahrt und trieb gegebenenfalls noch Handel. Überhaupt griffen anscheinend auch Händler bei Bedarf zu den Waffen und agierten als Krieger. Da viele von ihnen das verbreitete und lukrative Geschäft des Sklavenhandels betrieben, verschafften sie sich auf Überfällen den Nachschub der »Ware« Mensch. Indem man kurzfristig als Pirat auftrat, konnte man sich missliebiger Konkurrenten erwehren, deren Handelsplätze kurzerhand geplündert und in Brand gesetzt wurden. Solches mutmaßten zumindest die friesischen Kaufleute, deren Ort Dorestad beim heutigen niederländischen Utrecht solange überfallen wurde, bis man ihn aufgab. Schlussendlich agierten die Wikinger flexibel und mit großer Mobilität, was zu einer Dynamik führte, die anscheinend auch den Normannen eigen war.

Die Wikinger in ihrer Zeit

Die Wikingerzeit des Vierteljahrtausends zwischen 793 und 1066 (diese historischen Stichdaten werden weiter unten erläutert) verschaffte den Skandinaviern einen beeindruckenden Einfluss. Das lag nicht nur an den Schwächen des Fränkischen Reiches. Denn mit dem Vordringen der muslimischen Araber, deren Reiche sich von Spanien über die nordafrikanische Küste bis nach Syrien erstreckten, waren die alten Mittelmeerrouten gestört, wenn sie nicht ganz zum Erliegen kamen. Die christlichen Länder Europas und das oströmische Reich von Byzanz fanden neue Handelswege im Norden an Nord- und Ostsee, die über Landrouten und die großen Flüsse zu erreichen waren. Damit strömte ein Teil des Warenflusses nun in unmittelbarer Nähe Skandinaviens. Wovon man dort als Pirat und Händler profitierte.

Gleichzeitig agierten die Skandinavier bekanntlich jenseits ihrer Heimat. Nirgendwo in diesen Gebieten stießen die Wikinger auf einen ernstzunehmenden Gegner, der sie auf Dauer mit konzentrierten Kräften in die Schranken gewiesen hätte. Im Gegenteil: Engländer, Iren, Waliser und Schotten, Franken und die slawischen Stämme bekriegten sich alle mehr oder weniger untereinander. Diese diffusen Verhältnisse boten den Nordmännern die Möglichkeit, sich einzumischen und daraus Gewinn zu ziehen. Wenn sie hingegen auf einen starken Gegner wie die spanischen Mauren stießen, zogen sie sich recht schnell zurück.

Aber sie gründeten auch städtische Siedlungen (etwa in Irland und Osteuropa), regierten eigene mehr oder weniger selbständige Reiche (wie in Dublin und York), übernahmen gar die Krone fremder Länder (in England), wirkten zumindest an der Entstehung eines zukünftigen Reiches mit (in Russland) und kolonisierten neu entdeckte Gebiete (Island Ende des 9. Jahrhunderts und Grönland 100 Jahre später). Um das Jahr 1000 entdeckten sie Amerika, auch wenn dies letztlich folgenlos blieb. Berücksichtigt man außerdem ihre wichtige Rolle als Händler, in der sie Handelsplätze gründeten und neue Routen fanden, erweisen sich die Skandinavier des frühen Mittelalters als erstaunliches Phänomen, das weit über ihre Zeit hinauswies.

An den Skandinaviern selbst ging das alles nicht spurlos vorüber. Grundlegende sprachliche Veränderungen verdeutlichen dies: Während die Nordgermanen in der Wikingerzeit im Großen und Ganzen eine noch allen verständliche Sprache verwendeten (später als dönsk tunga »dänische Sprache« bezeichnet), begann bald deren Aufteilung in die Einzelsprachen Dänisch, Schwedisch sowie Norwegisch, Isländisch und Färöisch. Diese Entwicklung verlief parallel zur Genese der skandinavischen Nationen, die gegen Ende des 11. Jahrhunderts mit Ausnahme Islands alle von Königen beherrscht wurden. Diese Monarchen fühlten sich dem christlichen Abendland verbunden und wollten es deutschen, französischen und englischen Herrschern gleichtun. Daher gründeten sie Städte und erbauten Kirchen; sie führten Abgaben und Steuern ein und schufen einen Einheitsstaat.

Dabei stellte die Annahme des Christentums die entscheidende Veränderung der Wikingerzeit dar. In der Folge breiteten sich Kirchen, Klöster, Buchkultur und das lateinische Alphabet im Norden aus. Bis dahin waren die Nordleute trotz des vorherrschenden traditionellen Glaubens an Odin und die anderen Götter ein Volk zwischen den Religionen und Kulturen. Die Wikinger mochten den christlichen Missionaren feindlich, skeptisch oder gleichgültig gegenüberstehen – bewusst oder unmerklich flossen deren Vorstellungen in die heidnische Religion mit ein. So gilt das berühmte Eddalied der Völuspa *(Weissagung der Seherin)* mitnichten als urheidnisches Gedicht, sondern als Zeugnis jener Übergangsphase. Und selbst die verbreiteten heidnischen Amulette mit dem Thorshammer wurden anscheinend erst als Reaktion auf das christliche Kreuz populär. Letztendlich sorgte die Wikingerzeit dafür, dass aus einer breiten Palette von Glaubensvorstellungen, die sich untereinander tolerierten, das Christentum als »Sieger« hervorging.

Die Wikinger auf den Britischen Inseln

Unter allen der von Wikingerzügen betroffenen Gebieten spielten die Britischen Inseln bzw. England und das Fränkische Reich für die spätere normannische Geschichte eine besonders exponierte Rolle. Hier prägten nämlich im 9. und 10. Jahrhundert die Skandinavier das Geschehen mit. Am Anfang stand der Überfall auf das nordenglische Kloster von Lindisfarne und die Kirche des Heiligen Cuthbert am 8. Juni 793. Dieses Ereignis hat auf die Zeitgenossen solch einen einschneidenden Eindruck gemacht, dass die moderne Geschichtsschreibung damit die Wikingerzeit beginnen lässt. Wenig später erfuhr im fernen Aachen der Gelehrte Alkuin (735–804) davon, der aus dem nordenglischen York stammte und Lindisfarne gut kannte. Den Leiter der Hofakademie Karls des Großen erschütterte die Nachricht aus der Heimat so sehr, dass er dem northumbrischen König Ethelred mehrere Briefe schrieb. Darin betont er das Ungeheuerliche dieses Ereignisses: Noch nie hätte es solch einen Schrecken in Britannien gegeben; es sei auch für unmöglich gehalten worden, dass ein derartiger Überfall von der See her unternommen werden könnte. Schließlich gipfelt das Lamento des Geistlichen in dem Ausruf »Siehe, die Kirche St. Cuthberts ist bespritzt mit dem Blut der Priester Gottes, beraubt all ihres Schmuckes. Der ehrwürdigste Ort Britanniens wurde Heiden zur Beute gegeben.« Doch gibt er auch zu bedenken, ob diese Untat nicht als göttliche Strafe für die Sünden des englischen Volkes zu sehen sei:

Unzucht, Räuberei, Ehebruch und Blutschande, aber auch luxuriöse Kleidung und modischer Haarschnitt. Und hatte es nicht eine Fülle unheilvoller Vorzeichen gegeben? Dem schlossen sich die geistlichen Schreiber der *Angelsächsischen Chronik* an, die die wichtigsten Ereignisse eines jeden Jahres aufzeichneten, so auch zum Jahr 793: »In diesem Jahr erschienen schreckliche Vorzeichen über Northumbrien und versetzten die Einwohner in Angst und Schrecken: Es gab nie zuvor gesehene zuckende Blitze und man sah feuerspeiende Drachen durch die Lüfte fliegen. Darauf folgte eine große Hungersnot und etwas später in diesem Jahr, am achten Tag des Juni, zerstörte das Wüten der Heiden Gottes Kirche zu Lindisfarne mit Raub und Totschlag.«

Lindisfarne war kein Einzelfall, sondern ein Fanal. Aber bis zu einer regelrechten Invasion der Nordmänner sollte noch ein halbes Jahrhundert vergehen. Einzelne Überfälle wurden derweil zur Gewohnheit. Die Männer aus Skandinavien spielten jedoch noch keine entscheidende Rolle auf den Britischen Inseln, wo man allerorten mehr mit inneren Spannungen beschäftigt war. In Irland, Schottland, Wales und Cornwall sowie auf den Inseln der Irischen See bestand eine Vielzahl keltischer Herrschaften. Das heutige England besiedelten die Angelsachsen, um 800 in sieben Königreichen aufgeteilt, deren Herrscher sich zeitweise blutig bekämpften. So wurde König Aelfwald von Northumbrien von einem Gefolgsmann ermordet (788). Und wenige Jahre nach dem Lindisfarne-Überfall fiel König Coenwulf (796–821) aus dem zu dieser Zeit mächtigsten mittelenglischen Reich Mercia im südenglischen Kent ein und zog plündernd im Land umher. Seinen Rivalen, König Eadberht III. von Kent, ließ er gefesselt mitschleppen und befahl, ihm die Augen auszustechen und die Hände abzuschlagen (798). Und so ging es stets hin und her, wobei sich die Herrscher von Northumbrien (um York und in Nordengland), Mercia (zwischen Wales und der Nordseeküste) und zunehmend Wessex (im Südwesten mit der Residenz Winchester) in der Führungsrolle abwechselten. Die kleineren Reiche von Kent, Sussex, Essex und Ost-Anglia hatten dem Machtstreben der drei Großen nur wenig entgegenzusetzen.

Schließlich gelang es König Egbert von Wessex (802–839 – Die Herrscherdaten nennen ihre Regierungszeit), der einige Jahre im Exil am Hofe Karls des Großen verbracht hatte, die Gegner niederzuringen und sich um 825 zum alleinigen Herrscher Englands zu machen. Zehn Jahre später musste er erleben, wie dänische Wikinger mit bis dahin unbekannter Wucht in England einfielen. 835 tauchte nämlich vor der Küste Cornwalls eine Wikingerflotte von 35 Schiffen auf. Allerdings nahmen die Nordleute Verhandlungen mit den Kelten Cornwalls auf. Diese fürchteten, an das erstarkte Wessex ihre Unabhängigkeit zu verlieren und waren deshalb König Egbert nicht wohlgesonnen. Dem gelang es allerdings, das keltisch-skandinavische Heer zu besiegen. Die Wikinger lernten daraus: Sich in innenpolitische Auseinandersetzungen einzumischen und sich gegebenenfalls bezahlen zu lassen, konnte ergiebiger sein, als Klöster zu überfallen. Andere Wikingerverbände besetzten die an der Themsemündung gelegene Insel Sheppey und bauten sie zu einem Stützpunkt aus. In der Folge erschienen Jahr für Jahr in den Sommermonaten Wikingerflotten vor den südenglischen Küsten, die auch nicht davor zurückschreckten, die Themse hinaufzufahren und London anzugreifen. Zunehmend übten die Kriegerscharen aus Dänemark auf Wessex und seine angelsächsischen Verbündeten Druck aus. Schlimmer noch: 851 überwinterten Wikingertruppen erstmals auf Sheppey und der Insel Thanet. Etwa für diese Zeit berichtet die *Angelsächsische Chronik* von 350 Wikingerschiffen, die in der Themsemündung aufgetaucht wären und deren Krieger London und Canterbury geplündert hätten.

Im Jahre 865 erschien vor der ostenglischen Küste eine große Zahl von Drachenbooten, deren Krieger von den Chronisten als »Großes Heer« (altengl. mikil here) bezeichnet wurden. Ein solch massives Auftreten von Nordleuten war neu, schätzungsweise 2000 bis 3000 Männer. Sie standen unter dem Oberbefehl der beiden Brüder Ivar und Halfdan, Söhne des legendären Wikingerhelden Ragnar Lodenhose. Dass dieses große Heer unter einem gemeinsamen Kommando stand, verstärkte seine Gefährlichkeit. Mit dessen Hilfe hätten große Teile Englands kontrolliert und terrorisiert werden können. Aber die folgenden 25 Jahre, in denen dieses Heer durch England zog, waren auch von Friedensschlüssen und Bündnissen geprägt. Den Anfang machten 865 die Ostanglier in den Gebieten um die heutigen Städte Ipswich und Norwich. Sie verzichteten auf Widerstand, weil sie nicht genügend Bewaffnete aufstellen konnten oder möglicherweise auch, weil sie sich von den Dänen Unterstützung gegen das mächtige Wessex versprachen. Bereits im folgenden Jahr besetzten diese die northumbrische Hauptstadt York, ohne dass sie auf nennenswerten Widerstand gestoßen wären. Denn dort stritten die zwei Thronaspiranten Aella und Osberht um die Macht und misstrauten sich so sehr, dass sie sich nicht gegen die Feinde zu verbünden vermochten. Dies geschah erst im folgenden Frühjahr. Aber mittlerweile hatten sich die Dänen in York verschanzt – wo ihnen die alten römischen Stadtmauern Schutz boten. Insofern konnten sie die Männer der northumbrischen Könige anrennen lassen, um dann im rechten Augenblick einen Ausfall zu wagen. Die Chronisten vermelden, dass der Kampf um York mit einem furchtbaren Desaster für die Angelsachsen endete: Unter den zahlreichen Gefallenen befanden sich auch die beiden Könige (867).

Damit blieb York in der Hand der Wikinger, die von dort aus weitere Feldzüge unternahmen. Alsbald stürmten sie das Königreich Mercia und eroberten Nottingham. Und so ging es weiter: Immer mehr Städte und Landstriche fielen in dänische Hand, oft mit der Hilfe angelsächsischer Verbündeter. Schließlich griff das Große Heer die einzig verbliebene selbständige Macht in England an: das Königreich Wessex. Die Truppen des jungen Königs Alfred (871–899) lieferten den Invasoren mehrere Schlachten, die auf beiden Seiten große Verluste forderten. Ein Friedensvertrag sorgte vorübergehend für Ruhe.

Zum Jahresanfang 878 jedoch griff überraschend ein dänisches Heer unter dem Anführer Guthrum an, besetzte Chippenham östlich von Bristol und machte den befestigten Ort zum Stützpunkt. In den folgenden Wochen und Monaten wurde das letzte angelsächsische Königreich von den Wikingertruppen regelrecht überrannt. König Alfred floh in die Moore Somersets, von wo aus er Widerstand organisierte. Noch im selben Jahr siegte er bei Edington über die Dänen. Guthrum ersuchte um Frieden und erklärte sich zur Taufe bereit. Mehr als 30 Jahre später sollte die Taufe ebenso die entscheidende Voraussetzung für die Begründung der Normandie sein (vgl. Kap. 3). Über Guthrums Taufe berichten die Chronisten: »Drei Wochen später kam König Guthrum mit seinen 30 bedeutendsten Heerführern nach Aller, das nahe Athelney liegt, und der König war dort sein Taufzeuge. Seine Ölung fand in Wedmore statt. Und er war zwölf Tage beim König und ehrte ihn und seine Gefährten sehr mit Geschenken.« Zugleich nahm der Dänenherrscher den angelsächsischen Taufnamen Aethelstan an, um seinen Religionswechsel deutlich zu machen. König Alfred (engl. Alfred the Great) konnte die Friedenszeit nutzen und sein Reich organisieren und für zukünftige Angriffe wappnen: Eine neue Heeresordnung hielt einen Teil der Krieger ständig kampfbereit. Der Bau einer Flotte sorgte dafür, dass man sich den Wikingern bereits auf See entgegenstellen konnte. Als drittes errichtete Alfred ein Netz stark befestigter Plätze (altengl. burhs), die als Verwaltungszentren dienten, in denen man aber auch Handel trieb und wo die Bevölkerung bei Angriffen Schutz fand. Alfred konnte zudem London und andere Gebiete zurückerobern. Als er 899 starb, erstreckte sich seine Herrschaft über Südengland und über die westliche Mitte des Landes bis auf die Höhe der heutigen Stadt Manchester. Der Osten gehörte hingegen den Dänen, von denen immer mehr ins Land strömten. Im Jahr 876 verteilte zum ersten Mal ein Anführer Land an seine verdienten Krieger, die es unter den Pflug nahmen und schon bald die Äcker bestellten. Zehn Jahre später erfolgte die Aufteilung Englands in ein angelsächsisches und ein skandinavisches Gebiet. Die genau festgelegte Grenze verlief von der Themse bei London nordwärts, folgte dann dem Lauf einiger Flüsse und hielt sich schließlich in nordwestlicher Richtung an die alte Römerstraße der so genannten Watling Street, bis sie die Irische See erreichte. Südlich und westlich davon erstreckte sich das Machtgebiet der Könige von Wessex, während der Osten und Norden Englands dänisch war und später als Danelag (engl. Danelaw) bezeichnet wurde, als Land dänischen Rechts.

Wenn dieses große Gebiet auch unter dänischer Herrschaft stand, so stellten doch die Angelsachsen deutlich die Bevölkerungsmehrheit. Zweifelsohne fühlte sich diese vor allem in den Anfangsjahren von den Einwanderern unterdrückt, und so mancher mag von seinem Hof und Land vertrieben worden sein oder musste den Eroberern zu Diensten stehen. Doch den historischen Quellen nach scheint man sich überraschend schnell arrangiert zu haben. Dazu trug wesentlich die skandinavische Bereitschaft bei, sich der angelsächsischen Kultur anzupassen und den christlichen Glauben anzunehmen. Trotz mancher kriegerischen Auseinandersetzung lebten Angelsachsen und Dänen überwiegend friedlich zusammen. Zudem koalierten nicht selten Wikinger mit Angelsachsen gegen Wikinger, oder englische Konkurrenten suchten Hilfe bei den Nordmännern. Schon in den ersten Jahrzehnten des 10. Jahrhunderts fielen Gebiete des Danelag wieder unter die Herrschaft des Königs von Wessex. Aber König Aethelstan (924–939) dachte nicht daran, die Skandinavier zu vertreiben. Ganz im Gegenteil nannte er sich sogar »König der Angelsachsen und der Dänen« und so mancher skandinavische Adlige weilte an seinem Hof – unter anderem ließ er einen Sohn des norwegischen Königs Harald Schönhaar nach dem christlichen Glauben erziehen. Das Danelag blieb nicht das einzige skandinavisch geprägte Gebiet der Britischen Inseln. Bereits früher erreichten die Wikingerschiffe Irland, dessen Klöster ebenfalls überfallen wurden. Aber die Skandinavier, vor allem Norweger, gründeten auch die ersten Städte Irlands, so 841 Dublin, dem Wexford, Waterford, Cork und Limerick folgten. Mit diesen Handelsplätzen waren die Wikinger um die Mitte des 9. Jahrhunderts auf Dauer in Irland präsent. Für über 150 Jahre wurden sie ein Teil der irischen Gesellschaft: Seitdem kämpften nicht nur Iren untereinander, sondern verbündeten sich auch mit Wikingergruppen, die sich ihrerseits gegenseitig angriffen. Diese unüberschaubare Situation komplizierte sich noch, als Dänen aus England kamen und von Norwegern und Iren gemeinsam attackiert wurden. Schließlich etablierte sich in Dublin ein norwegisches Wikingerreich, dessen Einfluss sich sogar nach England erstreckte. Einer seiner Herrscher mit dem Namen Ivar der Knochenlose gab sich den Titel eines »Königs der Nordmänner in Irland und Britannien«. Das Umfeld der Irischen See wurde dauerhaft von den Wikingern geprägt: die Insel Man, Teile Schottlands, die Hebriden. Die nördlich von Schottland gelegenen Shetland- und Orkney-Inseln gehörten noch bis ins 15. Jahrhundert zum Königreich Norwegen.

Zwischen den Wikingerreichen Dublin und York (altnord. Jorvik) bestanden enge Beziehungen: Man trieb Handel, die führenden Familien schlossen untereinander Ehen, man ging gegenseitige Bündnisse ein und manchmal bekämpfte man sich auch, wodurch die Dubliner Dynastie vorübergehend in Northumberlands Hauptstadt die Macht ergreifen konnte. Der letzte skandinavische Herrscher Yorks wurde der norwegische Königssohn Erik Blutaxt (altnord. Eiríkr blóðøx). Doch trotz eines Bündnisses mit dem englischen König (vergleichbar wohl dem in der Normandie von 911, vgl. Kap. 3) und einer regelrechten Massentaufe von Erik, Familie und Heer schützte dieser Nordengland nicht vor weiteren Wikingerscharen, sondern heerte selbst und attackierte sogar den englischen König. In den ausbrechenden Kämpfen fand Erik schließlich 954 den Tod. Mit seinem Fall endete die Herrschaft von Skandinaviern über York. Wenige Jahre später nannte sich der Wessex-Herrscher Edgar (959–975) »König der Engländer«. Doch auch unter den englischen Königen hielt die Blütezeit der Wikingerstadt weiter an. Ebenso wenig endete die politische Geschichte der Skandinavier in England. Um das Jahr 1000 sollten die dänischen Könige eine stärkere Rolle denn je spielen. In dieser Zeit kamen schließlich auch die Normannen der Normandie ins Spiel (vgl. Kap. 5).

Die Wikinger und das Frankenreich

Im Gegensatz zu den machtpolitisch zersplitterten Gebieten der Britischen Inseln erlebte das Reich der Franken unter der Herrschaft Karls des Großen (768–814) eine Blütezeit. Aber vor Überraschungsangriffen wie auf Lindisfarne war man wegen der langen ungeschützten Küsten und Flussmündungen auch hier nicht sicher. Davon legen die Chronisten bereits für das Jahr 799 Zeugnis ab, als Wikinger die Klosterinsel Noirmoutier vor der Loire-Mündung überfielen. Schon Kaiser Karl sah sich deshalb genötigt, einen Küstenschutz zu organisieren. Unter seinem Nachfolger Ludwig dem Frommen (814–840) geriet dies aus dem Blick. Denn zwischen ihm, seinen Söhnen Lothar,Karl, Ludwig und Pippin sowie dem fränkischen Adel brachen heftige Kämpfe aus, die zur Zersplitterung des Reichs führten. 830 wurde der Kaiser vorübergehend entmachtet und drei Jahre später bei Colmar von seinem Heer sogar im Stich gelassen. Diese regelrechten Bürgerkriege endeten vorerst mit dem Vertrag von Verdun 843, in dem sich die Söhne Ludwigs die Herrschaft teilten: Karl der Kahle (843–877) erhielt das westfränkische Reich (woraus sich Frankreich entwickelte), Ludwig der Deutsche (843–876) herrschte über das Ostfrankenreich (das spätere Deutschland) und Lothar (843–855) erhielt das so genannte Mittelreich (woran noch der Name Lothringens erinnert), das sich von der Nordsee bis zum Mittelmeer erstreckte und später in den Verträgen von Meerssen (870) und Ribemont (880) zwischen West- und Ostfranken aufgeteilt wurde. Doch auch diese karolingischen Herrscher und ihre Nachfolger schlossen unter- und gegeneinander Bündnisse und befehdeten sich heftig. Neben ihren Bruderkämpfen traten zudem die zahlreichen Adligen der unterschiedlichen Landesteile auf den Plan, um für ihre Machtinteressen zu streiten.

Derartige Verhältnisse boten den Wikingern ein ideales Operationsfeld: Die Opfer waren untereinander zerstritten und so sehr mit ihren gegenseitigen Kämpfen beschäftigt, dass sie keine gemeinsame Abwehr aufbauen konnten. Zumeist oblag es einzelnen Herrschern oder gar regionalen Grafen oder Bischöfen, gegen die Eindringlinge vorzugehen. Mit ihren brandschatzenden Scharen und ihren zu Söldnerdiensten bereiten Heeren wurden sie zu einem Teil der karolingischen Innenpolitik. An den fränkischen Küsten von der Nordsee bis zum Atlantischen Ozean und im Bereich der großen Ströme mit ihren Nebenflüssen war kaum ein Ort vor ihnen sicher. Die Liste der überfallenen Städte ist demgemäß lang: Hamburg, Nimwegen, Köln und Aachen, Rouen an der Seinemündung, Amiens und Paris, Chartres, Orléans an der Loire, Tours und Nantes, um nur einige zu nennen.

Um 845 erreichten diese Aktivitäten einen ersten Höhepunkt: Damals befuhren zwei getrennte Flottenverbände die Seine und die Loire und heerten somit vor allem im westfränkischen Reich Karls des Kahlen. 843 kam es in Nantes unweit der Loiremündung zu einem regelrechten Gemetzel. Die Nordleute stürmten die Stadt, als dort ein großer Markt stattfand. In der Kathedrale schlugen sie den Bischof mit etlichen Geistlichen tot, und auch in den Straßen der Stadt waren unzählige Opfer zu beklagen. Die Piraten kehrten beutebeladen zu der nahen Insel Noirmoutier zurück, die sie mittlerweile zu ihrem Stützpunkt gemacht hatten. 845 fuhren die Wikinger mit 120 Schiffen die Seine bis Paris hinauf, wobei sie widerstandslos die Ufer verwüsteten. König Karl der Kahle hatte zwar ein Heer gegen sie aufgestellt, hielt aber offensichtlich einen siegreichen Kampf für ausgeschlossen. Deshalb schloss er mit den Eindringlingen Verträge und übergab ihnen 7000 Pfund Silber. Nach dieser Erfahrung griffen sie alle paar Jahre das Seinegebiet an. Karl versuchte allerdings auch, wieder einen Küstenschutz aufzubauen; außerdem befahl er, Flussbrücken wie die über die Seine zu befestigen. Zu Entscheidungsschlachten vermochte er die Eindringlinge kaum zu stellen, denn diese operierten mit Schnelligkeit und dem Überraschungseffekt. Und wenn sie diese Taktik nicht anwenden konnten, verbarrikadierten sie sich in befestigten Lagern. Deshalb blieb den fränkischen Herrschern nicht selten nur der Ausweg, die Piraten mit hohen Tributen abzufinden. Eine weitere Möglichkeit bestand darin, Wikingerscharen als Söldner für Geld oder Land zu mieten, und ihnen die Abwehr ihrer Landsleute zu übertragen – worauf man sich freilich nicht bedingungslos verlassen durfte.

Andererseits kam es zu einer Fülle von Kontakten und gegenseitigen Besuchen, die zahlreiche Informationen über die Nordeuropäer mit sich brachten. Das zeigte sich besonders dann, wenn dänische Adlige an den fränkischen Kaiserhof reisten. Einer der bekanntesten war ein Mann namens Harald Klak, der nach 810 zusammen mit seinem Bruder in Dänemark die Nachfolge des ermordeten Königs Godfrid antrat. Die beiden suchten offensichtlich keine Konfrontation mit Karl dem Großen und boten Frieden an. Dafür erwarteten sie Unterstützung gegen die Söhne Godfrids. Viele Jahre zog sich dieser innerdänische Konflikt hin, und Harald verlor ein ums andere Mal seinen Thron, flüchtete zu den Franken und kehrte mit Unterstützung des Kaisers wieder zurück. Ludwig der Fromme bereitete ihm 826 einen Empfang in seiner Pfalz im rheinhessischen Ingelheim. Der Kaiser empfing die Dänen nebst ihren Familien in seiner großen Thronhalle, deren hohe Steinwände farbenprächtig verziert waren. Dort schritten sie vor den Thron des Herrschers und konnten ihre Bewunderung ob der vorhandenen Pracht wahrscheinlich kaum verbergen. Danach zog die dänische Delegation ins nahe Mainz, wo Harald mit seiner Familie und dem gesamten Gefolge in der Kirche St. Alban die christliche Taufe empfing. Schließlich schwörte Harald Klak Ludwig den Lehnseid und erhielt dafür einen Landstrich in Friesland. Dieses Geschehen konnte fortan als Vorbild für die Einbindung von Wikingerhäuptlingen ins fränkische Herrschaftssystem gelten – so auch bei der Normandie-Gründung. Solche Versuche endeten allerdings selten erfolgreich. Dafür steht der Däne Rorik, der um 850 von König Lothar den Handelsplatz Dorestad zum Lehen erhielt. Dort bezichtigte man den Skandinavier des Verrats und er musste die Flucht ergreifen. Nun bot er Ludwig dem Deutschen seine Dienste an und erhielt ein Asyl in Norddeutschland. Von dort ging er schon bald auf Wikingfahrt – vielleicht sogar mit Ludwigs Wissen – und plünderte an der niederländischen Küste, die zum Reich Lothars gehörte. Dabei setzte sich Rorik aufs Neue in Dorestad fest. Und Lothar, der den Wikinger einst des Verrats verdächtigt hatte, schloss erneut einen Vertrag mit ihm. Derartige wechselnde Bündnisse waren nichts Ungewöhnliches, weder unter den Franken noch unter den Wikingern.

Gleichzeitig wurde Westeuropa weiterhin von Überfällen heimgesucht, die sich ab 880 erheblich verstärkten. Denn das in England umherziehende Große Heer spürte den Widerstand unter Alfred dem Großen und wich auf den Kontinent aus: 881 zogen Wikingerscharen durch Nordfrankreich, wo sie das Kloster Corbie und Amiens überfielen. In Lothringen stellte sich ihnen Bischof Wala von Metz mit einem Heer entgegen, unterlag allerdings und fiel im Kampf. Der ostfränkische Herrscher Karl der Dicke (Kaiser 881–888) führte daraufhin ein Heer gegen die Wikinger, ließ sich aber auf Verhandlungen ein. Man einigte sich schließlich folgendermaßen: Der Anführer der Wikinger, ein König Godefrid, ließ sich mit allen seinen Männern taufen und erhielt Friesland als Lehen. Außerdem wurde Gisela, eine Enkelin des Mittelreich-Herrschers Lothar, mit ihm vermählt. Andere Wikinger erhielten mehrere tausend Pfund Silber und Gold. Im selben Jahr fuhr eine Wikingerflotte den Waal hinauf, eroberte die Pfalz Nimwegen und verschanzte sich darin. Im November dieses Jahres setzten sich zwei Anführer mit einem großen Heer von Fuß- und Reiterkriegern in Elsloo an der Maas fest. An diesem Ort nördlich von Maastricht konnten sie geschützt den Winter verbringen und zugleich auf Raubzüge gehen. Zuerst verwüsteten sie die Orte in der Nachbarschaft und brandschatzten Lüttich, Maastricht und Tongern. Bei ihrem zweiten Raubzug zogen sie hinüber in die Rheinebene und verheerten unter anderem Köln und Bonn. Anschließend legten sie die Pfalz Aachen sowie die Klöster Kornelimünster, Malmedy, Stablo und Prüm in Asche. Zur gleichen Zeit eskalierte die fränkische Reichspolitik. Im Jahr 885 schien noch einmal ein geeintes Frankenreich wie unter Karl dem Großen greifbar zu sein. Denn Kaiser Karl III., auch der Dicke genannt, hatte als jüngster Sohn Ludwigs des Deutschen den ostfränkischen Thron bestiegen und wurde nun auch von den Großen des Westreiches als Herrscher anerkannt. Demzufolge war das ganze Reich der Franken in seiner Hand, und er galt hoffnungsvoll als ein neuer Karl der Große. Für den Misserfolg seiner so verheißungsvollen Regierung waren auch die Wikinger verantwortlich. Zum wiederholten Male belagerten sie Paris, wo ihnen Bischof Gauzlin und Graf Odo 885 erfolgreich Widerstand leisteten. Kaiser Karl der Dicke zögerte jedoch, vermied eine Entscheidungsschlacht und suchte Verhandlungen. Dieses halbherzige Verhalten war der Anfang seines Endes: Ohnehin unsicher und mittlerweile schwer erkrankt, hielten ihn weder die Ost- noch die Westfranken für regierungsfähig. Die ostfränkischen Adligen fielen in Scharen von ihm ab und handelten seinen Neffen Arnulf, den Herzog von Kärnten, als neuen König des Ostreichs (887–899). Er wurde Nachfolger des unglücklichen Karl, der bald darauf von allen verlassen starb. Die Mehrheit der westfränkischen Adligen entschied sich für den heldenmütigen Grafen Odo von Paris (888–898). Auch wenn sich Arnulf und Odo in Worms trafen und freundschaftlich voneinander schieden, so ging man doch nicht gemeinsam gegen die Wikingerscharen vor. Wenige Jahre später hoffte König Odo, den Wikingern einen entscheidenden Schlag versetzen zu können. Sie hatten wie gewohnt Nordostfrankreich brandschatzend durchstreift, um dann hinüber an die Maas zu wechseln und schließlich über das heutige Belgien wieder zurückzukehren. Dort erfuhren sie, dass Odo ihnen mit seinem Heer entgegenzog. Darum kam er zwar in den Besitz der reiche Beute der Dänen – sein Ziel, sie zu schlagen, verfehlte er jedoch: Denn die vorgewarnten Wikinger vermieden die Schlacht und zerstreuten sich eiligst in den Wäldern. So gelangten sie unbehelligt zu ihrem befestigten Lager. Mehr Erfolg war hingegen dem ostfränkischen Herrscher Arnulf beschieden. Ihm gelang es, die Dänen bei ihrem Lager in Löwen an der Dyle im heutigen Belgien 891 zu stellen und in einer Schlacht entscheidend zu schlagen. Dieser Sieg brachte nicht das Ende der Wikingerzüge auf dem Festland. Gleichwohl ließ ihr massives Auftreten gegen 900 nach.

So intensiv die Wikinger im 9. Jahrhundert auch in den Gebieten des heutigen Frankreichs, der Benelux-Länder und Westdeutschlands operierten, so haben sie doch kaum archäologisch auffindbare Spuren hinterlassen. Denn die mobilen Verbände der Nordmänner siedelten sich nie dauerhaft an und verbarrikadierten sich den Winter über allenfalls hinter bescheidenen Befestigungsanlagen, die oftmals bereits von der einheimischen Bevölkerung angelegt worden waren. Und dort, wo sich Skandinavier wie in der Normandie niederließen, assimilierten sie sich sehr schnell in der neuen Umgebung (vgl. Kap. 3). Die Opfer der Raubzüge hinterließen nur wenige Spuren – so etwa in der niederländischen Stadt Zutphen, wo man auf die Überreste eines Überfalls stieß. Ansonsten stellen Schwerter und Helme seltene Einzelfunde dar, die von Franken wie Wikingern verwendet worden sein können. In der Seine fanden sich etliche Schwerter, Äxte und Speerspitzen, die während der Kämpfe dorthin gelangt sein können oder von den Wikingern als Opfergaben in den Fluss geschleudert wurden. Allein auf der Insel Île de Groix vor der südbretonischen Küste stieß man auf ein Schiffsgrab skandinavischer Provenienz. Es fand sich mit reichen Beigaben und den Überresten zweier Toter in einem Hügel, dessen Erdmassen das vorher verbrannte Schiff bedeckten. Den Beigaben nach zu urteilen, war einer der Toten ein Häuptling aus Norwegen. Der Fund wird in die 1. Hälfte des 10. Jahrhunderts datiert – was belegt, dass auch nach dem Ende der großen Wikingerzüge heidnische Nordmänner in Nordfrankreich anzutreffen waren.

3. Die Normandie: Wikinger und Franken – ein Staat entsteht

Das Westfrankenreich

Werfen wir einen Blick auf die Verhältnisse des Westfrankenreichs, die für die Entstehung der Normandie und für deren Geschichte von grundlegender Bedeutung waren. Seit der Reichsteilung von 843 herrschte mit Karl dem Kahlen ein Enkel Karls des Großen und damit ein Karolinger. Von den späteren Vorstellungen eines französischen Einheitsstaates unter einem machtvollen Königtum war seine Regierungszeit allerdings noch weit entfernt. Obzwar er 843 im Vertrag von Coulaines das Verhältnis zum Adel derart regelte, dass ihm dieser zur Seite stand, sahen die politischen Verhältnisse der folgenden Jahrzehnte anders aus. Denn auch die Francia Occidentalis (Westfrankenreich) war von inneren Auseinandersetzungen geschwächt, etwa als Karls Neffe Pippin II. von Aquitanien (838–848) Ansprüche auf die Herrschaft erhob. Zudem erwogen die tonangebenden fränkischen Adligen, die Krone des Westreichs den Karolingern im Osten anzubieten. So geschehen etwa noch zu Zeiten Karls des Kahlen gegenüber Ludwig dem Deutschen und später gegenüber dessen Sohn Karl III., der schließlich 885 vorübergehend zum Kaiser des Gesamtreichs erhoben wurde (vgl. Kap. 2). Karl der Kahle agierte unglücklich mit der gleichen Reichspolitik und fand auf einem Italienfeldzug 877 den Tod. Seine Söhne Ludwig II., Ludwig III. und Karlmann erwiesen sich sämtlich als schwache Herrscher. Was auch für den nachfolgenden Gesamtkaiser Karl III. (der Dicke) galt, der bekanntlich 888 abgesetzt wurde. Der westfränkische Adel entschied sich für Odo als dessen Nachfolger und brachte mit ihm einen neuen Aspekt ins Spiel. Denn der »Held von Paris« (vgl. Kap. 2) war kein Karolinger, sondern entstammte der fränkischen Familie der Robertiner, die zu den Kapetingern gehörte. Damit begann ein 100 Jahre währender Machtkampf um den Thron zwischen Karolingern und Kapetingern, der das Reich erheblich schwächte. Erst 987 setzten sich mit Hugo Capet die letzteren durch und stellten fortan für mehrere Jahrhunderte die französische Königsdynastie. Für die Zeit um 900 gilt allerdings, dass sich der karolingische Gegenkönig nach Odos Tod noch einmal behaupten konnte und als Karl III. (der Einfältige, 898–923) den Thron bestieg.

Neben dem Antagonismus der Dynastien schwächte seit 843 das Erstarken des Adels das Reich. Lokale Herren und Burgherren übten zunehmend die entscheidende Macht aus und schwächten den König durch eigene Markt- und Stadtgründungen. Anstelle der alten Grafschaftsverfassung, die dem Herrscher die Schlüsselposition zuschrieb, traten zahlreiche Adelshäuser. Ihre Titel wurden nicht mehr vom König vergeben, sondern waren erblich. Infolgedessen entstanden große Fürstentümer unter Herzögen, Markgrafen und Grafen, die der Königsmacht Konkurrenz boten. Die Einschränkung der königlichen Rechte fokussierte den Einflussbereich der Krone anfangs auf deren Besitzungen nördlich der Loire. Die Krondomäne fand sich im 10. Jahrhundert im Oise-Aisne-Gebiet um Laon und konzentrierte sich mit den Kapetingern seit 987 auf das Pariser Becken bis Orléans. So entstand Franzien als königliches Stammland und Herz Frankreichs. Daneben traten als mehr oder weniger mächtige Fürstentümer die Herzogtümer Burgund und Aquitanien, die Großgrafschaften Flandern, Toulouse, Barcelona sowie die Loiregrafschaften Anjou und Blois, um die bedeutendsten zu nennen. Vor allem sollten die Champagne und Blois dem Königtum am stärksten Konkurrenz machen. Besondere Erwähnung muss die Bretagne finden, die im Bewusstsein ihrer keltischen Sonderrolle (Rowley 2003, 22) sogar die Selbständigkeit im Blick hatte. Die Bretonen waren sich in Anbetracht der schwachen Krone so sicher, dass ihre Herzöge zeitweise sogar den Königstitel führten. König Karl der Einfältige konnte immerhin den Triumph verbuchen, dass beim Tod des letzten ostfränkischen Karolingers Ludwig dem Kind (900–911) sich der lotharingische Adel dynastietreu gab und sich dem Westfrankenreich anschloss (Lotharingien entsprach in etwa dem späteren Herzogtum Lothringen und fiel bereits 925 ans Ostfrankenreich zurück).

Bis in die ersten Jahrzehnte des 10. Jahrhunderts trugen zu dieser politischen Gemengelage der Westfranken auch die Wikinger bei. Und wie bereits im 2. Kap. dargelegt, hatten sie ihren Anteil an der Schwächung der Könige – nicht zuletzt, weil sie in der 2. Hälfte des 9. Jahrhunderts ständig an Loire und Seine präsent waren und damit im Zentrum des Westfrankenreichs. Was alles man auch unternahm, was immer sogar an Siegen vorzuweisen war (sogar der jugendliche König Ludwig II. hatte 882 Wikingerscharen besiegt, wovon das althochdeutsche *Ludwigslied* erzählt), die dänischen und wahrscheinlich auch norwegischen Krieger ließen sich nicht dauerhaft vertreiben. Blieben die Versuche, die Wikingerhäuptlinge über Verträge und Bündnisse einzubinden und damit eventuell zu bändigen. Ein schwieriges und beileibe nicht Erfolg versprechendes Unterfangen, wie wir bei Harald Klak und Rorik gesehen haben (Kap. 2).

Die künftige Normandie war nach den Schriftquellen noch um 800 eine friedliche und geradezu aufblühende Region. Rouen am Unterlauf der Seine hatte bereits als Rotomagus in der römisch-gallischen Provinz Lugdunensis geglänzt und war spätestens seit dem 4. Jahrhundert Sitz eines Bischofs bzw. Erzbischofs. Mit den reichen Klöstern der Umgebung galt das Gebiet als »ein Schmuckstück des Königreichs Neustrien« (Levesque, Marin 2016, 190), also des westlichen Merowingerreiches. Die Wikinger bereiteten dem Frieden dieser Region jedoch ein Ende: 841 überfielen sie erstmals Rouen. In den folgenden Jahren und Jahrzehnten geschah dies immer öfter und betraf immer mehr Städte und Klöster. Rouen wurde bis 876 fünfmal überfallen, Fécamp 842, der Mont-Saint-Michel 847, Èvreux, Bayeux 858, Coutances, Avranches 866 (Levesque, Marin 2016, 192, nennen es »dieses fatale(n) 9. Jahrhundert(s)«). Hinzu kam die ständige Bedrohung der Küsten am Ärmelkanal und an der Mündung der Seine, die das Einfallstor für Wikingerexpeditionen nach Paris bildete. Seit 851 überwinterten die Skandinavier an der Seine in verschanzten Lagern in Oissel unweit Rouen und Jeufosse weiter südlich. Auch hier bedienten sie sich ihrer oben beschriebenen Taktik von Piraterien über dauerhafte Stützpunkte bis hin zu Bündnissen und Absprachen mit lokalen Herrschern bzw. den Königen. Von deren mehr oder weniger wirkungslosen Befestigungsmaßnahmen haben wir schon gehört. Ebenso von Zahlungen der Krone an die Invasoren – sie wurden immerhin bis 926 geleistet.

Rollo 911

Um das Jahr 900 machten verschiedene skandinavische Trupps das Gebiet der Seinemündung unsicher. Da mag sich König Karl der Einfältige eines speziellen Präzedenzfalles seines Großvaters Karl des Kahlen erinnert haben, der sich 867 auf ein Bündnis mit den Bretonen eingelassen hatte. Diese erhielten die Gebiete des Contentin und des Avranchin und verpflichteten sich im Gegenzug zur Sicherung der Seinemündung, die dauerhaft als gefährlichstes Einfallstor der Wikinger galt. Obwohl diesem Abkommen anscheinend ebenso wenig Erfolg beschieden war wie solchen mit Wikingerführern, versuchte es der westfränkische König ein weiteres Mal. Aber diesmal wurde daraus eine Erfolgsgeschichte, mit weitreichenden Folgen.

Denn nun kommt der Wikingerhäuptling Rollo ins Spiel. Wenig ist von ihm bekannt, und in den Quellen für den Zeitraum vor 911 findet er sich kaum. Eine Hauptquelle ist daher der Kleriker und Chronist Dudo von Saint-Quentin (ca. 965 – vor 1043), der fast 100 Jahre später eine Normannengeschichte vorlegte (vgl. Kap. 10. Bezüglich der Quellen normannischer Geschichte wird auf nähere Angaben verzichtet und auf den Sammelband Houts 2000 mit englischen Übersetzungen verwiesen), die mit ihrer kunstvollen Anlage mehr der antiken Aeneis und biblischen Motiven verbunden ist als der historischen Realität (die man im modernen wissenschaftlichen Sinn ohnehin nicht von mittelalterlichen Quellen erwarten darf). Außerdem schrieb Dudo sein Werk am Hof des Normannenherzogs Richard II. und in dessen Auftrag, weswegen ihm eine Glorifizierung der frühen Geschichte der Normandie zu unterstellen ist. Aber an der Tatsache skandinavischer Ursprünge kommt auch Dudo nicht vorbei – sie gehörte zum Gründungsmythos der Normannenherzöge. Eine »lange Räuber- und Piratenkarriere« (Plassmann 2008, 74) wird Rollo jedenfalls beschieden. Gern verweist man auch auf den isländischen Gelehrten Snorri Sturluson (1179–1241), der um 1220 eine Geschichte der norwegischen Könige (altnord. Heimskringla) geschrieben hat. Auch wenn es nicht unmöglich ist, dass Snorri Werke der normannischen Historiographie kannte, erzählt er doch aus der Perspektive der Heimat der Wikinger. Und dort taucht in der Saga des Königs Harald Schönhaar (Haralds saga hárfagra), des ersten Reichsgründers Norwegens, auch jener Mann auf, der im Süden unter dem Namen Rollo firmiert (Haralds saga hárfagra 24). Snorri nennt ihn Rolf (altnord. Hrólfr), der ihm zufolge als großer Wikinger viele Gebiete Norwegens heimsuchte. Da er von so außergewöhnlichem Wuchs war, dass ihn kein Pferd zu tragen vermochte, erhielt er den Spitznamen Gǫngu-Hrólfr (Gang-Rolf). Als er seine Überfälle und Plünderungen in der Heimat zu weit trieb, verbannte ihn König Harald aus Norwegen. Danach fuhr Rolf zu den Hebriden, um dann schließlich Frankreich (altnord. Valland) mit seinen Überfällen heimzusuchen. Dort eroberte er sich ein mächtiges Herzogtum (altnord. jarlsríki), in dem er zahlreiche Nordmänner ansiedelte und »seitdem wird es Normandie (altnord. Norðmanndí) genannt«. Es schließt sich eine Auflistung der folgenden Herzöge an, womit Snorri seine Grundkenntnisse normannischer Geschichte beweist. Nun mag man der Heimskringla durchaus eine »sagenhafte Verzerrung« (Plassmann 2008, 75) der Gestalt Rollos unterstellen. Sie belegt jedoch recht glaubwürdig dessen norwegische Herkunft. Und in der Tat sind auch andernorts einzelne Norweger und Gruppen neben den überwiegenden Dänen bezeugt. Folgen wir einigen Mutmaßungen, ergäbe sich jedenfalls ein Bild, demzufolge Rollo nicht gleichsam aus dem Nichts um 911 aufgetaucht ist. Als norwegischer Exilant könnte er sich bereits um 876 an der unteren Seine niedergelassen haben. Nicht grundsätzlich von der Hand zu weisen wären Beziehungen zu den Dänen in England, etwa zu Guthrum (vgl. Kap. 2). Auch an der legendären Schlacht um Paris könnte er 885 beteiligt gewesen sein. Zuweilen werden ihm sogar gute Verbindungen zu fränkischen Adelsfamilien nachgesagt, manifestiert gegen 890 in der Heirat mit Poppa, einer Tochter des Grafen Berengar von Bayeux (Houben 2012, 13). Nach Dudo und anderen Chronisten geschah dies gewaltsam nach der Eroberung Bayeuxs und der Tötung des Grafen – was dann wohl doch dem Wunsch nach einer dramatischen Erzählung geschuldet sein wird.

Jedenfalls muss Rollo als eingesessener Wikinger Nordfrankreichs gelten, der sich mit den politischen Verhältnissen das Landes auskannte und sie mit verschiedenen Mitteln mitgestaltete. Dazu gehörte auch die Schlacht, in der Rollo 911 bei Chartres durch das Heer Karls des Einfältigen eine empfindliche Niederlage erlitt. Rollo befand sich anscheinend in einer derart misslichen Situation, aus der ihn nur noch ein möglichst schneller Rückzug retten konnte. Da unterbreiteten ihm die Gesandten des Königs einen unerwarteten Vorschlag: Wenn er sich bereit erkläre, ihrem Herrn Treue zu schwören, Christ zu werden und die Küste vor anderen Wikingern zu schützen, erhalte er für sich und seine Leute ein Gebiet an der Seinemündung. Dieses Angebot klang interessant und konnte auf die bekannten Präzedenzfälle verweisen. Auf dem Festland hielt sich zwar keine dieser Wikingerkolonien auf Dauer, aber einen weiteren Versuch schien es beiden Parteien wert zu sein. Demzufolge trafen sich der westfränkische König Karl und der norwegische Wikingerführer Rollo 911 an dem Flüsschen Epte unweit der Seine in Saint-Clair-sur-Epte ca. 75 km nordwestlich von Paris. Zwischen beiden und ihren Unterhändlern wurden offenbar zähe Verhandlungen geführt, die schließlich zu folgenden Ergebnissen führten: Rollo erhielt das Mündungsgebiet der Seine einschließlich der Stadt Rouen zum Eigentum und wurde Vasall des Königs. Dort sollte Rollo als Graf nach eigenem Gutdünken schalten und walten. Seine Verpflichtung bestand allerdings darin, das Land und die Küste vor Überfällen zu schützen, die inbesondere von anderen Wikingern ausgingen. Untrennbar verbunden mit diesem Freundschaftsbündnis war die Taufe Rollos und die Annahme des christlichen Glaubens – was natürlich auch für seine Gefolgsleute galt.

Wie üblich nahm der Wikinger einen Taufnamen an, nämlich Robert, der seinem Taufpaten, dem Markgrafen Robert von Neustrien (866–923) geschuldet war – dem Bruder des Kapetingers Odo, der gegenüber Karl dem Einfältigen keine Thronansprüche erhob. Mit der Allianz war auch ein Heiratsbündnis verknüpft, das seinen Ausdruck in Rollos Eheschluss mit der Königstochter Gisela fand. Dass Erzbischof Franco von Rouen (911–919) den Vertrag federführend vermittelte belegt die Bedeutung des Geschehens. Der Originaltext dieses bedeutsamen Dokuments ist nicht erhalten, bezüglich seiner Auswirkungen gilt er jedoch als die »Geburtsurkunde der Normandie« (Houben 2012, 12). Einziger Gewährsmann ist zum wiederholten Mal Dudo, der noch eine berühmt gewordene Anekdote liefert: Demnach weigerte sich Rollo, König Karl als dessen Vasall den Fuß zu küssen. Diese Aufgabe übernahm ein Gefolgsmann, der aber ebenfalls dieser Zeremonie nichts abgewinnen konnte und darum des Königs Fuß zum Kuss anhob – woraufhin Karl der Einfältige das Gleichgewicht verlor und hintüber stürzte. Der offenkundige Sinn dahinter ist die Veranschaulichung der Freiheitsliebe der Normannenfürsten, die in der Tat dem französischen König gegenüber keine gehorsamen Vasallen waren.

Von Rollo-Roberts 20 Regierungsjahren – er starb um 931 – ist wenig überliefert. Der zeitnahe Chronist Flodoard von Reims (894–966) nennt ihn namentlich überhaupt nicht, nur die Bezeichnung princeps Normannorum (»Fürst der Normannen«) dürfte sich auf ihn beziehen. Auch von der Normandie zu sprechen, war offensichtlich noch nicht üblich. Besagter Flodoard bezeichnet 925 jedenfalls deren Bewohner als Nordmanni de Rodome foedus (»Normannen von Rouen«). Was das spätere Herzogtum betrifft, erlebte Rollos Machtgebiet noch etliche Erweiterungen, so 924 im Westen um das Bessin einschließlich Bayeux und Hiésmois sowie im Süden um Maine. Ob sich Rollo tatsächlich an die Vereinbarungen des Vertrags von Saint-Clair-sur-Epte hielt, ist unklar. Jedenfalls ist für seine eigenen Leute noch ein Überfall auf die der Normandie benachbarte Stadt Beauvais bezeugt. Die Quellen berichten ebenso von Plünderungen der Städte Amiens und Arras. Womöglich trieben hier jedoch noch andere Wikinger ihr Unwesen. Und wenn es Rollos Männer waren, folgten sie vielleicht inneren Auseinandersetzungen des Westfrankenreichs. Wie auch immer: Dem ersten Normannenfürsten werden gern »großes Organisationstalent« sowie »politische Schlauheit« (Musset 1992, 92) zugesprochen. Dieses Urteil begründet sich weniger in konkreten Ereignissen, von denen wir ohnehin nichts wissen, als in der Tatsache, dass der Wikingerstaat in Nordfrankreich überlebt hat und seine politische Identität über Jahrhunderte in einem außergewöhnlichen Maße ausbauen konnte. Damit stellt die Normandie ein Unikum dar, das sich von ähnlichen Gebilden außerhalb Skandinaviens unterscheidet.

Rollos Nachfolger: Chaos und Machtkämpfe

Unter Rollos Sohn und Nachfolger Wilhelm Langschwert (frz. Guillaume Longue Épée, 931–942) erfuhr der normannische Herrschaftsbereich noch mehr Erweiterungen. Der französische König Rudolf (923–936) sprach ihm 933 die bis dato bretonischen Gebiete der Halbinsel Cotentin und Avranchin mit dem Mont-Saint-Michel zu. Damit erstreckte sich die Normandie im Westen bis zum Fluss Couesnon, der nun die Grenze zur Bretagne bildete. Darüber hinaus überschnitt sich ihr Territorium weithin mit der Kirchenprovinz Rouen – ein nicht zu unterschätzender stabilisierender Faktor (vgl. Kap. 4). Zur Stabilität und weiteren Integration trug auch das Vorbild Rollos von 911 mit bei, nämlich Taufe und Einheirat in den fränkischen Adel. Sein Sohn und Nachfolger erhielt den Namen seines Paten Wilhelm I. (918 gestorben), des Herzogs von Aquitanien, des Gründers der berühmten Benediktinerabtei von Cluny. Ebenso folgte man bei Rollos Enkel Richard I. diesem Vorgehen und benannte ihn nach Herzog Richard von Burgund. Eine erfolgreichere Art der »Integrationspolitik« stellten aber Ehen mit fränkischen Adelstöchtern dar. So ehelichte Wilhelm Langschwert eine Lietgart (Liutgard), Tochter des Grafen Herbert II. von Vermandois (Heribert II, 900–943). Dieser war einer der mächtigsten nordfranzösischen Landesherren und hielt sogar König Karl den Einfältigen nach dessen Absetzung 923 gefangen. Wilhelms Schwester Adele wurde mit Herzog Wilhelm III. von Aquitanien (Guillaume III, 934–963) liiert, der ebenfalls in die westfränkischen Thronkämpfe verstrickt war und als Feind der Robertiner bzw. Kapetinger galt. Nicht nur aufgrund derartiger familiärer Verbindungen wurden die wahrscheinlich noch Grafen von Rouen betitelten Herren der

Normandie zu Mitspielern der desolaten und unübersichtlichen Situation des Westfrankenreiches.

Bezüglich der inneren Verhältnisse der Normandie bleibt festzuhalten, dass die skandinavischen Einwanderer letztendlich eine kleine Minderheit inmitten der fränkischen Bevölkerung waren. Aber diese zahlenmäßig heute nicht mehr fassbare Gruppe stellte die herrschende Oberschicht. Die normannischen Adelsfamilien wie die übrige nordeuropäische Bevölkerung assimilierten sich bekanntlich recht schnell in das nordfranzösische Umfeld (vgl. unten). Gleichwohl vergingen einige Jahrzehnte, bis die Zuwanderung kein Problem mehr darstellte. Denn der Zuzug dänischer und norwegischer Gruppen erfolgte nicht in einer einzigen Masseneinwanderung. Die Normandie galt anscheinend als ein derart attraktives Ziel, dass bis um 1020 immer wieder Zuzügler eintrafen. So geht man etwa für die westliche Normandie von einer zweiten Welle von Skandinaviern aus, deren Integration erheblich mehr Zeit in Anspruch nahm. »Keltisch-norwegische Elemente« (Musset 1992, 92) sprechen für eine Herkunft von den Britischen Inseln. Hinzu kommt die andauernde Präsenz von Wikingergruppen, die beispielsweise erst 939 endgültig aus dem bretonischen Nantes vertrieben werden konnten. Ab und an zogen sich dänische Banden aus England in die Normandie zurück, wo sie sogar ihre Beute nach Rouen brachten. Einer sofortigen und problemlosen Eingliederung dieser größeren und kleineren Kontingente stand zweierlei im Wege: Zum einen dürften die kriegerischen Anführer dieser Gruppen auf ihre Unabhängigkeit bedacht gewesen sein und nicht willens, sich einem Grafen von Rouen zu unterwerfen. Dieses Phänomen ist aus den innerskandinavischen Verhältnissen der Wikingerzeit ausreichend belegt, so etwa in den Kämpfen der frühen norwegischen Könige gegen die regionalen Jarle. Womöglich tat sich auch bei den etablierteren Adligen im unmittelbaren Umfeld Wilhelms Widerstand auf. Richtete er sich gegen zu einflussreiche fränkische Berater? Laut Dudo warfen sie ihm jedenfalls vor, die Sitten der Daci (»Dänen«, Normannen) zu vernachlässigen (Plassmann 2008, 78 ff.). Zum anderen hingen die Einwanderer noch nicht dem christlichen Glauben an, sondern pflegten ihre traditionellen religiösen Sitten und Bräuche. Leider ist davon in der Normandie nichts archäologisch nachgewiesen – so etwa Gräber mit Beigaben oder irgendwelche Opferfunde. Das nordgermanische Heidentum dürfte nämlich auch hier am ehesten seinen Ausdruck in Opferplätzen gefunden haben. Dazu mögen Waffen, Schmuck, Gebrauchsgegenstände und Tiere gezählt haben. Zu den Opfern gehörten diverse Feste und Riten, die am ehesten den christlichen Nachbarn störend aufgefallen sein dürften. Wichtiger noch ist der Umstand, dass diese heidnischen Gruppen unabhängig agierten und sich natürlich auch den kirchlichen Autoritäten wie Bischöfen und Priestern nicht beugten.

Wie genau sich derartiger Traditionalismus unter den Zuwanderern in der Normandie äußerte, ist nicht bekannt. Jedenfalls erzählen die Quellen mehrmals von Skandinavieraufständen gegen den Landesherrn, so 933/34 unter einem Anführer namens Rioul (Riouf), der von Wilhelm Langschwert niedergeschlagen wurde. Zehn Jahre später sollen neu eingetroffene Skandinavier unter ihren Anführern Harald und Turmod die vorchristlichen Kulte wiederbelebt haben. Sie wurden 943 vom französischen König Ludwig in einer Schlacht besiegt. Aber anscheinend bestanden noch bis ins 11. Jahrhundert mehr oder weniger enge Beziehungen zu Wikingern bzw. Skandinaviern. Die normannische Oberschicht gestattete diesen, ihre Häfen als Stützpunkte für Überfälle in England zu nutzen. Und skandinavische Söldnertruppen könnten auch regelrecht »angeheuert« worden sein. Im christlichen Westeuropa war Sklavenhandel noch weit verbreitet, insofern überrascht es nicht, dass der Sklavenmarkt in Rouen erst um das Jahr 1000 endgültig geschlossen wurde. Wikinger spielten eine maßgebliche Rolle in diesem üblen Geschäft und dürften als Händler auch in der Normandie aufgetreten sein. Jedenfalls berichtet eine Quelle von einem Iren, der als Sklave nach Northumberland kam und später glücklicherweise seine Frau in Le Vaudreuil in der Normandie wiederfand (Rowley 2003, 29). Die späteren Herzöge waren zudem in die dänischen Kriegszüge nach England involviert. Davon zeugt ein Abkommen zwischen Herzog Richard II. und Sven Gabelbart über einen Beuteanteil aus England. Doch dergleichen Beziehungen waren eher von marginaler Bedeutung. Sie änderten nichts an der Tatsache, dass »die Normandie, die erst in der Mitte des 11. Jahrhunderts in ihren Grenzen greifbar wird, aus vielen kleinen von den Herzögen unabhängigen normannischen Ansiedelungen entstanden sein [dürfte], indem eine kriegerische Oberschicht sich unter Verdrängung der fränkischen Adligen ansiedelte und die Herrschaft übernahm.« (RGA 21, 2002, 366) … und sich schlussendlich assimilierte.

Wilhelm Langschwert hatte folglich ernsthafte innere Auseinandersetzungen zu bestehen, die ihn jedoch nicht davon abhielten, sein Herrschaftsgebiet zu arrondieren – er beanspruchte sogar die Oberherrschaft über die Bretagne. Zudem begann er mit dem Ausbau der Kirche in der Normandie, indem er reiche Kirschenschenkungen vornahm und zerstörte Klöster wieder aufbauen ließ. Obwohl er damit den Grundstein für das enge Verhältnis der Herzöge zur Kirche legte (vgl. Kap. 4), nannte ihn der Chronist Richer von Saint-Remi bei Reims († 995) in seinen Historiae einen dux piratarum (»Anführer der Piraten«, Houben 2012, 17). Er überliefert auch eine bezeichnende Episode aus der Zeit um 940: Damals kamen die Könige der Westfranken, Ludwig IV., und der Ostfranken, Otto I., zusammen, unter den Gästen befand sich auch Wilhelm. Als er zu den Beratungen keinen Zutritt erhielt, brach er die Tür zum Sitzungssaal auf. Zweifelsohne eine Anekdote, mit deren Hilfe Richer den Ehrgeiz des Normannen deutlich machen will. Wahr daran ist, dass Wilhelm kräftig im Streit um die Herrschaft mitspielte. Nach Flodoard war Wilhelm wohl ein zuverlässiger Verbündeter König Ludwigs IV. (936–954), mit dem wieder einmal ein Karolinger den Thron innehatte. Aber dieses Bündnis nützte ihm nicht viel. Unter den Mächtigen Nordfrankreichs tat sich nämlich für Wilhelm Langschwert mit Graf Arnulf I. von Flandern (918–964) ein gefährlicher Konkurrent auf, der im Thronstreit auf der Seite des Karolingers Ludwig IV. stand. Zwischen Arnulf und dem Normannen wurde 942 ein Treffen auf einer Somme-Insel vereinbart. Doch dies war anscheinend eine Falle; denn Gefolgsmänner Arnulfs töteten Wilhelm. Das brachte die Normandie in eine gefährliche Situation. Diese heimtückische Ermordung galt nämlich unter westfränkischen Gleichgestellten durchaus als ehrenrührig, doch da der König es ohne Strafe für Arnulf durchgehen ließ, galt wohl die Normandie noch als wenig bedeutsam (Plassmann 2008, 79). Zu dem nun ausbrechenden Chaos kam hinzu, dass Wilhelm Langschwerts Sohn Richard noch minderjährig war. König Ludwig IV. ergriff die Initiative, indem er nach Rouen zog, dem zehnjährigen Richard die Normandie zusprach, ihn aber gleichzeitig an seinen Hof und damit unter Kontrolle brachte. Aus der Bewachung in Laon gelang laut Dudo dem Jungen mithilfe seines Erziehers die Flucht. Als er wieder zurück in der Normandie war, ergriffen die Berater, darunter offensichtlich mit Bernhard Dacigena (»dänischer Herkunft«) ein Skandinavier, und die normannischen Adligen das Heft des Handelns. Sie leisteten dem König energisch Widerstand und es gelang ihnen sogar, diesen in der Normandie gefangenzunehmen. Offensichtlich auf Betreiben von Bernhard Dacigena wurde er 945 an seinen Widersacher Herzog Hugo den Großen von Francia (Hugo Magnus 936–956) ausgeliefert. Der gehörte den Robertinern an, womit die Angelegenheit endgültig große Politik wurde. Jedenfalls fühlte sich jetzt sogar König Otto I. (936–973) vom Ostfrankenreich involviert und marschierte mit einem Heer ins Westreich, um Ludwig zu unterstützen. Diesen Verwicklungen wollen wir hier nicht weiter folgen. Nur soweit, dass Hugo der Große letztlich erfolgreich war, indem 987 sein Sohn Hugo Capet den Thron bestieg. Ludwig IV. gewann seine alte Macht hingegen nicht mehr zurück und starb 954. Bei seinem Tod war das westfränkische Königtum vorerst geschwächt, was zur erneuten Erstarkung der Normandie beitrug. Richard I. (942–996), Wilhelms Sohn, konnte seine Herrschaft behaupten und mit dem Ausbau seines Landes beginnen. Von heidnischen Rückfällen hört man fortan nichts mehr, und die normannische Integration schritt voran. Jetzt erst gestalteten sich die Verhältnisse ruhiger und führten zur eigentlichen Herausbildung der Normandie. Dies findet auch im Titel seinen Ausdruck: War Rollo 911 allenfalls der Graf (comes) von Rouen, nannten sich seine Nachfolger Markgraf (marchio) der Normannen, schließlich princeps (Fürst) und erst gegen Ende des 10. Jahrhunderts dux (Herzog). Über den genauen Zeitpunkt der Annahme des Herzogstitels ist man sich uneins. Aber um das Jahr 1000 kann man mit Sicherheit vom Herzogtum der Normandie sprechen.

Die Normannen in der Normandie: Integration und Erbe

Was blieb an faktischem skandinavischem Erbe in der Normandie erhalten? Welche handfesten Indizien gibt es, die den Herkunftsmythos der mittelalterlichen Historiographen bestätigen? Zum wiederholten Mal muss auf die geringe Zahl der Einwanderer verwiesen werden. Adlige und die ihnen folgenden Siedler richteten sich auf ein zukünftiges Leben inmitten der fränkischen Gesellschaft ein. Deren Namen und Titel, deren politisches System und deren christliche Religion waren so prestigeträchtig, dass die Mehrheit der Normannen sich wie selbstverständlich integrierte – zumal ganz offensichtlich Traditionalisten die Ausnahme darstellten, der keine Zukunft beschieden war (vgl. oben). Für diese durchgreifende und erfolgreiche Integration werden gern die Ehen mit einheimischen Frauen verantwortlich gemacht, aus denen sich die Verwandtschaft und der Kontakt mit fränkischen Familien ergab. Daraus resultierte folgerichtig die Annahme der in der Normandie gebräuchlichen altfranzösischen Dialekte bzw. des Altfranzösischen generell. Deren Bedeutung war für die Einwanderer offenbar so groß, dass sie auf Dauer keine Zweisprachigkeit pflegten, bei der ihre skandinavische Muttersprache weiter Verwendung gefunden hätte. Einzelne Zeugnisse belegen diesen Prozess. Laut Dudo sandte bereits Wilhelm Langschwert seinen Sohn Richard von Rouen nach Bayeux, um dort die dacisca lingua zu erlernen – also die dänische Sprache (Plassmann 2008, 85). Dort in der westlichen Normandie waren deren Kenntnisse wegen der späteren Einwanderer noch üblich. Ein anderes Mal erzählt Dudo von dem erwähnten Treffen zwischen den Königen Ludwig IV. und Otto I. Dort hätten nur die Normannen Wilhelm Langschwerts die Witze der ostfränkischen Gefolgsleute verstanden. Da diese wie Otto selbst aus dem Herzogtum Sachsen und damit aus Nordwestdeutschland kamen, sprachen sie mit Altsächsisch eine dem Altdänischen ähnliche germanische Sprache. Ob deren Verwandtschaft tatsächlich ausreichte, um untereinander Witze auszutauschen bleibe dahingestellt – jedenfalls waren demzufolge die Normannen ihrer Muttersprache noch mächtig. Gern wird übrigens der in Snorri Sturlusons Heimskringla *(Weltkreis)* erwähnte Besuch des isländischen Skalden Sigvatr Þórðarson in Rouen (altnord. Rúđuborg) um das Jahr 1024 als Beleg dortiger altnordischer Sprachkenntnis gewertet (Houben 2012, 20). Nichts spricht jedoch für diese Annahme, da er laut Snorri auf Handelsfahrt in die Normandie gelangt war und sich mit Sicherheit auf anderem Wege verständlich machen konnte. Unbewiesen bleibt die Annahme, er könne am Herzogshof seine Gedichte vorgetragen haben (vgl. Kap. 10).

Insofern dürfte von skandinavischer Sprachkompetenz im 11. Jahrhundert nur noch in Einzelfällen auszugehen sein. Wie sieht es mit Personennamen aus? Die Fürsten wählten bekanntlich von Anfang an fränkische Namen, die mit Taufe und hohem Prestige verbunden waren. Trotzdem ist noch für das 11. Jahrhundert eine Fülle romanisierter bzw. latinisierter altnordischer Namen bezeugt, die zum Teil bis heute in Gebrauch sind: Auber (lat. Osbernus < Asbjørn), Anfray (lat. Ansfridus < Asfriđr), Angot (lat. Ansgotus < Asgautr), Osmond (lat. Osmundus < Asmundr), Turgot (lat. Turgotus < Thorgautr), Turgis (lat. Turgisus < Thorgisl), Toutain (lat. Turstinus < Thorsteinn), Thouroude (lat. Turoldus < Thorsvaldr) (Musset 1992, 88 ff.). Diese Namen bezeugen ihren üblichen Gebrauch, was wiederum für ihr Ansehen spricht. So mag es in der Tat einen Zeitpunkt gegeben haben, seitdem man selbstbewusst die skandinavischen Namen getragen hat.

Unmittelbarer für die normannische Besiedlung sprechen zahlreiche Ortsnamen in der Normandie. Hierzu einige Beispiele mit dem Bestandteil tot, der auf altnord. toft »Bauplatz« zurückzuführen ist und sich jeweils mit einem skandinavischen Männernamen verbindet: Brametot (Dép. Seine-Maritime, 1025 belegt, Bedeutung: Bramis Bauplatz), Colletot (Eure, 1080 Coletot »Kolis Bauplatz«), Écultot (Seine-Maritime, 1220 Esculetot »Skulis Bauplatz«), Gonnetot (Seine-Maritime, 1206 Gonnetot »Gunnis Bauplatz«), Herquetot (Manche, 1232 Hergetot »Helgis Bauplatz«), Quettetot (Manche, 1200 Ketetot »Ketills Bauplatz«). Außerdem bezeugen etliche Namensbestandteile die Herkunft aus der altnordischen Sprache und damit höchstwahrscheinlich von normannischen Siedlern, so hom »Insel, feuchte Wiese« von altnord. holmr, hogue »Hügel, Erhebung« von altnord. haugr, londe »Wäldchen« von altnord. lundr, tourp »Weiler, Dörfchen« von altnord. thorp (vgl. Musset 1992 und RGA 21, 2002, 340–353).

Mischformen aus skandinavischem Personennamen und romanischem Grundwort sind etwa Toquerville (Tokis ville »Tokis Ort«) und Auberville (Osberts ville »Osberts Ort«). Im Großen und Ganzen lässt sich eine Häufung solcher Ortsnamen, die übrigens vor allem Dörfer bezeichnen, im Pays de Caux (nördlich der Seine-Mündung) finden, an der Küste des Bessin nahe Bayeux, im Norden der Halbinsel Cotentin am Ärmelkanal und damit besonders dicht in der unteren Normandie (Basse-Normandie) im Westen des Landes. Sie zeichnen ganz offensichtlich die normannische Siedlungsgeschichte nach, weswegen sich die französisch-normanische Ortsnamenforschung dieses Themas sehr intensiv angenommen hat. Ansonsten finden sich im Französischen nur wenige Lehnwörter, die man dem Altnordischen zuschreiben kann und die bezeichnenderweise mit der Seefahrt zu tun haben. Wie sich überhaupt das historische Herkunftsbewusstsein am stärksten im Hochadel, unter Küstenbewohnern und Berufsgruppen erhalten hat, die wie etwa die Walfänger mit dem Meer verbunden waren. Was die historische Normandie betrifft, kann man von deren Anpassung an das fränkische Rechtssystem sprechen, so in der Steuer- und Finanzverwaltung. Gleichwohl hielten sich bis ins 11. Jahrhundert gewisse skandinavische Traditionen wie die Strafe der Verbannung (ullac) und Gesetze der See, insbesondere betreffs gestrandeter Schiffe. Inwiefern die Normannen noch den eigentümlichen Schiffbau und die nautischen Kenntnisse ihrer Wikinger-Vorfahren pflegten bzw. beherrschten, wird Thema des 5. Kapitels über die legendäre normannische Invasion Englands sein. Was ansonsten das skandinavische Erbe betrifft, wird üblicherweise auf die Beibehaltung »gewisser Eigenschaften« verwiesen wie »unermüdlicher Unternehmungsgeist«, die »Fähigkeit, sich den unterschiedlichsten Bedingungen anzupassen«, »die organisatorische Neigung zu politisch wirksamen Strukturen« und den »Zusammenhalt aller Auswanderer aus dem Herzogtum untereinander« (Musset 1992, 94). Ob diese subjektiv-weichen Begriffe tatsächlich eine typische Mentalität umzeichnen, einen kennzeichnenden normannischen Charakter, wird zu erörtern sein.

4. Die Normandie als Musterstaat

Die Herzöge

Die Entwicklung und Konsolidierung der Normandie zu einem stabilen Musterstaat seiner Zeit umfasste in etwa anderthalb Jahrhunderte. Den Gründungsjahrzehnten unter den Grafen Rollo und seinem Sohn Wilhelm Langschwert folgten mit dessen Ermordung 942 wie geschildert erhebliche Wirren. Nur langsam konnte sich der noch minderjährige Richard aus der Bevormundung durch den französischen König und die mächtigen Berater befreien. Erwähnt sei hier erneut das mehr oder weniger erzwungene Zusammenspiel mit Wikingergruppen aus Skandinavien, denen mutmaßlich gewisse Freiräume zugestanden wurden – so für Plünderungszüge in die Nachbargebiete. Womöglich hat Richard sogar eine Frau aus diesen Wikingerscharen geehelicht, um diese besser an sich zu binden. Zeitgleich wächst die Normandie zu einer Einheit aus Nieder- und Hochnormandie (frz. Basse-Normandie, Haute-Normandie) zusammen, seit den 960er-Jahren taucht sie als »Normandie« in den Quellen auf – nicht mehr als Gebiet, das in erster Linie mit Rouen verbunden wird. Aus der Regierungszeit Richards II. (996–1026) stammt die erste echte Urkunde (aus dem Jahr 1006), in der vom »Herzog der Normandie« die Rede ist (Houben 2012, 18). Deswegen glaubt man die erstmalige Verwendung des Titels jenem zweiten Richard zuschreiben zu können, für den sich der Beiname »der Gute« (frz. le Bon) eingebürgert hat. Dabei gilt er als Sohn Richards I. und eben jener Frau, die zu den erst kürzlich eingewanderten Skandinaviern gehörte. An seinen Fähigkeiten änderte dies nichts.

Der dux Normannorum darf sogar als eigentlicher Gründungsvater des Staatsgebildes gelten. Wie problembeladen die Aneignung des Herzogstitels war, lässt sich daran erkennen, dass die Kapetingerkönige in Paris bis zum Ende der normannischen Unabhängigkeit von der französischen Krone im Jahr 1204 die Anerkennung des Titels verweigerten. Richard II. hat noch einen weiteren Verdienst um die Profilierung der Normandie. Er war es schließlich, der seinen Kaplan (capellanus) und Kanzleibeamten (cancellarius) Dudo beauftragte, im Stil der Zeit jene groß angelegte Geschichte der Normannen zu schreiben, die wir bereit kennengelernt haben (vgl. S. 38 f. und Kap. 10). Die Historiker weisen immer wieder auf die Problematik dieser wichtigsten und für viele Details einzigen Quelle der normannischen Frühzeit hin. Fast einstimmig wird Dudo »literarische Fiktion« (Houben 2012, 13) unterstellt und Manipulation. Aber der Historiograph handelte im Auftrag seines Herrn, eines Halbwikingers, dem an der Deutungshoheit der Geschichte seiner Ahnen gelegen war.

Politische Erfolge und Wirrungen

Außer von diesen grundsätzlichen Zügen der Herrschaft Richards des Guten ist von seiner Politik zu reden, die die nordfranzösischen Nachbarn wie Flandern, Ponthieu, Maine und die Bretagne zu berücksichtigen hatte, außerdem die Könige in Frankreich und England. Gerade bei letzteren kamen ein weiteres Mal die Skandinavier ins Spiel und damit ein unberechenbarer Faktor. Hier mag daran erinnert sein, dass deren Agieren, ob friedlich oder militärisch, auch in der Normandie zu spüren war. So soll Olaf Haraldsson, der später norwegischer König wurde, 1030 in einer Schlacht fiel und als Olaf der Heilige der bis heute berühmteste Herrscher seines Landes ist, angeblich in Rouen getauft worden sein. Andererseits war noch unter Richards II. Regierung der Verkauf englischer Sklaven in Rouen möglich (vgl. oben). Gleichwohl stand der Herzog dem englischen König Ethelred II. zur Seite, der kurz nach der Jahrtausendwende mit massiven dänischen Angriffen fertig werden musste (vgl. Kap. 5). In der Normandie wurde ihm sogar zeitweilig Exil gewährt. Und Richard II. tat noch ein weiteres, dessen Tragweite er nicht erahnen konnte. Es gelang ihm im Jahr 1002, seine Schwester Emma mit eben jenem Angelsachsen Ethelred zu vermählen. Damit wurde eine verwandtschaftliche Beziehung geknüpft, die England und die Normandie in den folgenden Jahrzehnten verband und die schließlich einen Anlass für die normannische Invasion Englands 1066 bot. Auch andernorts war Richard bestens vernetzt: Er selbst war mit Judith, einer Tochter des Herzogs Conan (990–992) der Bretagne vermählt. Seine Schwester war wiederum die Ehefrau von Conans Sohn und Nachfolger Gottfried (992–1008). Als dieser während einer Pilgerfahrt nach Rom den Tod fand, wurde Richard der Vormund seines minderjährigen Sohnes Alain (1008–1040) und konnte damit seinen Einfluss in der Bretagne erheblich ausweiten. Das Verhältnis zur französischen Krone gestaltete sich derweil so gut, dass der Herzog sogar als Freund und Verbündeter König Roberts II. (996–1031) gesehen werden kann, was selbstredend zur Sicherung seines Herzogtums beitrug. Von kleineren rasch niedergeschlagenen Aufständen abgesehen gestaltete sich Richards II. Herrschaft darum als eine Zeit, in der die Normandie ihren ersten Höhepunkt erlebte. Auch von den Konflikten der anderen nordfranzösischen Fürsten und Feudalherren blieb man unbelästigt.

Wie 80 Jahre zuvor folgte auch dieses Mal der ruhigen Phase normanischer Politik eine Zeit der Wirren. Als nämlich 1026 Richard II. nach 30jähriger-Herrschaft starb, folgte ihm sein etwa 25 Jahre alter Sohn Richard III. (1026–1027) auf dem Thron. Ihm blieben nur wenige Monate als Herzog, denn bereits im August des folgenden Jahres kam er in Rouen ums Leben – unter ungeklärten Umständen, die Quellen sprechen von einem Giftmord. Ansonsten ist nicht viel aus seiner Regierungszeit bekannt. Von seiner Ehe mit Adela (Adelheid), der Tochter des französischen Königs Robert II., weiß man noch nicht einmal, ob sie vollzogen wurde. Jedenfalls hinterließ Richard III. keinen männlichen Erben. Adela sollte bereits 1028 die Gemahlin des späteren Grafen Balduin V. von Flandern (Baudouin V., 1035–1067) werden, des zukünftigen Schwiegervaters Wilhelm des Eroberers. Die Übernahme des Herzogtitels kam nun Richards jüngerem Bruder Robert zu. Das Verhältnis zwischen den Brüdern war wohl nicht das beste, der Jüngere rebellierte und man munkelte, er habe den Giftmord am regierenden Herzog zu verantworten gehabt.

Mit Robert I. (1027–1035) übernahm eine schillernde Persönlichkeit die Macht, die ihm allerdings alles andere als sicher war.

Wieder einmal gärte es unter den Adelsfamilien, gab es insbesondere Probleme mit jungen, ehrgeizigen Adelssöhnen. Robert der Teufel (Plassmann 2008, 88, so der ihm von Historiographie und Sage zugeschriebene Beiname) versuchte sich die Loyalität des Adels durch reichliche Vergabe von Gütern und Rechten zu erkaufen. So erklärte er die Ämter der herzoglichen Beauftragten (vicomtes) für erblich. Was die fatale Folge hatte, dass sie der jeweiligen Neuvergabe und damit der herzoglichen Verfügungsgewalt entzogen wurden und das Heranwachsen mächtiger Fürstenhäuser begünstigten. Hingegen bediente er sich zu eifrig am Kirchengut, was zu zeitweiligen Auseinandersetzungen mit Kirchenfürsten wie Erzbischof Robert von Rouen (989–1037) führte. Dieser war übrigens sein Onkel, und zwar ein Sohn Herzog Richards I. und der genannten Dänin, was ihm den Beinamen le Danois (der Däne) einbrachte. Zugleich war er Graf von Évreux, das er stark befestigen ließ. Jedenfalls galt er als weltlichen Dingen zugewandter Bischof, der in seiner Doppelfunktion über erhebliche Macht verfügte. Der Streit mit dem Herzog eskalierte soweit, dass Robert Rouen verließ und sich in Évreux mit seinen Männern verschanzte. Dort vom Herzog belagert, ging er schließlich nach Frankreich. Erst im sicheren Exil griff er auf das kirchentypische Machtmittel zurück, nämlich die Exkommunikation des Herzogs. Nicht immer wirkte dieser Ausschluss aus der Kirchen- und Heilsgemeinschaft, bei Robert I. allerdings schon. Er versöhnte sich mit seinem Onkel, der von nun an zu seinen Verbündeten zählte. Mit der gesamten Kirche der Normandie kam es zu einer engen Zusammenarbeit, was beispielsweise zur Fortführung der Klosterreform, zu Klostergründungen in der Niedernormandie sowie zum Ausbau des Mont-Saint-Michel führte (vgl. S. 61).

Was die Beziehungen zu Frankreich betraf, unterstützte der Herzog den frisch gekrönten König Heinrich I. (frz. Henri I., 1031–1060) in dessen Thronkämpfen gegen verwandte Kapetinger und deren Anhänger. Die Beziehungen zu England wurden weiter auf ihre spezielle Art gepflegt: Während der Regierungszeit des Dänen Knut des Großen gewährte Robert seinen als Söhne König Ethelreds und der Emma von der Normandie Verwandten Edward und Alfred des öfteren die Gastfreundschaft seines Hofes. Bereits er soll mit dem Gedanken einer Invasion Englands gespielt haben. Vielleicht stand sogar eine Flotte bereit, scheiterte aber an ungünstigen Winden. Wie sehr die Normannenherzöge noch immer mit dem skandinavischen Adel der späten Wikingerzeit verbunden waren, belegt die Überlieferung, derzufolge Herzog Robert mit Estrid vermählt werden sollte, der Tochter des dänischen Königs Sven Gabelbart und Schwester König Knuts von England. Doch daraus wurde nichts und Robert hinterließ letztlich nur einen Sohn und eine Tochter aus der Beziehung mit der Gerberstochter Herleva aus Falaise. Eine derartige zeitweilige, nicht standesgemäße Beziehung nannte man später Friedelehe, bei der formal-verwandtschaftliche Verbindungen keine Rolle spielten. Deren Nachkommen galten insofern als unehelich (modern gesprochen) und nicht erbberechtigt. Das war allerdings im Fall Herzog Roberts ganz anders. Er entschloss sich nämlich 1034 zu einer Wallfahrt nach Jerusalem. Über die Gründe wissen wir kaum etwas, mögen sie nun einem persönlichen Schuldgefühl (wie manchmal bezüglich des Giftmords an seinem Bruder vermutet wird) entsprungen sein oder einfach dem vorherrschenden religiösen Antrieb einer Pilgerreise zum heiligen Grab. Jedenfalls trat er die Reise an und gelangte über Konstantinopel sogar nach Jerusalem. Dort scheint er erkrankt zu sein und verstarb schließlich auf dem Rückweg 1035 in Nicäa nahe Konstantinopel. Damit war der Herzogsthron im fernen Rouen verwaist. Aber Robert hatte sich vor Beginn seiner Pilgerreise durchaus Gedanken über seine Nachfolge gemacht. Als Erbe des Throns kam für ihn nur sein einziger Sohn Wilhelm in Betracht, den er aus der illegitimen Beziehung mit genannter Herleva hatte. Auf ihn ließ er seine Vasallen schwören und so trat Herzog Wilhelm I., später auch der Bastard und der Eroberer genannt, seine Herrschaft an (engl. William the Conqueror, frz. Guillaume le Conquérant 1035–1087).

Mit Wilhelm erreichte die Geschichte des Herzogtums Normandie ihren Höhepunkt, zugleich klang mit ihm dessen besondere Rolle auch langsam aus. Die Anfänge des 1027/28 in Falaise bei Caen Geborenen waren jedenfalls alles andere als leicht. Obwohl sein Vater wohlweislich fähige und einflussreiche Ratgeber und Vormünder bestellt hatte, obwohl er wahrscheinlich sogar erfolgreich am Hof des französischen Königs Heinrich I. um dessen Zustimmung gebeten hatte, kam es mit dem Regierungsantritt des knapp Achtjährigen zu äußerst kritischen Zuständen, die sogar als Anarchie (Rowley 2003, 44) bezeichnet werden. Nach den Quellen soll der junge Wilhelm ständiger Bedrohung und Lebensgefahr ausgesetzt gewesen sein und Schutz besonders bei der Familie seiner Mutter (Plassmann 2008, 90) gefunden haben. Dabei hatte er anscheinend ein sehr enges Verhältnis zu seinem Stiefvater Herluin von Conteville († ca. 1066), einem Adligen und Vasall Roberts I., der ihn überredet hatte, Wilhelms Mutter Herleva zu ehelichen. Als offizieller Vormund half und schützte ihn sein Großonkel Robert von Rouen, der sich bekanntlich mit Herzog Robert I. ausgesöhnt hatte. Seine Macht konnte dem jungen Wilhelm aber nur kurze Zeit Sicherheit gewähren, da der Erzbischof 1037 starb. Aus dem Kreis treuer und ergebener Berater übernahm Herzog Alain III. von der Bretagne (1008–1040) die Vormundschaft, der jedoch einem Giftanschlag zum Opfer fiel. Ebenso erging es seinem Nachfolger, dem Grafen Gilbert von Brionne, der auf Anstiften eines Konkurrenten Wilhelms ermordet wurde.

Schlecht hätte es in den folgenden Jahren um den jungen normannischen Herzog gestanden, wäre ihm der französische König nicht zu Seite gestanden. Er tat dies formal, indem er auf seine Rechte als oberster Lehnsherr verwies und damit direkt Zugriff auf das Herzogtum nahm. Da er in dieser Funktion Wilhelm anerkannte, setzte er dessen Gegner gleichsam ins Unrecht. Ein Konstrukt, das half, aber nicht auf Dauer wirkte. 1047, Wilhelm war bereits der Vormundschaft entwachsen, erhob sein Vetter Guido von Brionne (frz. Gui de Brionne, ca. 1025–1069), ein Enkel Herzog Richards II., Anspruch auf den Herzogsthron und wurde dabei von etlichen normannischen Adligen unterstützt. Offensichtlich gemahnte Wilhelm in dieser prekären Situation persönlich König Heinrich I. an seine Pflichten als oberster Lehnsherr. Mit Erfolg: Der französische Herrscher führte ein großes Heer in die Normandie, wo es sich mit den kleineren Verbänden Wilhelms vereinte. In der Schlacht von Val-és-Dunes (bei Caen) kam es 1047 zu einem überzeugenden Sieg der Verbündeten über die Rebellentruppen. Der Chronist Wilhelm von

Jumièges vermerkt »dass der König und der Herzog, unbekümmert um die Zahl der Feinde, ihnen die Schlacht antrugen und nach zahlreichen Reitergefechten ein großes Gemetzel unter ihren Feinden anhub, die zuletzt in solch heillosen Schrecken versetzt wurden, dass sie ihr Heil in der Flucht suchten und sich in die Fluten der Orne stürzten«. (Zitat bei Rowley 2003, 44). In der Tat scheinen viele Adlige während der Schacht ihr Heil im Abmarsch gesehen zu haben, während sich Guido nach Brionne zurückzog, wo er einige Jahre der Belagerung standhielt. Für Wilhelm I. stellte das Jahr 1147 jedenfalls den Wendepunkt seiner Regierung dar.

Von Wilhelm dem Bastard zu Wilhelm dem Eroberer

Denn nur wenige Monate nach dem deutlichen Sieg über seine Feinde verkündete im Oktober 1047 auf Wilhelms Initiative ein Kirchenrat einen Gottesfrieden, der wohl genauer als »Herzogsfriede« (pax ducis) zu bezeichnen ist. Diese Sonderregelung, von geistlicher und herzoglicher Obrigkeit gesetzt, schränkte die Legitimität des adligen Fehdewesen erheblich ein. Sie schloss für Mittwochabend bis Montagmorgen, für die Advents- und Fastenzeit, für Ostern und Pfingsten Gewalttätigkeiten wie in ritterlicher Fehde gegen strenge Strafandrohungen aus. Da der Herzog selbst davon ausgenommen war, setzte er etwas durch, das man heutzutage als das Gewaltmonopol des Staates bezeichnet. Selbstredend führte derart allgemeiner Gottesfrieden zu einer Festigung von Wilhelms Herrschaft. Dafür schuf Wilhelm auch persönliche Grundlagen, indem er die bisherigen Ratgeber aus ihren Ämtern entließ, darunter in erster Linie auch Verwandte, und sie gegen Gleichaltrige auswechselte (Plassmann 2008, 94).

Bald darauf nahm der noch unvermählte Herzog die Suche nach einer Braut auf. Seine Wahl, der zweifelsohne etliche politische Kontakte und Verhandlungen vorausgingen bzw. folgten, fiel auf die nur wenig jüngere Mathilde († 1083), Tochter des Grafen Balduin V. von Flandern. Sie entbehrte nicht einer pikanten Note, wenn man bedenkt, dass es eine althergebrachte Konkurrenz zwischen der Normandie und Flandern gab. Hinzu kam, dass gewisse Stimmen auf die angeblich zu nahe Verwandtschaft zwischen den Ehepartnern verwiesen, die beide ihren Stammbaum auf Rollo zurückführten. Deswegen sprach sich bereits im Vorfeld Papst Leo IX. 1049 gegen diese Ehe aus und sanktionierte sie zwei Jahre später, nachdem sie geschlossen worden war, mit der Exkommunikation. Wilhelm und Mathilde ließen sich anscheinend vom päpstlichen Diktum weder abhalten noch stören. Und tatsächlich hob Leos Nachfolger es 1059 auf – aus politischen Gründen, benötigte er doch in Süditalien das Bündnis mit den dortigen Normannen, die mit Herzog Wilhelm verwandt waren (vgl. Kap. 7). Über die Ehegemeinschaft am herzoglichen und später königlichen Hof ist nicht viel bekannt. Jedenfalls gilt Mathilde als durchaus selbstbewusst. Wenn die Quellen von keinen unehelichen Kindern Wilhelms berichten, die damals gewissermaßen Normalität waren, so mag dies als Indikator für eine gute Ehe gelten. Die enge Verwandtschaft mit dem Grafen von Flandern und das damit verbundene Bündnis sollte für Wilhelm jedenfalls von großem Vorteil sein. Denn der Zustand des Königreichs Frankreich glich weiterhin einem Kampf eines Jeden gegen jeden. Schuld daran waren die feudalen Machtverhältnisse, bei denen jeder adlige Territorialherr sich selbst der nächste war und zuerst an seine Familie und dann erst an den König dachte. Nicht zufällig kam die sogenannte Gottesfriedenbewegung im 11. Jahrhundert in Südfrankreich auf. Unter anderem um die kaum noch zu bewältigenden Fehden der Jungritter und Heißsporne zu kanalisieren, rief schließlich Papst Urban II. 1095 zum 1. Kreuzzug auf (wozu auch andere Gründe kommen, die hier nicht Thema sind). Diese knappe Schilderung mag die komplexen innenpolitischen Verhältnisse Frankreichs widergeben. Auf diesem Feld spielte auch die Normandie eine prominente Rolle und damit ihr Herzog. Der junge Wilhelm hatte bekanntlich die Hilfe König Heinrichs I. erfahren und sich dafür revanchiert, etwa mit Beistand gegen Graf Gottfried Martell von Anjou (1040–1060). Dessen Kerngebiet im unteren Tal der Loire um die Stadt Angers spielte eine beachtliche Rolle in den innenpolitischen Querelen. Loireaufwärts konkurrierten die Grafen von Blois mit ihnen, in diesem Fall Graf Theobald, der sich schließlich Theobald I. von Champagne (1063–1089, vorher bereits Graf von Blois) nannte. Diesem feudalen Wirrwarr, dessen beide Hauptantagonisten hier genannt seien, gab König Heinrich I. durch einen bemerkenswerten Politikwechsel eine neue Richtung. Das durch die Heirat Wilhelms und Mathildes begründete Bündnis der Normandie mit Flandern sorgte nämlich für Misstrauen und Distanz König Heinrichs zum normannischen Herzog. Er versöhnte sich mit Graf Gottfried von Anjou und schloss nun seinerseits ein Bündnis gegen Herzog Wilhelm, dem sich Gottfrieds alter Erzfeind Graf Theobald von Blois sowie Teile der natürlich immer noch vorhandenen normannischen Adelsopposition anschlossen. Um es kurz zu machen: Im Abstand von drei Jahren errangen Wilhelms Normannen zwei überragende Siege gegen die feindliche Koalition (1054 Schlacht von Mortemer, 1057 Schlacht bei Varaville). Wilhelm hatte damit gleichsam die Souveränität seines Herzogtums erkämpft, in dem der König fortan über keinerlei Einfluss mehr verfügte. Überhaupt trat Heinrich I. bis zu seinem Tod 1060 kaum noch irgendwo in Frankreich erfolgreich agierend auf. Immerhin gelang es ihm, seinen noch minderjährigen Sohn Philipp kurz vorher als Mitregent anerkennen zu lassen. Für unser Thema mag es eine marginale Petitesse sein, die jedoch die bemerkenswerten Verstrickungen der Skandinavier in der Welt des frühen Mittelalters verdeutlicht: Philipps Mutter Anna von Kiew war die Tochter des Großfürsten Jaroslaw von Kiew, der sein slawisches Fürstenhaus der Rurikiden in seinen Ursprüngen auf die schwedischen Waräger zurückführte. Annas Mutter wiederum und damit Philipps Großmutter war eine schwedische Königstochter.

Ein derart weitgezogenes Herkunftsnetz war Wilhelm mutmaßlich nicht bewusst und es hätte ihn höchstwahrscheinlich auch nicht sonderlich interessiert, da es weder familiäre noch politische Allianzen mit sich brachte. Ganz anders hingegen seine Verwandtschaft mit Flandern. Denn dessen Graf Balduin V., sein Schwiegervater, übernahm mit der Königsmutter Anna von Kiew die Vormundschaft für König Philipp I. (1060–1108), und als diese sich wieder verheiratete, war er alleiniger Vormund. Damit hatte Wilhelm vorerst mit keinen Machtansprüchen der Krone zu rechnen und konnte unabhängig handeln. Dieses Handeln zielte auf die Erbfolge in England – ein Unterfangen, mit dem wir uns im Folgenden noch ausführlich beschäftigen werden. Jetzt legte er jedenfalls die Grundlagen für seine weiteren Pläne, indem er das schuf, was das Herzogtum Normandie und die Herrschaft der Normannen ausdrücklich prägte (vgl. unten). Hier sei auf den inneren Frieden und die stabilen Verhältnisse verwiesen, die der Herzog nutzte, um seine Macht auszubauen. Dazu gehörte unabdingbar der Aufbau einer loyalen Truppe von jungen kampftüchtigen Adligen, aus denen er sein Gefolge formte und das er durch die Verheißung von Kriegsbeute an sich band (was durchaus wikingerhafte Züge trägt). Vom militärischen Aufbau und dem wichtigen Bau herzoglicher Burgen werden wir noch hören. Man nimmt lediglich zur Kenntnis, dass laut dem Chronisten Ordericus Vitalis Wilhelm in diesen so erfolgreichreichen Jahren auch »tyrannische Züge« angenommen haben soll. Dieser wohl sehr persönlichen Einschätzung, die sich an mittelalterlicher Fürstentypologie orientieren dürfte, steht die Feststellung der Forschung zur Seite, die Normandie habe eine »erstaunliche Blütezeit« (Plassmann 2008, 94) erlebt.

An dieser Stelle ist es sinnvoll, den Blick auf die Geschichte der Normandie unter der Herrschaft der von Rollo abstammenden Herzöge zu richten. Sie wirkten seit 1066 in Zusammenhängen, in denen das nordfranzösische Herzogtum lediglich Teil eines erheblich größeren Reiches war, genauer gesagt eines Herrschaftkonglomerats aus disparaten Gebieten. In unserem Kontext sei lediglich erwähnt, dass Herzog Wilhelm, kurz bevor die neugeschmiedete Allianz Heinrichs I. gegen ihn auftrat, 1051 seinem Onkel König Edward von England, eigentlich ein Cousin seines Vaters Robert, einen Besuch abstattete. Edward hatte just einen Aufstand angelsächsischer Adliger niedergeschlagen und machte sich Sorgen um seine Nachfolge. Denn einen Erben konnte er nicht vorweisen und daran sollte sich auch bis zu seinem Tod 1066 nichts ändern. Später hieß es, Edward habe seinem jungen normannischen Verwandten die englische Thronfolge versprochen. Daran knüpfte Wilhelm 1066 an.

Die folgende Geschichte der Normandie ist darum immer im größeren Zusammenhang der Verbindung mit England zu sehen. Dabei kam es bereits nach Wilhelms Tod 1087 unter dessen

Söhnen zu Auseinandersetzungen, die zur zeitweiligen Aufteilung der Herrschaft führten. Im 12. Jahrhundert blieben die direkten normannischen Abkömmlinge sowie deren Nachfolger, die nur noch eingeschränkt den Normannen zuzurechnen sind, Könige Englands und Herzöge der Normandie. Schließlich entfremdeten sich Herzog und Normandie immer stärker. Der französische König Philipp II. August (1180–1223) kämpfte in seiner langen Regierungszeit hartnäckig gegen das angevinische Reich der englisch-französischen Plantagenets (mit sehr dünnen normannischen Wurzeln, vgl. Kap. 6). Insbesondere in den Auseinandersetzungen mit Richard Löwenherz und dessen Bruder Johann Ohneland kamen immer mehr Gebiete auf dem Kontinent unter seine Kontrolle. 1204 konnte Philipp II. August Rouen und die gesamte Normandie ohne Widerstand des Adels einnehmen, der ihm von nun an ergeben war. Damit gehörte die Normandie wieder zu Frankreich und ging ihren eigenen historischen Weg, auf dem die normannische Feudalschicht keine politische Rolle mehr spielte.

Die Kirche als Machtsäule der Herzöge

Mit der Taufe Rollos 911 schlug die Kirche in der Normandie einen sicheren Weg der Gesundung und schließlich sogar der Blüte ein. Denn Rollo und seine Nachfolger wurden überzeugte und fromme Christen – sei es aus persönlichen Glaubensgründen oder politischen Erwägungen der Kirche als Machtstütze. Beide Beweggründe schließen sich nicht gegenseitig aus. Sicher ist, dass Rollo an Wiedergutmachung und Wiederaufbau der von den Wikingerzügen arg gebeutelten christlichen Institutionen und Ämter interessiert war, weswegen er schon bald den Bischof und seine Kleriker nach Rouen zurückrief. Sein Sohn Wilhelm Langschwert förderte die Klöster und suchte nach Mönchen, die dort wieder den Betrieb aufnehmen konnten. Dudo von Saint-Quentin erzählt die anschauliche Geschichte, wie Wilhelm Langschwert auf der Jagd zu dem in Trümmern liegenden Kloster Jumièges kommt, dessen wenigen dahinvegetierenden Mönchen er Hilfe zukommen lässt. Aber mehr noch: Es gelang ihm sogar, einige Mönche aus der Abtei Saint-Cyprien in Poitiers zu gewinnen und in Jumièges an der Seine unweit Rouen unterzubringen. Das dürfte um 934 geschehen sein, und offensichtlich schätzte Wilhelm das Kloster so sehr, dass er selbst dort eintreten wollte. Seine Ermordung 942 vereitelte diesen Plan, bescherte den Rolloniden aber einen »Hausheiligen« (Plassmann 2008, 79). Denn Dudo sah darin ein Martyrium als Nachahmung Christi (Christomimise). Jumièges war ein glanzvoller Weg beschieden, der aus der Abtei eines der größten Klöster Frankreichs machte – das im 16. Jahrhundert während der Kriege zwischen Katholiken und Hugenotten endgültig zerstört und zur Ruine wurde.

Der kirchliche wie klösterliche Wiederaufbau lässt sich am frühesten und eindringlichsten an der Benediktinerabtei Mont-Saint-Michel auf dem gleichnamigen Inselberg bei Avranches studieren. Die von Bischof Aubert von Avranches († 725) gegründete karolingische Michaelskapelle lag nebst Kloster schon lange danieder, bis die normannischen Herzöge auch hierhin Mönche zurückriefen und das Kloster mit reichen Schenkungen versahen. Ihnen gelang es ebenso, den vakanten Bischofssitz wieder zu besetzen. Im Jahr 966 kamen schließlich 12 Benediktiner aus der Abtei Saint-Wandrille in der Haute-Normandie. Geführt wurden sie von dem Flamen Maynard, einem Schüler des Klosterreformers Gérard de Brogne († 959). Ihm folgend führte er strenge Regeln ein und vernetzte Mont-Saint-Michel mit anderen Abteien. Noch vor seinem Tod 991 wurde mit dem Bau einer neuen Kirche St. Aubert begonnen. Die Quellen berichten häufig von Besuchen der jeweiligen Herzöge, die als Zeichen hoher Wertschätzung zu verstehen sind. So plante Richard II. eine geradezu riesige Abteikirche und Robert I. schenkte dem Kloster die Hälfte der Insel Guernsey. Dadurch entwickelte sich das normannische Inselkloster zu einer der reichsten Abteien Nordfrankreichs. Unter dem politisch geschickten Abt Renouf von Bayeux (1060–1084) unterstützte man Herzog Wilhelm bei der Eroberung Englands und gewann auch jenseits des Kanals Landschenkungen und Ämter.

Die aktive Kirchen- und Klösterpolitik der Herzöge stieß im 10. Jahrhundert nicht überall auf geneigte Ohren. Vom Abt des hochberühmten Klosters Cluny in Burgund wird beispielsweise überliefert, er habe den Wunsch Richards I., Mönche in die Normandie zu schicken, abgelehnt, denn dieser sei ein dux piratarum (»Herzog der Piraten«). Trotz dieser harschen Einschätzung gelang es Richard jedoch, die Klöster Saint-Ouen in Rouen, Saint-Wandrille an der Seine und bekanntlich Mont-Saint-Michel zu restaurieren. Eine neue Blütezeit begann um das Jahr 1000 auch für die Abtei Fécamp am Ärmelkanal. Die 1034 erfolgte Gründung des Klosters Le Bec im Landesinnern belegt, dass man zu diesem Zeitpunkt über die bloßen Wiederbelebungen alter Abteien hinausgelangt war. Ein prägnantes Beispiel politisch motivierter Gründungen bietet das Herzogspaar Wilhelm I. und Mathilde. Nach der Aufhebung der oben erwähnten päpstlichen Exkommunikation stiftete Wilhelm gewissermaßen als Buße die Abtei Saint-Étienne in Caen, die 1077 eingeweiht wurde und in der der Herzog seine Grablege fand. Als Pendant dazu trat Mathilde beim Frauenkloster Sainte-Trinité in Caen als Stifterin auf, wo wiederum sie ihre letzte Ruhe fand. Beide Bauwerke sind für die normannische Architektur von herausragender Bedeutung (vgl. Kap. 10). Sie stehen stellvertretend für die Fülle an Neugründungen unter Wilhelm I. insbesondere in der Basse-Normandie: 1035 fanden sich noch 8 von 10 Klöstern im Osten um Rouen, 1087 lagen 24 im Westen gegen 16 im Osten (Houben 2012, 23 ff.). Schließlich dürfen die zahlreichen Kirchenbauten, darunter Abtei- wie Kathedralkirchen, nicht vergessen werden, die bis heute das Bild der Normandie prägen, so etwa die Kirchen von Bayeux und Coutances, in Caen, Cerisy-la-Forêt, Lessay, nicht zu vergessen die berühmte Kathedrale von Rouen als Krönungsort und Grablege der Herzöge, deren Ruhm allerdings dem späteren gotischen Bau geschuldet ist.

Aber die Herzöge der Normandie betrieben nicht nur eine engagierte Kirchenpolitik, sondern initiierten auch eine Erneuerung und Weiterentwicklung von Bildung und Kultur in der Normandie – was damals dort wie andernorts in den Händen des Klerus lag. Hierbei tat sich insbesondere Richard II. hervor, als er 1001 Wilhelm von Volpiano (auch Wilhelm von Dijon, frz. Guillaume de Volpiano, 962–1031), den Abt von Saint-Benigne im burgundischen Dijon, als Abt der Benediktinerabtei Fécamp berief. Der aus dem norditalienischen Piemont stammende Kleriker galt als ausgemachter Anhänger der cluniazensischen Reformbewegung, deren Ideen er in Fécamp, aber auch in Saint-Ouen in Rouen und auf dem Mont-Saint-Michel umsetzte. In diesem Sinn erneuerte er die Liturgie und forcierte die intellektuelle Ausbildung der Mönche. Ebenso sorgte er für die verstärkte landwirtschaftliche Nutzung des Kirchenguts. All diese Reformen dientem einem Ziel, nämlich der libertas ecclesiae, der »Freiheit der Kirche«. Damit war die klösterliche Autonomie gegenüber weltlichem Adel und sich überordnenden Bischöfen gemeint. Derlei Unabhängigkeit bestimmte nur in begrenztem Maße das Verhältnis zu den Herzögen, die sich die Klosterherren durch reiche Schenkungen und Privilegien gewogen sein ließen. Gerade Fécamp wurde zum Hauskloster der Herzöge, dessen Kleriker- und Laienschule die intellektuelle Elite des Herzogtums stellte. Die Abtei etablierte sich folglich rasch als Machtzentrum in der oberen Normandie, von dem man über ein Netz von Pfarreien bestimmte – und über andere Klöster wie Jumièges und Mont-St.-Michel. Mit und seit Wilhelm von Volpiano zog es zahlreiche hochgebildete und berühmte Geistliche in die Normandie: So etwa Wilhelms Neffen Johannes aus Ravenna (frz. Jean de Fécamp, vor 1000–1078), der ab 1028 sage und schreibe 50 Jahre Abt von Fécamp blieb. Der Benediktiner schrieb eifrig theologische Schriften und sorgte sich um den Ausbau der Bibliothek ebenso wie um Tochtergründungen Fécamps. Außerdem sorgte der aus der Lombardei stammende Suppo (vor 1000–1061) als Abt von Mont-Saint-Michel (1033–1048) für den Ausbau einer berühmt gewordenen Bibliothek. Um einiges später sollte dort Anastasius von Venedig (1020–1085) wirken, der für seine ungewöhnlichen Griechischkenntnisse gerühmt wurde und den angeblich Papst Gregor VII. nach Spanien sandte, um den muslimischen Mauren das Evangelium zu predigen. Zu einem weiteren bildungspolitischen Zentrum entwickelte sich das Kloster Le Bec. Dort wirkte seit 1045 Lanfrank von Bec (frz. Lanfranc du Bec oder de Pavia, um 1010–1089), der aus Pavia stammte und damit ebenfalls aus Norditalien. 1063 ernannte ihn Herzog Wilhelm I. zum Abt seiner Klostergründung Saint-Étienne in Caen, von 1070 war er bis zu seinem Tod Erzbischof von Canterbury.

Lanfrank galt als wichtiger Berater Wilhelms und sollte dessen Politik auch im eroberten England vertreten. Daneben genoss er seit seinen Jugendjahren Anerkennung als Lehrender, der in Frankreich herumzog und heute als einer der Gründer der Scholastik gilt. An Ruhm sollte ihn allerdings sein Schüler Anselm von Aosta übertreffen, der gemeinhin als Anselm von Canterbury bekannt ist (frz. Anselme de Cantorbéry, um 1033–1109). Wieder war es ein Norditaliener, den es wissbegierig zu Lanfrank nach Bec zog. Nach wenigen Jahren wurde er dort Prior (1063), später Abt (1078–1093). 1093 folgte er seinem Lehrer als Erzbischof von Canterbury. Seine Amtszeit währte bis zum Tod, wurde aber wegen eines heftigen Investiturstreits mit dem englischen König immer wieder von längeren Vakanzen unterbrochen (vgl. Kap. 5). Unabhängig von diesen politischen Geschehnissen gilt Anselm als einer der bedeutendsten Theologen und Philosophen des Mittelalters (»Vater der Scholastik«), dessen Wirken hier nicht gewürdigt werden kann. Sein Name belegt jedoch die Wirksamkeit der normannischen Kirchen- und Bildungspolitik. Er stehe stellvertretend für eine Vielzahl von Klerikern, darunter etliche spätere Äbte, die ihre Schulung in der Abtei Bec erhielten.

Zusammenfassend ist festzustellen, dass eine derartige Kirchenförderung bei allem Gedenken an das eigene Seelenheil keinem Selbstzweck genügte. Den Herzögen diente sie zur Stabilisierung ihrer Herrschaft. Denn wie zum Einen die gebildeten Geistlichen der herzoglichen Verwaltung dienten, mischten sich ihre weltlichen Herren in Kirchenangelegenheiten ein. Für die sechs Suffraganbistümer, deren Fäden in Rouen zusammenliefen, berief der Herzog Reformsynoden ein und leitete sie auch. Obwohl er kirchliche Gerichtshöfe sowie kanonisches Recht in Studium und Praxis akzeptierte, stand die normannische Kirche doch unter herzoglicher Aufsicht. Und dies umso mehr, als sie gegenüber dem französischen König und selbst gegen den Papst einen erheblichen Grad an Selbständigkeit gewonnen hatte. Als Beispiel für das sich selbst zugeschriebene Eingriffsrecht des Herzogs seien die Geschehnisse von 1055 angeführt. Damals setzte Herzog Wilhelm Erzbischof Mauger von Rouen schlichtweg ab – allerdings mit päpstlicher Billigung und obwohl er mit ihm eng verwandt war. An seine Stelle setzte er mit Maurilius einen Mönch aus Fécamp. Ebenso gehörte gegebenenfalls die Absetzung von Äbten zur Kirchenpolitik Wilhelms und seiner Vorgänger (RGA 21, 2002, 361 ff.).

Der »Musterstaat«

Was machte den vielzitierten Musterstaat der Normandie aus, dessen Grundzüge nach 1066 auch auf England übertragen wurden? Dazu mag ein Zitat des burgundischen Benediktinermönchs und Historiographen Rodulfus Glaber (frz. Raoul Glaber, um 985 – um 1047) eine zeitgenössische Antwort geben, die um 1030 ein regelrechtes Idealbild der Normandie präsentiert: »Die Herzöge übertrafen alle durch militärische Stärke, den Wunsch nach allgemeinem Frieden und Freigebigkeit. Das Land, das sie beherrschten, lebte wie eine einzige Sippe oder Familie vereint in Harmonie und stabilem Frieden. Ein Normanne, der in einem Geschäft mehr verlangte als rechts war oder eine Ware unkorrekt anpries, wurde als Dieb oder Räuber angesehen. Die Herzöge kümmerten sich um die Bedürftigen, Armen und Pilger, so wie es Väter mit ihren Söhnen tun. Sie bedachten die Kirchen fast der ganzen Welt mit großzügigen Geschenken.« (Zitat bei Houben 2012, 21) Und in der Tat gilt auch der historischen Forschung für diese Zeit die Normandie als wohlgeordnetes Staatswesen mit einem mächtigen Heer (Rowley 2003, 31). Der damals andauernde Ausbau des Herzogtums führte zu der noch immer gültigen Gliederung in die östliche Haute-Normandie mit dem traditionellen Zentrum Rouen und die westliche Basse-Normandie, die mit dem um 1060 gegründeten Caen eine zweite Hauptstadt besaß. Das feudale Herrschaftssystem der Herzöge sorgte seit den Gründungszeiten (obwohl es anfangs noch nicht ausgebildet war) für die Expansion nach Außen und damit für die Arrondierung des Territoriums. Nach Innen sicherte dieses System die Macht des Herzogs, der etwa durch die Übertragung vieler Ämter an Verwandte für einen gewissen Grad allgemeiner Sicherheit sorgte – was bekanntlich der Idealfall war, der nicht immer zutraf. Außerdem zog etwa Wilhelm I.

die mächtigen Adelsfamilien an seinen Hof, wodurch er Verbündete und Gefolgsleute in nächster und damit kontrollierbarer Nähe hielt. Gerade während seiner Regierung belegen etliche Fälle, dass Widerstand und Renitenz zu einer Art von Landesverweisung führten.

Die Beziehung zwischen dem Herzog und der adligen Oberschicht wurde von den Grundsätzen des auch andernorts herrschenden Lehnswesens geprägt. Wie es sich mit seinen Anfängen im Fränkischen Reich herausgebildet hatte, beruhte dieses für das Mittelalter typische System auf dem gegenseitigen Treueverhältnis zwischen dem Lehnsherrn (in der Normandie der Herzog [comes]) und dem Lehnsmann (Vasall). Der Herzog verlieh Letzterem auf dessen Lebenszeit ein Lehen, das zumeist aus Grund und Boden bestand. Dafür erwartete er diverse Dienste, etwa am Hof oder militärische Hilfe, die zum Beispiel den Dienst von Rittern des Vasallen an 40 Tagen im Jahr umfasste. Dieses System war ungemein komplex, da der Herzog seinerseits Vasall des französischen Königs war (vgl. oben). Wie dargelegt erreichten die Herrscher der Normandie diesem gegenüber beachtliche Selbständigkeit. Im Innern fand diese einen Ausdruck in großer Macht über die eigenen Vasallen. Dabei wandten die Herzöge das so genannte ligische Lehnswesen an, das eine Doppelvasallität verhinderte und den Lehnsmann stärker an einen einzigen Lehnsherrn band, in diesem Fall also an den Herzog. Gern vergaben diese übrigens Lehen an die Äbte und Bischöfe ihrer Kirche, wodurch das Problem der Erblichkeit von vornherein ausgeschlossen war.

Außerdem sicherte sich der Herzog den umfangreichsten Landbesitz, der ihn zum mit Abstand reichsten Mann der Normandie machte. Eine Art unstrittiger Macht gewann er auch mit seiner Burgenhoheit: Er gab die Erlaubnis zum Bau einer Burg, beschlagnahmte sie gegebenenfalls und verfügte bei illegal errichteten Burgen sogar deren Abbruch (vgl. unten). Eine straffe Verwaltung richtete die Grafschaften auf den herzoglichen Hof aus. Ihnen standen die vom Herzog ernannten Vicomtes (engl. Viscounts) vor, die in seinem Namen die Gerichtsbarkeit pflegten und die Ordnung aufrecht erhielten, Steuern und andere Einkünfte einzogen und schließlich dem Heeresdienst nachkamen.

Anhand dieses durchorganisierten Systems wird deutlich, wie effizient der oben angesprochene herzogliche Gottesfrieden durchgesetzt werden konnte. Berücksichtigt man neben dieser Einbindung des höheren und niederen Adels die oben dargelegte Bedeutung der Kirche, gewinnt man einen Einblick in die Machtstrukturen der Normandie. Aber auch die anderen Stände waren eingebunden, so die Städte, die nicht selbständig waren, aber doch diverse Privilegien verliehen bekamen. Dies gilt auch für die seit etwa 1025 von den Herzögen neugegründeten Städte (lat. burgi), unter denen Caen die bedeutendste war. Sie alle gewannen für Verwaltung, Handel und mit ihren Münzstätten herausgehobene Bedeutung. Um 1000 führte ein starkes Bevölkerungswachstum zum wirtschaftlichen Aufschwung. Dem wurden die Herzöge gerecht, indem sie den Bauern Privilegien gewährten und im Großen und Ganzen keine Leibeigenschaft zuließen. Der Umgang mit den verschiedenen Teilen der Bevölkerung fand einen Ausdruck im spezifisch normannischen Recht, dass die Rechte der Alteingesessenen sowie der skandinavischen Zuwanderer mit dem alten römischen und dem kanonisches Kirchenrecht verband. Daraus ergab sich eine ungewöhnliche neue Einheit, die in dem Rechtsbuch Très ancien Coutumier de Normandie (Niederschrift um 1200 und zwischen 1218 und 1229) ihren Niederschlag fand und in Teilen bis 1789 zum normannischen Erbe gehörte. Dort wurde auch die oben erwähnte aus Skandinavien stammende Friedlos-Erklärung und Landesverweisung (ullac) verschriftlicht, die die Autorität des Herzog unterstrich (RGA 21, 2002, 361 ff.).

Wenn wir die typischen Eigenarten des normannischen Herzogtums zusammenfassen, gilt an erster Stelle eine straff auf den Herzog ausgerichtete Verwaltung, die neben den lehnsrechtlichen Besonderheiten und seinem Reichtum seine exponierte Stellung verdeutlicht. Ebenso trugen die einheitliche Kirchenstruktur sowie der hohe Standard kirchlicher Bildung zur Charakterisierung der mittelalterlichen Normandie bei. Das Verhältnis zu den adligen Vasallen etablierte schließlich die besondere Stellung des Rittertums (vgl. unten). Diese Eckpunkte machten die vielgerühmte Normannitas aus, von der im Folgenden die Rede sein wird. Was dazu ein doch abstrakt bleibender ausgeprägter »Anpassungswille« der Herzöge (Plassmann 2008, 88) beitrug, muss letztlich unklar bleiben. Jedenfalls gingen in der Normandie relativ hohe Staatlichkeit und ausgeprägter Unabhängigkeitswille des Adels eine bemerkenswerte Verbindung ein – wobei das eine das andere bedingen mochte. Oder lag dem doch etwas Grundsätzliches zugrunde wie etwa folgende Formulierung nicht ohne Pathos ausdrückt: »Auch in der Folge blieben den Normannen ihr Wagemut, ihre Rastlosigkeit, Abenteuerlust und ihr Landhunger gleichsam angeboren.« (RGA 21, 2002, 368) Ähnlich wenn auch aus anderer Perspektive sieht es der bedeutende Normannenchronist Ordericus Vitalis: »Die Normannen sind ein wildes Volk und wenn sie nicht von einem strengen Herrscher in Zaum gehalten werden, tun sie schnell Unrecht. In allen Gemeinschaften, in denen sie sind, streben sie danach zu herrschen und werden durch ihren Ehrgeiz oftmals Feinde der Wahrheit und der Treue« (Zitat bei Plassmann 2008, 95). Ihm zufolge wäre das Herzogtum, von dem so viel ausging, eine Reaktion an ordnender Macht auf den herkömmlichen Wikingergeist.

Deus aie »Gott helfe uns!« – die Normannen als militärische Macht

Die Grundlage für Macht und Ruhm der normannischen Feudalherren legte allerdings ihr militärisches Können. Ihm verdankten sie letztlich ihre beeindruckenden Eroberungen von den Britischen Inseln bis ins Heilige Land. Zwischen 911 und 1066 vollzog sich allerdings ein Wandel in Taktik und Ausrüstung vom Wikinger zum Ritter. Die skandinavischen Piraten traten ursprünglich gar nicht martialisch auf. Üblicherweise trugen sie ihre verbreitete Bekleidung aus langer Hose und kittelartigem Hemd, das ein Gürtel zusammenraffte. Manchen schützte eine lederne Jacke und eine Lederkappe vor feindlichen Hieben. Nur Häuptlinge und Adlige konnten sich ein knielanges Kettenhemd oder einen Metallhelm leisten – zumeist wohl ein schmuckloser konischer Helm mit oder ohne Nasenschutz. Außerdem wurde bislang ein einziger aufwändigerer Helm mit einer Augenumrandung gefunden. Keine Rüstung, sondern vor allem Schilde dienten der Verteidigung, in kreisrunder Form, von einem knappen Meter Durchmesser und aus Holz gefertigt. Aus Eisen bestanden lediglich der so genannte Schildbuckel in der Mitte, der die Hand schützte, und ein Randbeschlag. Manchen Schild schmückte man mit grellbunten Farben oder stellte darauf sogar ganze Szenen aus der Mythologie und Heldensage dar. Während der einfache Bauernkämpfer sich lediglich mit Speer und Beil bewaffnete, bildete das Schwert die bedeutendste Waffe des Kriegers. Als zweischneidiges Langschwert konnte es bis zu einem Meter lang sein und zwei Kilogramm wiegen. Die Qualität und Schärfe seiner Klinge, der verzierte Griff und eine hölzerne und teilweise mit Metall verkleidete Scheide machten ein Schwert zu einem ausgesprochenen Statussymbol. In der Wikingerzeit konnte damit allenfalls die langstielige Streitaxt konkurrieren, deren seltene Prunkstücke reich verziert waren. An Waffen bedienten sich die Wikinger außerdem kurzer Schwerter und Messer, bis zu drei Meter langer Lanzen sowie Pfeil und Bogen, der aus Eibenholz mit einer Länge von fast zwei Metern gefertigt wurde.

All diese Waffen sicherten den Skandinaviern aber keine Überlegenheit; ein gut gerüsteter fränkischer Elitekrieger war für gewöhnlich besser ausgestattet. Vorteile errangen die Wikinger in erster Linie mithilfe ihrer Überraschungstaktik (vgl. Kap. 2). Auf Plünderungsfahrten mit oftmals weniger als 100 Männern sondierte man vorab das Feld nach reicher Beute bei möglichst geringem Widerstand. Mit ihren Drachenbooten und auf geraubten Pferden erwiesen sich die Nordleute zu Wasser wie zu Lande als schnell und flexibel. Wenn ein Rückzug unmöglich wurde, zog man sichere Befestigungsanlagen einer offenen Feldschlacht vor. Während ihrer Raubzüge durch Westeuropa erwiesen sich die Wikinger als pragmatische Taktierer, die sich anscheinend keinen traditionellen Kampfregeln verpflichtet fühlten. Kam es zu heftigeren Kämpfen, folgte man offensichtlich dem schlichten Grundsatz Mann gegen Mann. Von solchen Piratenzügen, wie sie auch typisch für Nordfrankreich und die Normandie waren, gilt es die großangelegten Heerzüge gegen England zu unterscheiden. Dies gilt insbesondere für die

Angriffe des dänischen Königs um 1000. Sie setzten eine umfangreichere Organisation voraus. Dabei konnten sich die Herrscher auf eine Art der Wehrpflicht berufen, die alle freien Männer umfasste. Demzufolge hatten die Häuptlinge und Jarle ganze Schiffe nebst Mannschaft, Ausrüstung und Verpflegung zu stellen. Von der Masse solcher Kämpfer hob sich die Gefolgschaft der Krieger ab, die ihren Herrn umgab und mit einer so genannten Schildburg schützte.

Die Normannen, die 1066 unter Führung Wilhelms Englands Herrschaft an sich rissen, hatten auch als Krieger wenig mit den Wikingern gemein. Der Unterschied zeigt sich allein mit dem Schlachtruf »Deus aie« – »Gott helfe uns!«, mit dem sie in die Schlacht bei Hastings zogen. Für den christlichen Gott, nicht für den alten nordgermanischen Kriegergott Odin zog man in den Kampf. Aber ganz profan natürlich für den Herzog der Normandie, dem man durch die erwähnten feudalen Verhältnisse verpflichtet und verbunden war. Alle Adligen waren seine Lehnsleute und hatten ihm berittene Krieger (miles »Ritter« bei Ordericus Vitalis) zu stellen. In der Normandie kristallierte sich eine Art Keimzelle des später berühmt gewordenen Rittertums heraus, dessen Hauptträger gut ausgebildete Adelssöhne waren. Diese Krieger-Elite diente mit ihren Heeren nicht nur dem Herzog, sondern machte sich auch auf eigene Wege in den Süden.

Behalten wir aber die Normandie im Blick, deren Herrscher nicht nur den Adel kontrollierten und zum Ritterdienst verpflichteten, sondern auch mit ihrem Burgenbau für Macht und Schutz sorgten. Bekanntlich behielten sich die Herzöge den Bau von Burgen vor und betrieben eine regelrechte Burgenpolitik. Dazu gehörte zur Sicherung nach außen auch die Errichtung von Grenzburgen. Allerdings darf man diese frühen Burgen nicht mit den wehrhaften Höhenburgen des hohen Mittelalters vergleichen. Steinerne Befestigungen dieser Art waren in der Normandie des 11. Jahrhunderts selten. Die damals vielerorts übliche Wehranlage war eine sogenannte Motte (frz. motte), ein »künstlich aufgeschütteter Hügel, der mit hölzernen Palisaden befestigt und mit Graben gesichert wurde« (Houben 2012, 23). Neben kleineren Gebäuden bildete ein Holzturm den Mittelpunkt einer solchen Anlage. Gleichzeitig wurden gerade in

Frankreich erste Donjons angelegt, kompakte Wohntürme aus Stein, die erheblich massiver als Motten waren. In beiden Typen residierten die Vasallen des Herzogs und schufen somit allerorts kleine Herrschaftszentren.

Ihrem Herrn war an einem leistungsfähigen Heer gelegen, dessen Ausrüstung genauso gesichert war wie der Nachschub. Dass man in der Normandie auch diese organisatorischen Herausforderungen im Griff hatte, belegt an erster Stelle die Invasion Englands, für die eine Flotte erst gebaut werden musste. Denn bei allem mutmaßlichen Wikingererbe waren die Normannen zu Landkriegern geworden, die ihre Kriege nicht auf See führten. Umso größere Bedeutung genoss die Reiterei und damit die richtigen Pferde. Diese fanden und züchteten die Normannen im Destrier, der zum besten Schlachtross des Mittelalters werden sollte. Man bildete ihn gewissermaßen zu einem robusten Reittier aus, das selbst im Kampf schwergerüstete Reiter tragen und gleichzeitig beweglich bleiben konnte. Gute Pferde soll man im Übrigen gar aus Spanien und Nordafrika geholt haben. Importiert wurden nicht nur sie, sondern zur Verstärkung der Kampfkraft auch Söldner. Seit Ende des 10. Jahrhunderts warben die Herzöge Ritter aus Flandern, der Picardie und der Bretagne sowie aus Artois an, wo regelrechte Familientraditionen mit Militärdiensten für den normannischen Herzog aufkamen. Wie stand es aber nun mit der Ausstattung von normannischen Kriegern und Söldnern? Realistisch und anschaulich geben sie die Abbildungen des Teppichs von Bayeux wider (vgl. Kap. 5). Ihnen zufolge trugen sowohl Normannen als auch gegnerische Angelsachsen knielange Panzerhemden aus eisernen Ringen mit halbem Arm und Eisenkapuzen, worüber man einen spitzen Helm mit Nasalband trug. Als Schutz dienten fast mannshohe, gewölbte Schilde, die mandelförmig oder unten spitz zulaufend gearbeitet waren. Bewaffnet war man mit Schwertern, Lanzen und Streitäxten. Was die normannische Kampfweise auszeichnete, war die neue Technik der Stoßlanze. Bis dahin hatten Lanzen überwiegend als Wurfspieße Verwendung gefunden; nun griff man auf eine Neuerung zurück (Bumke 1986, 213 ff.): Die angelegte Lanze wurde fest zwischen Oberarm und Taille geklemmt und verschaffte damit dem Reiter eine verheerende Wirkung. Um ihm jedoch Standfestigkeit für den Stoß zu verschaffen, mussten besonders hohe Reitsättel entwickelt werden, die eine Reitposition mit gestreckten Beinen ermöglichten, also ein Stehen in den Steigbügeln. Typisch für die normannische Kriegsführung wurde insbesondere für die Kriege in Süditalien die derart angelegte Lanze nebst dem erwähnten großen Schild. Als Taktik setzte sich schließlich das Auftreten flexibler Kavallerieeinheiten von bis zu 30 Männern durch. Die dominante Reiterei der normannischen Ritter fand eine schlagkräftige Ergänzung in der Infanterie und hier insbesondere bei treffsicheren Bogenschützen – vielleicht auch mit Armbrüsten bewaffnet –, die den angreifenden Reitern das Feld bereiteten.

5. England 1066: Angelsachsen, Dänen und Normannen – die Eroberung

England um das Jahr 1000

Nach dem Tod des Wikingerkönigs Erik Blutaxt von York (954, vgl. Kap. 2) blieb England über Jahrzehnte weitgehend von skandinavischen Überfällen verschont. Zwischen Angelsachsen und dänischen Siedlern im Osten der Insel entwickelten sich sogar friedliche und fruchtbare Beziehungen. Für Unruhe sorgten hingegen die innenpolitischen Entwicklungen, so als König Edgar versäumte, einen Nachfolger zu bestimmen und bei seinem Tod 975 Streit darüber entbrannte. Sein etwa 14-jähriger Sohn Edward gelangte schließlich auf den Thron (Edward der Märtyrer 975–978), fiel aber schon bald den Kabalen seiner Stiefmutter zum Opfer. Deren Männer ermordeten den jungen König auf ihr Geheiß, um den Weg für ihren Sohn Ethelred II. (978–1016, Æthelred the Unready, Ethelred der Unberatene, der Unvorbereitete) frei zu machen. Und der sah sich binnen kurzem wieder mit Wikingerüberfällen auf die südenglische Küste und andere Gebiete konfrontiert. Allerdings schienen sie der Tradition unkoordinierter Piratenzüge zu folgen, die man mittlerweile in den Griff zu bekommen glaubte. Bemerkenswert ist in diesem Zusammenhang die Nachricht, die Engländer hätten die Halbinsel Cotentin angegriffen, aber schließlich sei ein Friedensvertrag zwischen König Ethelred und dem normannischen Herzog geschlossen worden. Der englische Hof vermutete folglich einige Wikingerstützpunkte an der normannischen Küste – wohl nicht ganz zu unrecht (vgl. Kap. 3). Um 990 änderte sich die Situation schlagartig, als an der Themsemündung eine skandinavische Flotte von 93 Schiffen auftauchte, die unter dem Oberbefehl des Norwegers Olaf Tryggvason stand. Wenige Jahr später sollte dieser kriegserprobte Heerführer Christ werden und schließlich als König seines Landes den Tod finden (1000). Jetzt aber, im August 991, versuchten Krieger seines einige tausend Mann umfassenden Heeres an der Küste von Essex an Land zu gehen. In der Nähe des Ortes Maldon sammelten sie sich auf einer Insel, die durch eine Furt mit dem Festland verbunden war. Hier trat ihnen der höchste königliche Beauftragte des Gebietes entgegen, ein alter und bewährter Krieger namens Byrhtnod. Sein Auftrag lautete, das Land zu verteidigen – obwohl er mit seinen Kriegern den Angreifern zahlenmäßig unterlegen war. Diese Situation barg klassischen Stoff für eine Heldengeschichte und in der Tat blieb mit dem altenglischen Lied *Die Schlacht von Maldon* ein Zeugnis davon erhalten. Danach boten die Wikinger ihren Rückzug an, wenn Byrhtnod ihnen die geforderte Tributzahlung aushändigte. Dieser habe hingegen den Schild gehoben, den Speer geschwungen und unmissverständlich erklärt, Speere und Schwerter wollten sie den Seemännern als Tribut geben. Er und seine Männer würden ihre Heimat, das Reich König Ethelreds, verteidigen. Und so kam es, wie es kommen musste: Byrhtnod und seine Angelsachsen fanden den Heldentod. Vom Ruhm abgesehen, hatte die Niederlage von Maldon für die Engländer verhängnisvolle Konsequenzen. Denn König Ethelred zahlte nun doch die geforderten Tribute, die alle Lösegeldforderungen der bisherigen Wikingerzeit in den Schatten stellten. An bloßen Überfällen und Beute waren die Dänen kaum noch interessiert. Ihr Interesse waren Tribute, die als so genanntes Danegeld (»Dänengeld«) in enormer Höhe gefordert wurden – Jahr für Jahr, bis nach einem Vierteljahrhundert weit über 100.000 Pfund Silber gezahlt worden waren. Derartige Summen brachten Raub- und Feldzüge ein, die großangelegte Flottenoperationen des dänischen Königs Sven Gabelbart (986–1014) waren. Ab wann er bei den Wikingerüberfällen seine Hand im Spiel hatte ist ungewiss. Ganz offenkundig trat er drei Jahre nach der Schlacht von Maldon in Erscheinung, als er gemeinsam mit Olaf Tryggvason eine fast hundert Schiffe zählende Flotte befehligte, in die Themse fuhr und London belagerte. Erst nach den üblichen Tributzahlungen zog er sich zurück.

Nach mehreren Jahren mit hohen Tributzahlungen ergriff König Ethelred seinerseits die Initiative. Denn aus seiner Hilflosigkeit gegenüber den Danegeldforderungen erwuchsen innenpolitische Probleme. Immer mehr englische Adlige kritisierten den Herrscher wegen seiner Passivität. Daraufhin machte Ethelred die dänische Bevölkerung im Osten Englands als mutmaßlichen Verbündeten König Svens aus und entschied sich zu einem rigorosen Vorgehen: Im Herbst 1002 befahl er seinen Soldaten den Angriff. Eine Chronik vermerkt: »Der König ordnete an, alle in England lebenden Dänen am St.-Bricius-Tag – dem 13. November – zu töten, weil er in Erfahrung gebracht hatte, dass sie sich verschworen hatten, ihn und seine Ratgeber umzubringen und sich sein Reich anzueignen.« Beweise für eine derartige Verschwörung lagen offensichtlich nicht vor, und die Dänen schienen an diesem Tag auch ohne Arg zu sein. Ein späterer Chronist schildert ein dementsprechendes Szenario: »Jener Tag war ein Samstag, an dem es unter den Dänen üblich war, zu baden. Aber zur dafür bestimmten Zeit wurden sie erbarmungslos vernichtet, vom Niedersten bis zum Höchsten. Sie wurden weder nach Alter noch nach Geschlecht verschont, und selbst Engländerinnen tötete man, die sich mit den Dänen vermischt hatten, und ebenso die Kinder, die diesen üblen ehebrecherischen Verbindungen entsprungen waren. Einigen Frauen wurden die Brüste abgeschnitten, andere wurden lebendig in der Erde vergraben, und die Kinder wurden an Pfählen und Steinen zerschmettert.« Unter den Tausenden von Opfern soll sich auch die Schwester des dänischen Königs befunden haben. Sven Gabelbart hatte somit allen Grund zurückzuschlagen. Angriffe und Tributforderungen nahmen in den folgenden 10 Jahren noch weit größere Ausmaße an. Die Brutalität der Auseinandersetzungen mag beispielhaft das Schicksal von Elfheah, dem Erzbischof von Canterbury (1006–1012) belegen: Er wurde nach der Einnahme Canterburys von Wikingern gefangen genommen und im April 1012 in Greenwich ermordet.

Die dänischen Feld- und Beutezüge entwickelten sich zu einem regelrechten Krieg mit politischer Dimension. Denn Sven Gabelbart beherrschte immer mehr Gebiete Englands, das zunehmend in Unordnung geriet. Die dänischen Gebiete erkannten ihn schließlich als ihren Herrscher an und sogar unter den angelsächsischen Großen reifte offensichtlich der Gedanke, ihm den englischen Thron zu überlassen. Im Jahr 1013 holte er zum großen militärischen Schlag aus, worauf König Ethelred sein Heil in der Flucht suchte. Er floh über den Ärmelkanal in die Normandie, deren Herzog Richard II. bekanntlich sein Schwiegervater war (vgl. Kap. 4). Mit ihm reisten Königin Emma und die beiden gemeinsamen Söhne Edward († 1066) und Alfred († 1036). Sven Gabelbart wurde im Dezember 1013 zum englischen König erklärt, verstarb aber wenig später noch vor der offiziellen Krönung (Februar 1014). Sein etwa 18-jähriger Sohn Knut stand zwar als Nachfolger bereit und wurde von seinen Kriegern auch unverzüglich zum König ausgerufen, aber die angelsächsischen Großen entschieden sich für die Rückkehr Ethelreds. Der kam mit seinem Sohn Edmund (aus einer ersten Ehe) nach London und bestieg erneut den Thron. Ihm blieb nur noch eine kurze, unruhige Regierungszeit. Denn bereits im folgenden Jahr fiel Knut mit einem großen Heer in England ein und eroberte weite Teile des Landes. König Ethelred starb im April 1016 während der Belagerung Londons. Sein Sohn Edmund II. Eisenseite († 1016) hielt sich nur wenige Monate auf dem Thron. Schließlich unterlag er Knut in der Schlacht und erkannte ihn als englischen König an.

Ein halbes Jahrhundert bis 1066

Dies hatte Signalwirkung, und die Mehrzahl der angelsächsischen Großen gab ihren Widerstand gegen die Thronbesteigung des jungen Dänen auf. König Knut der Große (Canute the Great, 1016–1035) erwies sich in den knapp 20 Jahren seiner Herrschaft weniger als Wikinger denn als englischer Monarch. Im Großen und Ganzen brachte er dem Land eine lange Friedenszeit – unter anderem dadurch, dass er die Flotte ausbaute und gegen dänische Seeräuber vorging. Außerdem erkannte er die geltenden Gesetze ausdrücklich an, denen zufolge Angelsachsen und Dänen nach ihren herkömmlichen Sitten leben durften. Deshalb respektierte man seine Herrschaft überall, und Knut fand mächtige Verbündete unter den angelsächsischen Adligen. Dabei ist an erster Stelle Graf Godwin von Wessex († 1053) zu nennen, der aus einer der einflussreichsten Familien des Landes stammte.

Wie eng in dieser Zeit die Verbindungen mit Nordeuropa waren, bewies Godwin durch zwei Ehen mit Skandinavierinnen. Zu Knuts Akzeptanz trug auch eine kirchenfreundliche Politik bei. So förderte er Kirchen und Klöster und duldete geistliche Ratgeber wie etwa den hoch angesehenen Erzbischof Wulfstan von York (1002–1023). Auch andernorts setzte Knut Zeichen als christlicher abendländischer Herrscher: Er trennte sich von seiner ersten Frau, einer Angelsächsin, die er als Heide geheiratet hatte. Dann wandte er sich an den normannischen Herzog Richard II. und bat um die Hand Emmas, der bei ihrer Familie lebenden Witwe König Ethelreds. Auf diese Weise versuchte der Däne seiner Herrschaft zusätzliche Legitimität zu verleihen. Jenseits des Ärmelkanals stimmte man dem gern zu, war man dadurch doch mit dem neuen Herrscher Englands verwandt. So wurde die Normannin 1017 ein zweites Mal Königin und schenkte ihrem Gemahl den erwünschten Thronfolger Hardiknut. Die Auswirkungen derartiger genealogischer Verstrickungen sollten sich einige Jahrzehnte später in diversen Ansprüchen auf den Thron Englands zeigen.

Unter dem christlichen Herrscherpaar Knut und Emma († 1052), die beide letztlich skandinavischer Herkunft waren, genoss England auf dem Festland beachtliches Ansehen. Dies zeigte sich 1027, als der auf einer Pilgerreise nach Rom befindliche König an der Kaiserkrönung Konrads II. teilnahm, des Herrschers des Heiligen Römischen Reiches. Knut baute jedoch auch seine Herrschaft in Skandinavien aus: Dänemark fiel ihm schon bald nach dem Tod seines dort regierenden Bruders zu. Darüber hinaus griff er in die Thronkämpfe Norwegens ein und kontrollierte bald auch dort weite Gebiete. Um das Jahr 1030 regierte Knut der Große über England, Dänemark und Norwegen und beherrschte ein regelrechtes Nordsee-Imperium.

Aber Knuts Nordseereich war kein langes Leben beschieden: Nach seinem Tod 1035 übernahmen nacheinander Söhne aus seinen beiden Eheverbindungen die Regierung, nämlich Harald I. (Harold Harefoot »Hasenfuß«, 1035–1040) und dessen Halbbruder Hardiknut (1040–1042). Zu recht könnte man mit der Erklärung über sie hinweggehen, dass beide wenig geschätzt wurden und nach kurzen Regierungszeiten verstarben. Doch zum einen hatte Knut selbst sein Nordseereich unter den Söhnen aufgeteilt – was allerdings nicht hieß, dass sich jeder mit der Herrschaft im eigenen Reichsteil zufrieden gab. Außerdem hätte Königin Emma, im Bündnis mit dem erwähnten Godwin von Wessex, gern ihren Sohn Hardiknut als unmittelbaren Thronfolger gesehen. Zudem setzten die Söhne aus ihrer Ehe mit Ethelred, Edward und Alfred, von der Normandie nach England über, um ihre Thronansprüche durchzusetzen. Nach heftigen und brutalen Kämpfen behauptete sich Harald I. als englischer König: Hardiknut blieb vorerst nur der dänische Thron, Emma wurde in Winchester von Haralds Kriegern ihrer Schätze beraubt und musste nach Flandern an den Hof Graf Balduins V. fliehen, ihr Sohn Alfred geriet in die Hände Godwins von Wessex, der ihn blenden und schließlich wohl ermorden ließ. Edward kehrte in die Normandie zurück, in der wie geschildert unter dem noch minderjährigen Bastard Wilhelm alles andere als stabile Verhältnisse herrschten (vgl. Kap. 4). Hardiknut plante nach einiger Zeit von Flandern aus die Eroberung des englischen Thrones. Als er im Frühjahr 1040 vom Tod König Haralds hörte, setzte er mit einer Flotte nach England über und wurde schließlich als König anerkannt. Den Leichnam Haralds soll er exhumieren und in einen Sumpf habe werfen lassen. Diese Untat zeugt von der Erbarmungslosigkeit des Bruderkampfs. Hardiknuts Regierungszeit war kurz und erfolglos, wofür sein überlieferter Tod während eines Trinkgelages symbolisch stehen mag. Mit ihm endete die Zeit der dänischen Könige auf dem englischen Thron.

Denn da er keinen Erben hinterließ, einigten sich die Großen rasch auf seinen Halbbruder Edward, den sie zum König proklamierten. Mit Edward dem Bekenner (Edward the Confessor, 1042–1066) kehrte als Sohn Ethelreds wieder ein Angelsachse auf den Thron zurück, der über seine Mutter Emma auch mit der normannischen Herzogsfamilie verwandt war. An deren Hof in Rouen und andernorts in der Normandie hatte der bei seiner Thronbesteigung knapp 40-Jährige den Großteil seines bisherigen Lebens verbracht – auch während der Herrschaft seines Stiefvaters Knut. Infolgedessen sahen ihn viele in England mehr als Normannen denn als Angelsachsen an. In der Tat hatten ihn die Jahrzehnte auf dem Kontinent geprägt und von den Vorteilen der normannischen Verwaltungs-, Kirchen- und Bildungspolitik überzeugt. Spürbar ist dies an seinen Ambitionen, auch in England eine effiziente Zentralverwaltung zu etablieren. Die Zeitgenossen nahmen den starken normannischen Einfluss an jenen zahlreichen Franzosen wahr, die Edward als Geistliche bzw. Verwaltungsbeamte begleiteten und von ihm ins Land gerufen wurden. Er beorderte ebenso normannische Adlige ins westliche Grenzgebiet der walisischen Mark, um dort den Bau von Burgen zu forcieren. Edwards Vorliebe für das Normannische findet einen persönlichen Ausdruck in seiner Freundschaft mit Abt Robert von Jumièges, den er bereits 1044 zum Bischof von London und schließlich zum Erzbischof von Canterbury (1051–1052) machte – übrigens gegen die Wahl des dortigen Domkapitels. In England selbst verfügte Edward kaum über eine Machtbasis. Infolgedessen wuchs der Widerstand im angelsächsischen Adel, an dessen Spitze die mächtige Godwin-Familie aus Wessex stand. Insbesondere mit Godwin von Wessex (vgl. oben) versuchte sich der neue König zu arrangieren. Dieser Versuch fruchtete 1045 in der Hochzeit mit Godwins Tochter Edith (Edgith, † 1075) und damit in einer Ehe, die auf Dauer wenig erfolgreich verlief und dem König keinen Nachfolger bescherte. Der ständig schwelende Konflikt eskalierte schließlich 1051 mit mannigfaltigen Folgen: Godwin und sein Sohn Harald fielen in Ungnade, Kämpfe brachen aus, die große Schlacht wurde durch Verhandlungen gerade noch abgewendet. König Edward verstieß Edith in ein Kloster, die Godwins flohen nach Flandern, Erzbischof Robert wurde seines Amtes verwiesen, viele Normannen verließen das Land. Edward setzte sich teilweise durch, musste aber zugleich Zugeständnisse und Kompromisse machen. Diese führten dazu, dass die Godwins aus dem Exil zurückkehrten und sich der König mit Edith wieder versöhnte. Als Graf Godwin ein Jahr später starb, nutzte Edward die Gunst der Stunde und machte dessen Söhne zu seinen Verbündeten. Von nun an herrschten unter seiner Regierung Harald über Wessex, Tostig über Northumbrien und Gyrth über Ostanglien. Im Umfeld dieser Ereignisse soll im Jahre 1051 ein Treffen stattgefunden haben, dessen historisches Zeugnis als ziemlich unsicher gilt, das aber nicht völlig unwahrscheinlich ist. Demnach habe

König Edward den normannischen Herzog Wilhelm I. empfangen und diesen im Falle seiner eigenen Kinderlosigkeit zu seinem Nachfolger designiert. Dieses angebliche Thronversprechen sollte 15 Jahre später die Ansprüche Wilhelms auf die englische Königswürde untermauern. König Edward wurde ansonsten für seine kirchenfreundliche Politik gerühmt und erwarb schon bald den Ruf einer gewissen Heiligkeit. Dem genügte der Papst fast 100 Jahre nach seinem Tod und sprach ihn heilig. Aus der historischen Perspektive lief insbesondere in seinen letzten Regierungsjahren vieles auf die Ereignisse von 1066 hin.

1066

Edward starb am 5. Januar 1066 in London, ohne einen Thronerben zu hinterlassen. In dieser Situation entschied sich der oberste Rat aus Adligen und Geistlichen für Graf Harald von Wessex als Nachfolger. Dieser berief sich zudem darauf, König Edward habe ihn auf dem Sterbebett dazu berufen. Insofern war die Entscheidung nachvollziehbar, zumal Harald als Sohn Godwins eine beachtliche Hausmacht hinter sich hatte. Als Harald II. (1066) wurde er der letzte angelsächsische Herrscher Englands (obgleich sogar er dänische Wurzeln hatte). Die Regierung des neuen Königs blieb nicht unwidersprochen, denn zwei Parteien erhoben ebenfalls Anspruch auf den englischen Thron: Herzog Wilhelm I. von der Normandie und der norwegische König Harald der Harte (1047–1066).

Ersterer berief sich auf ein regelrechtes Geflecht von Begründungen seines Anspruchs: Als Grundlage diente die Verwandtschaft zu seiner Großtante Emma, bekanntlich die Schwester seines Großvaters Richard II., vermählt mit zwei englischen Königen und vor allem die Mutter des verstorbenen Edward des Bekenners. Dieser, immerhin ein Vetter von Wilhelms Vater und darum ein naher Verwandter, habe dem normannischen Herzog bekanntlich 1051 jenes ominöse Nachfolgeversprechen abgegeben, von dem wir bereits hörten.

Schließlich führte Wilhelm noch ein drittes Argument ins Feld, das den neuen König Harald unverhohlen ins Unrecht setzte: Dieser habe ihn nämlich persönlich wenige Jahre zuvor als Thronfolger Edwards anerkannt. Geschehen sein sollte dies 1064 während eines Besuchs Harald Godwinssons in der Normandie, dessen Anlass bis heute allerdings »rätselhaft« (Plassmann 2008, 162) bleibt. Jedenfalls soll die Reise im Auftrag des englischen Königs erfolgt sein. Dabei erlitt Harald vor der normannischen Küste Schiffbruch und wurde von Graf Guido von Ponthieu (Guy de Ponthieu, † 1100) gefangengenommen. Dieser galt nach heftigen Auseinandersetzungen mit Herzog Wilhelm I. mittlerweile als dessen Vasall. Trotzdem hielt er den Angelsachsen in Abbeville an der Somme in einer Art Ehrenhaft und übergab ihm diesen erst nach Zahlung eines Lösegeldes. Harald war nun Gast des Herzogs und beteiligte sich mit diesem an einem Kriegszug gegen Graf Conan II. von der Bretagne. Irgendwann soll er damals jenen Eid abgelegt haben, mit dem er Wilhelms Thronrechte anerkannte und worauf sich dieser zwei Jahre später berief. Außerdem erwähnt der Chronist Ordericus Vitalis ein – später nicht eingehaltenes – Eheversprechen Haralds gegenüber Wilhelms Tochter Adela, die damals erst ein Kleinkind war.

Noch einmal zu den rätselhaften Gründen dieser Reise im Jahr 1064, die unbeabsichtigte Folgen zeitigte. Warum sandte Edward den Grafen von Wessex in die Normandie? Sicherlich sollte er mit Herzog Wilhelm I. verhandeln. Etwa über die englische Thronfolge? Sollte er den Normannen von veränderten politischen Verhältnissen überzeugen? Wollte König Edward nun Harald als Nachfolger, der Wilhelm von seinen Ansprüchen abbringen sollte? Die Folgen waren jedenfalls fatal, denn Wilhelm konnte Harald nach dessen Krönung in Westminster des Eidbruchs bezichtigen – der einzige legitime Anwärter auf den englischen Thron war der Herzog der Normandie! Im Übrigen entsandte Wilhelm schon bald einen Kleriker der Abtei Fécamp zu Harald. Er trug Wilhelms Thronanspruch vor, der über Emma erbrechtlich begründet war (die erwähnte Meineidsanschuldigung gegen Harald kam natürlich auch hinzu). Haralds Argument dagegen lautete bekanntlich, König Edward habe ihm auf dem Sterbebett das Reich übertragen. Interessant daran ist, dass hier zwei Rechtsansichten aufeinandertrafen: Nach englischem Recht hatte Haralds Erklärung als gültig zu gelten, nach normannischem Recht war das Erbrecht Wilhelms ausschlaggebend. Dieser »Widerstreit der Rechtsansichten« (RGA 21, 2002, 370) verlangte nach einer militärischen Entscheidung. Für den Erfolg der rasch begonnenen diplomatischen Bemühungen Wilhelms spricht, dass er von Seiten des Heiligen Römischen Reiches und Dänemarks Rückendeckung für seine Ansprüche erhielt. Selbst Papst Alexander II. legitimierte das Unternehmen und schickte Herzog Wilhelm ein päpstliches Banner für den bevorstehenden Feldzug nach England. Auch in Rom galt Harald II. als Eidbrecher, zudem versprach sich der Papst mehr Entgegenkommen von den kirchenfreundlichen Normannen.

Wilhelms Unternehmen war insofern gut abgesichert, erhielt aber eine Kokurrenz in den Ansprüchen des norwegischen Königs Harald des Harten. Dieser berief sich auf einen Vertrag zwischen Knuts Sohn Hardiknut und seinem Neffen König Magnus von Norwegen (1035–1047, seit 1042 auch König von Dänemark), wonach sich die jeweiligen Herrscher bei einem söhnelosen Tod gegenseitig als Erben einsetzten. Außerdem sah der Norweger Nordengland um York weiterhin als sein Einflussgebiet an (vgl. Kap. 2). Harald der Harte war eine der schillerndsten Gestalten der späten Wikingerzeit, was er vor der Übernahme des norwegischen Thrones durch Kriegsdienste in Nowgorod und als leitender Offizier der Warägergarde in Konstantinopel bewies. In seiner Heimat ging er rigoros gegen die regionalen Häuptlinge vor, die ihm seine Königsmacht streitig machten. Schließlich setzte er die Macht der Krone allseits durch, schloss Frieden mit den skandinavischen Nachbarn und etablierte die katholische Kirche. Der Herrscher hatte mittlerweile sein 50. Lebensjahr überschritten und hätte nun Herrschaft und Dynastie weiter stärken und ausbauen können. Da entschied er sich für seine Ansprüche auf den englischen Thron.

Außerdem hatte Harald einen englischen Verbündeten gewonnen, auf dessen Hilfsgesuch er sich berufen konnte. Dieser Mann war Earl Tostig von Northumbria, der aus dem Wessex-Haus Godwins stammte und von König Edward in Nordengland als Graf eingesetzt worden war (vgl. oben). Nach einigen Jahren hatte er die dortigen Großen derart gegen sich aufgebracht, dass er zuerst nach Flandern ins Exil ging, dann in Dänemark und Norwegen Unterstützung suchte und zwischenzeitlich einige Militäraktionen gegen englische Gebiete unternahm. Folglich hielt auch sein Bruder Harald Godwinsson, als er König geworden war, seine Verbannung aufrecht. Tostig hatte schließlich in Harald dem Harten einen Verbündeten gefunden, mit dem er zur Invasion bereit war. Sie landeten mit wahrscheinlich 300 Schiffen und 9000 Männern im nördlichen England, das mit York alte Bindungen zu Norwegen hatte. Folglich setzten sich die Angreifer hier in Northumberland rasch durch und kontrollierten schon bald große Gebiete. Der norwegische König schlug sein Lager in der Nähe Yorks auf und erwartete die aus dem Süden heranrückenden englischen Truppen. König Harald marschierte mit seiner Elitetruppe der Housecarls heran, außerdem hatte er bei der Aufstellung neuer Truppen auf treffsichere Bogenschützen wert gelegt. Als Schwierigkeit sollte sich erweisen, dass nach dem englischen System ausgehobene Truppen zur Erntezeit entlassen wurden. Die Zeit drängte also in mehrfacher Hinsicht. Englische Quellen erwähnen Verhandlungen, in denen Harald der Harte signalisierte, er könne sich mit dem Land um York zufrieden geben. Englands Herrscher Harald Godwinsson habe ihm daraufhin geantwortet, er werde ihm sieben Fuß englischen Bodens zugestehen oder soviel mehr, als er größer als andere Männer sei. Damit stellte er dem Norweger ein Grab nebst Niederlage und Tod in Aussicht. Aber die Norweger errangen zuerst einige kleinere Siege, bis es schließlich am 25. September 1066 bei Stamford Bridge zur Entscheidungsschlacht kam. Nach der Heimskringla des isländischen Historiographen Snorri Sturluson (geschrieben um 1220) ließ der englische König seinem Bruder Tostig ein Friedensangebot unterbreiten, das dieser jedoch ablehnte. Dann begann die Schlacht, und die Engländer ritten auf die Norweger ein. Deren Speere und Pfeile waren jedoch nicht zu überwinden. Deshalb begnügten sie sich vorerst damit, sie mit Abstand zu umrunden. Die Norweger hielten ihre feste Schlachtordnung und gaben die dichte Speer- und Schildreihe nicht auf. Kurze Attacken der englischen Reiterei hielten sie allerdings für ein Zeichen von Schwäche und öffneten deshalb ihre sichere Schildburg, um den Feind in die Flucht zu schlagen. Doch das Gegenteil passierte: Ihrer sicheren Deckung entblößt, wurden sie nun umso heftiger von den englischen Reitern angegriffen. König Harald der Harte soll daraufhin selbst in die Schlacht gestürmt sein. In dem entstehenden Gemetzel konnte er nicht mehr von seinen Kriegern geschützt werden. Den Norwegerkönig traf ein Pfeil in die Kehle und brachte ihm den Tod. Mit ihm starben zahlreiche seiner Gefolgsmänner. Die restlichen nebst Tostig sollen erbittert weitergekämpft und sich sogar einem Friedensangebot verweigert haben. Auch heranrückende Verstärkung der Norweger konnte nichts mehr an deren Niederlage ändern: Fast alle Großen des Norwegerheeres fielen. Erst spät am Abend fand das Blutbad ein Ende. Die Knochen der Gefallenen sollen unbestattet liegen geblieben sein – als grausiges Zeichen des letzten großen skandinavischen Angriffs auf England.

Die Schlacht von Hastings

Wenige Tage nach diesem überragenden Sieg erhielt König Harald die Nachricht, Herzog Wilhelm sei am 28. September mit seiner Flotte bei Pevensy in Sussex gelandet. Zu einem wahrlich ungünstigen Zeitpunkt: Denn natürlich hatte der Engländer um die Invasionspläne gewusst und im Frühjahr des Jahres mit einem Angriff gerechnet. Seine Flotte hatte er konsequenterweise bei der Insel Wight zusammengezogen und außerdem ein angelsächsisches Heeresaufgebot für Essex erlassen. Doch die Monate von Mai bis August 1066 waren ohne normannischen Angriff verstrichen. Schließlich musste er auch hier im Süden Englands die Soldaten am 8. September wegen der Ernte entlassen. Ebenso wurde nun die Flotte in die Themse verlegt, Harald kehrte mit seinen Housecarls nach London zurück. Dort erreichte ihn die Nachricht von der Landung der Norweger im Norden, wohin er sein Heer in Eilmärschen befahl. Der Süden Englands und insbesondere seine Küste blieben somit ungeschützt zurück. Diese Situation konnte Herzog Wilhelm ausnutzen. In der Tat hatte er das Frühjahr damit verbracht, ein Heer aufzustellen sowie für ausreichend Pferde, Waffen und Proviant zu sorgen. Zusätzlich hatte er Ritter im benachbarten Nordfrankreich angeworben, etwa in Flandern und der Bretagne. Das derart versammelte Heer wird auf 7000 Mann geschätzt. Um diese Truppe samt Pferden und Proviant über den Ärmelkanal zu befördern, bedurfte es einer Flotte. Diese musste größtenteils erst gebaut werden, denn die Normannen folgten dem Wikingererbe nicht so weit, dass sie ständig Schiffe in großer Zahl verfügungsbereit gehabt hätten. Im Gegenteil operierten sie kaum auf See, sondern traten in erster Linie als Kämpfer zu Fuß und zu Pferd auf. Was ihre Schiffe betrifft, dürften sie vom Typ derjenigen Frachtschiffe gewesen sein, wie man sie aus eben jener Zeit im dänischen Roskildefjord bei Skuldelev gefunden hat. Für die 7000 Männer und ihren Tross sind schätzungsweise 100 bis 150 dieser Schiffe notwendig gewesen. Ihr geringer Tiefgang ermöglichte das Be- und Entladen mit den Pferden, von denen wohl nicht mehr als 300 mitgenommen wurden. Herzog Wilhelm war nach diesen Maßnahmen durchaus bereit, allein der ungünstige Wind hielt die Flotte mehrere Wochen fest. Bemerkenswert bei der Landung am 28. September an der Küste von Sussex ist die Tatsache, dass dort in Pevensy die Abtei Fécamp (vgl. Kap. 4) über Besitzungen verfügte. Die Gegend war also in der Normandie bestens bekannt. Sobald sie gelandet waren, gingen die Normannen auf Befehl Wilhelms recht rigoros vor: Schnell legten sie Motten mit Verschanzungen an, außerdem wurden die Ländereien König Haralds geplündert, was einer Provokation gleichkam. Dann marschierte man ostwärts in Richtung Hastings. Dorthin bewegte sich auch König Harald mit seinen Engländern, nachdem er in schätzungsweise einer knappen Woche in Eilmärschen nach London gezogen war, das er am 6. Oktober erreicht hatte. Unter seinem Befehl standen lediglich seine Housecearls, da er das Nordheer aus den genannten Gründen entlassen hatte – auch die effizienten Bogenschützen blieben in Northumbrien zurück. Harald benötigte folglich einige Zeit, um in London ein neues Heer zusammenzuziehen. Am Abend des 13. Oktobers bezogen die Engländer nahe Hastings auf dem heute sogenannten Battle Hill (»Schlachthügel«, Senlac Hill) Stellung.

Am nächsten Tag, dem 14. Oktober 1066, kam es zur der Schlacht, mit der Englands Geschichte eine grundlegende Wende erfuhr. Naturgemäß erfahren wir nur über disparate Zeugnisse von ihrem Verlauf, deren Autoren aus ihrer jeweiligen subjektiven und darum politisch einseitigen Perspektive berichten. Am knappsten behandelt die *Angelsächsische Chronik* das Geschehen, die auf Seiten der Angelsachsen stand und den normannischen Sieg als Strafe Gottes über die Engländer interpretierte: »Herzog Wilhelm kam am Vorabend des Michaelistages aus der Normandie nach Pevensey, und sobald seine Mannen imstande waren, bauten sie eine Befestigung bei dem Markte von Hastings. Dies wurde König Harold gemeldet, und da sammelte er ein großes Heer und traf Wilhelm bei dem alten Apfelbaum, und Wilhelm fiel unversehens über ihn her, noch ehe sein Heer herangerückt war. Dennoch focht der König sehr hart mit ihm, zusammen mit den Leuten, die ihm beistanden, und auf beiden Seiten wurden viele erschlagen. König Harold wurde dort getötet, und sein Bruder Graf Leofwine und sein Bruder Graf Gyrth und viele tapfere Männer, und die Franzosen beherrschten das Feld, wie Gott es ihnen um der Sünden des Volkes willen gewährte.« (Anglo-Saxon Chronicle D, 1066. Zitiert von Wilson 1985, 9). Dabei mag die Bezeichnung der »Franzosen« überraschen, was jedoch nicht unüblich zu der Zeit war. Dem folgen auch die lateinischen Inschriften des Teppichs von Bayeux (vgl. Kap. 1 und unten), die Herzog Wilhelm als Normannorum ducem (Nom. dux) »Herzog der Normannen«, seine Krieger aber als Franci »Franzosen« bezeichnen. Die Engländer bzw. Angelsachsen (diese Begriffe verwenden wir hier als Synonyme) werden durchgehend Angli genannt. Wenden wir uns aber dem Geschehen auf dem Schlachtfeld zu, das die normannischen Quellen durchaus widersprüchlich schildern, so Wilhelm von Jumièges, Wilhelm von Poitiers und der Verfasser eines Preisgedichtes Carmen de Haestingio proelio *(Lied der Hastingschlacht)*. Allen gemeinsam ist die Feststellung, das Kampfgeschehen habe sich den ganzen Tag hingezogen (Plassmann 2008, 168). Die feindlichen Heere dürften sich an Kopfstärke ebenbürtig gewesen sein und jeweils etwa 7.000 Mann gezählt haben. Nach den eminent wichtigen zeitgenössischen Darstellungen des Teppichs von Bayeux traten hier die Angelsachsen traditionell mit Streitaxt und Speer zu Fuß an, während die Normannen nicht nur über ihre Infanterie und Bogenschützen, sondern auch über schwer bewaffnete Reiter verfügten (über die auch hier vorzufindenden Besonderheiten normannischer Bewaffnung vgl. Kap. 4). Gewisse Vorteile dürften die Normannen gehabt haben. Ein Rekonstruktionsversuch der Schlacht sieht trotzdem anfangs die Männer Harald Godwinssons im Vorteil. Denn sie hatten bekanntlich auf einem Hügel Stellung bezogen, mit dem König und seiner Leibwache in der Mitte. Die Normannen rückten hingegen aus einem sumpfigen Tal in der Morgendämmerung unter schwierigen Bedingungen vor: Die Pferde fanden im rutschigen Morast wenig Halt und die Fußkrieger wurden mit einem Hagel aus Speeren und Steinen eingedeckt. Die bretonischen Verbündeten Wilhelms gaben als erste auf und ergriffen die Flucht, wobei sie einen Teil der Normannen mit sich rissen. Als dies die Engländer auf dem Hügel sahen, brachen sie in Jubel aus. Es schien, als dass sie innerhalb weniger Wochen ihren zweiten großen Sieg erringen würden. Doch da begingen sie denselben Fehler wie die Norweger bei Stamford Bridge: Sie waren sich des Sieges zu sicher und gaben ihre günstige Position auf. Sie stürmten nämlich den Hügel herab, um den fliehenden Feinden nachzusetzen. Herzog Wilhelm erkannte die Gefahr dieses Überraschungsangriffs und nahm angeblich seinen Helm ab, damit ihn seine Ritter erkannten und lebend wussten (Plassmann 2008, 169). Er sammelte seine Krieger aufs Neue und schickte nun vor allem die Reiter ins Feld. Denen war es ein Leichtes, die schutzlosen Engländer in der Talsenke zur Hälfte niederzumachen. Der Rest versuchte sich über den Hügel zurückzuziehen, was mit schwersten Verlusten verbunden war. In dem ausbrechenden panischen Getümmel fanden zuerst die Brüder des Königs den Tod, dann fiel Harald Godwinsson selbst. Vermutlich lag sein Todeszeitpunkt erst spät am Tag. Aber damit war die Schlacht entschieden. Herzog Wilhelm soll Haralds Mutter Githa und dessen Geliebter Edyth Swannesha erlaubt haben, die Leiche auszulösen und zu bestatten.

In diesem Kontext sei nochmals der Teppich von Bayeux angesprochen (vgl. Kap. 1), der ein einzigartiges Zeugnis über die Schlacht von Hastings und die Ereignisse in deren Vorfeld ist. Kunstvollste Stickereien in farbiger Wolle präsentieren auf acht

Leinenstreifen, die zusammengefügt wurden und eine Länge von über 68 Metern erreichen (bei einer durchschnittlichen Höhe von 50 cm), ein farbenprächtiges und von Figuren nur so wimmelndes Panorama des Geschehens. Die Serie von Bildern und lateinischen Bildunterschriften (Rowley 2003, 55 f. Wilson 1985, 172 f.) präsentiert ca. 1500 Figuren, Schiffe und Gebäude, außerdem tierreiche Randgestaltungen, die teils die Fabeln Äsops darstellen, teils rätselhaft in ihren möglichen Anspielungen bleiben. Die Geschichte wird im Großen und Ganzen chronologisch richtig erzählt: Wie Edward Harald Godwinsson über den Kanal schickt, wie dieser gefangengenommen und von Herzog Wilhelm befreit wird. Wie er sich am Hof zu Rouen aufhält. Schließlich vom Feldzug in die Bretagne, wobei das Kloster Mont-Saint-Michel und bretonische Burgen wiedergegeben werden. Dann folgt Haralds Schwur auf Reliquien, dass Wilhelm als englischer König nachfolgen solle. Mit dem Tod König Edwards beginnen die Ereignisse des Jahres 1066, die mit der Invasion der Normannen, der Schlacht von Hastings und dem Tod König Haralds enden, wobei das Teppichende eine Beschädigung aufweist. Dieses textile Meisterstück des Mittelalters dürfte noch vor 1082 in Südengland gearbeitet worden sein. Als Auftraggeber kommt Wilhelms Halbbruder Odo, der Bischof von Bayeux infrage, als Fertigungsort die Abtei St. Augustin in Canterbury. Für das Jahr 1476 ist der Teppich in der Kathedrale Notre-Dame in Bayeux bezeugt, wo er wohl über die Jahrhunderte auch verblieb. Napoleon ließ ihn 1803 nach Paris bringen und im Louvre ausstellen, um die Franzosen auf die geplante Invasion Britanniens einzustimmen. Während der Besetzung Frankreichs im Zweiten Weltkrieg versuchten die Nationalsozialisten, sich des Teppichs ideologisch anzunehmen. Aber Heinrich Himmlers Befehl, das Stück nach Berlin zu bringen, konnte im Juni 1944 vereitelt werden.

Blicken wir zurück auf den Oktober 1066, schien England vor Wilhelm dem Eroberer jeglichen Widerstand aufzugeben. Nach Plünderungen der Normannen in Südengland übergab König Haralds Witwe Edith Wilhelm in Winchester den Staatsschatz. Auch die überlebenden Adligen unterstellten sich ihm, selbst in London kam nur schwacher Widerstand auf, als der 15jährige

Edgar Aetheling († ca. 1125) aus dem Haus Wessex erfolglos zum König erhoben werden sollte. Ansonsten stand vorerst Herzog Wilhelms Werdegang zum neuen englischen König nichts mehr im Weg: Per Akklamation der englischen Adligen wurde er am Weihnachtstag 1066 in Westminster von Erzbischof Ealdred von York (1060–1069) zum König gekrönt. Wilhelms Bemühen, als legitimer Nachfolger der angelsächsischen Herrscher gesehen zu werden, zeigte sich während der Krönungszeremonie in der Verwendung der altenglischen und der altfranzösischen Sprache. Die Doppelsprachigkeit verwies aber auch auf das Ende der angelsächsischen Epoche der englischen Geschichte (5.–11. Jahrhundert). Von nun an herrschten Dynastien, die aus Frankreich stammten. Die eigentlichen »normannischen Könige Englands« (Plassmann 2008, 179) regierten von Wilhelms Krönung bis 1154.

Die Eroberung

Wilhelm I. – nach der Nummerierung der englischen Königsreihe – hätte den Beinamen des Eroberers nur aufgrund seines einen Schlachtsieges nicht verdient. In den 20 Jahren seiner Regentschaft griff er zu einer Reihe von Maßnahmen, darunter umstrittene Gewaltaktionen, um seine Herrschaft zu sichern. Bei Hastings hatte der englische Adel erhebliche Verluste erlitten und schien demoralisiert. Wilhelm seinerseits signalisierte ein Entgegenkommen, indem er seinem Heer Plünderungen untersagte und Pardon bot. Daraufhin empfing er Abordnungen aus Mittel- und Nordengland, von denen er Geiseln forderte – was damals durchaus üblich war. Bald schon kam er wieder seiner Stellung als Herzog der Normandie nach, indem er sich einige Monate bis Ende des Jahres 1067 in seiner Heimat aufhielt. Sein Empfang in Rouen glich einem Triumphzug, den er nutzte, um Teile des englischen Staats- und Kirchenschatzes (Rowley 2003, 65) zur Schau zu stellen. Der Chronist Wilhelm von Jumièges gab diesem Triumph später Ausdruck, wenn er Wilhelm als Caesar bezeichnet. Als Statthalter im südlichen England setzte er seinen Halbbruder Odo ein, eigentlich Bischof von Bayeux (1049–1097), der zum Grafen von Kent ernannt und damit zu einem der mächtigsten Männer im normannischen England wurde. Der andere war Wilhelm Fitz Osbern († 1071) als Earl von Hereford, der die Gebiete nördlich der Themse zu kontrollieren versuchte. Auch seine Einsetzung verdeutlicht Wilhelms machtpolitisches Vorgehen, nämlich einen Verwandten und damit Normannen mit reichem Grundbesitz zu versehen. Seine Herrschaft blieb jedoch trotz aller Erfolge (vgl. unten) insgesamt geprägt von Aufständen in England, in die sich auch die Herrscher von Schottland, Wales und Dänemark einmischten, und auch von Rebellionen in der Normandie. Dort sah der französische König Philipp I. (1060–1108) voller Misstrauen auf den enormen Machzuwachs seines ohnehin einflussreichsten Vasallen. In England musste Wilhelm weiterhin mit der Opposition des Wessex-Clans um die Familie des gefallenen Königs rechnen. Bei seinem Vormarsch nach Westen gelang ihnen die Flucht, die unbotmäßige Stadt Exeter wurde allerdings 1068 eingenommen und musste sich von nun an einer normannischen Zwingburg fügen.

Um 1070 erhob sich nach anfänglicher Unterwerfung mehrmals der Adel Northumbriens. Die rebellierenden Grafen Edwin und Morcar verbündeten sich mit König Malcolm von Schottland, der wiederum als Schwager des Wessex-Vertreters Edgar Aetheling involviert war. Während der nordenglischen Aufstände kam es mehrmals zu Gemetzeln an der normannischen Besatzung. So töteten die Northumbrier in Durham nicht nur etliche Soldaten, sondern auch den von Wilhelm als Earl von Northumbria eingesetzten Robert de Comines (1169), der aus Flandern stammte. Dies geschah am Hof Bischof Æthelwines († um 1072), der seinerseits der angelsächsischen Opposition angehörte, die Flucht vor Wilhelms Rache ergriff und später gefangen genommen wurde. Aber schlimmer noch: Die Aufständischen verhandelten mit dem dänischen König Sven Estridson (1047–1074), der Anspruch auf den englischen Thron erhob und mit 240 Langbooten in der Humber-Mündung auftauchte, um sein Heer mit dem Edgar Aethelings zu vereinigen. Dies rief zahlreiche Unterstützer auf den Plan, die im September 1071 das von Normannen gehaltene York verwüsteten und etliche Burgen Wilhelms zerstörten. Als sich auch noch das mittelenglische Mercia erhob, begann Wilhelm einen entschlossenen Feldzug in den Norden. Den schon bald besiegten Engländern und Dänen gewährte er Gnade, befahl aber zugleich die rigorose Verwüstung der Städte, Dörfer und Bauernhöfe zwischen York und Durham, von Stafford, Derby und Chester, was zur »Heimsuchung des Nordens« (Rowley 2003, 68) wurde. Dem einfachen Volk wurde anscheinend wenig Gnade zuteil, weswegen Chronisten wie Ordericus Vitalis und Simeon von Durham von unzähligen Leichen berichten. Dies war nicht nur die Zeit der Gewalt und des Totschlags, sondern auch die der Legenden. Die berühmteste rankt sich um den aufständischen Outlaw Hereward the Wake, der in den East Midlands gegen die Normannen focht und damit ein (vielleicht) historisches Vorbild für Robin Hood abgegeben hat. Nach Wilhelms rigorosem und blutigem Einschreiten herrschte relative Ruhe in England, zumal Wales durch die Grenzsicherung auf Distanz gehalten werden konnte und sich Schottlands König Malcolm III. einem Friedensschluss unterwarf und sogar einen Treueid gegenüber Wilhelm leistete. Seinem Schwager Edgar Aetheling wurde Gnade gewährt. Auf die zahlreichen anderen Unruhen kann hier nicht im Einzelnen eingegangen werden. Erwähnt sei lediglich der 1082 aufgedeckte angebliche Aufstandsplan von Wilhelms Halbbruder Odo, dem man bis heute gern geistige Verwirrung unterstellt. Wenige Jahre später hegte mit Knut IV. noch einmal ein dänischer König Invasionspläne gegen England. Er scheiterte allerdings bereits im eigenen Land, als er 1086 in Odense einem Volksaufstand zum Opfer fiel. Sinnbildlich endeten damit die engen Beziehungen zwischen Skandinavien und England, das sich von nun an ganz nach Frankreich ausrichtete.

Die Herrschaft Wilhelm des Eroberers

Die zahlreichen Unruhen und Bedrohungen sollten jedoch nicht darüber hinwegtäuschen, dass Wilhelm während seiner Regierungszeit eine typisch normannische Herrschaft etablierte, die England regelrecht umkrempelte. Die Basis dafür bildeten einschneidende Veränderungen der zeitgenössischen Eliten, nämlich im Adel und unter den führenden Klerikern. Normannische Adlige, aber auch Bretonen, Flamen und andere Nordfranzosen erhielten als Gefolgsleute Wilhelms Land als Lehen, wobei normannisches Recht angewandt wurde. Dadurch und indem sie als Vasallen Wilhelms seine Herrschaftsgeschäfte besorgten, übte diese Schicht fortan die Kontrolle über England aus. Da hiermit die alteingesessene angelsächsische Aristokratie verdrängt und entmachtet wurde, kann von einem »Elitenaustausch« gesprochen werden (Houben 2012, 36). Diesen königlichen Vasallen und ihren Gefolgsleuten fiel es zu, von ihren Turmanlagen aus Holz und Stein (den im 11. Jahrhundert noch weitgehend üblichen Motten, vgl. Kap. 4) das Land zu beherrschen. Wilhelm trieb den forcierten Bau und Ausbau solcher frühen Burgen voran, sodass England von einem dichtem Netz überzogen wurde. Für die Zeit um 1100 geht man von ca. 5000 Anlagen dieser Art aus. Sie symbolisierten gleichsam die normannische Herrschaft (exemplarisch an Londons Tower) und wurden dementsprechend von den Angelsachsen nicht selten als Zeichen der Unterdrückung gesehen. Ebenso rückten Normannen und Nordfranzosen in die höchsten Ämter der englischen Kirche – nicht zuletzt mit Hilfe päpstlicher Legaten. Bekanntlich waren die Beziehungen der normannischen Herzöge zu den Päpsten recht gut, sodass diese Wilhelms Invasion absegneten. Den Päpsten jener Zeit war an Kirchenreformen gelegen, was beim englischen König auf offene Ohren stieß: Er berief reformorientierte Äbte und Mönche aus der Normandie nach England und besetzte viele Bischofstühle neu. Beispielhaft steht dafür die Einsetzung Lanfranks als Erzbischof von Canterbury (vgl. Kap. 4). Überhaupt etablierte sich jetzt dessen Vormachtstellung in der englischen Kirche, die wiederum stark auf den König fixiert war. Das bewährte Kirchensystem der Normandie fand nun auch dort Anwendung, was sich in Konzilien, Synoden, den kirchlichen Gerichtshöfen und der Anwendung des kanonischen Rechts zeigte.

Was die weltliche Verwaltung betraf konnte Wilhelm auf das vorhandene angelsächsische System zurückgreifen, das hinreichend effizient war. Seine Grundlage bildeten die Grafschaften, denen die Sheriffs aus dem lokalem Adel als Vertreter des Königs vorstanden. Der Herrscher folgte noch der überkommenen Tradition des Reisekönigtums, das ihn im Land herumführte. Gleichwohl bildete der Hof die Verwaltungszentrale, die sich durch einen ungewöhnlich hohen Grad an Schriftlichkeit auszeichnete. Sie fand einen Ausdruck in den königlichen Schreiben (engl. writs), die altenglisch verfasst und besiegelt wurden. Ungewöhnlich für die Zeit waren auch die hohen Geldeinkünfte der Krone, wo doch sonst eher Naturalien als Abgaben üblich waren. Dieses englische Erbe kam der normannischen Herrschaft sehr gelegen, nur dass Wilhelm es durch weitere Reformen in Verwaltung und Gesetzgebung ausbaute. In den Grafschaften (shires, counties) setzte er selbstredend seine Beamte und Gerichte ein. Als sein Meisterstück gilt bis heute die Anlegung eines Grundkatasters, des sogenannten Domesday Books. Die *Angelsächsische Chronik* vermeldet dazu, am Weihnachtsfest 1085, das der König mit dem Hof in Gloucester verbrachte, habe er mit seinen Ratgebern über England diskutiert, »wie es bewohnt war oder mit welchen Menschen. Dann entsandte er seine Männer in jedes einzelne Shire Englands, um herauszufinden, wie viele Hunderte von Hufen es in dem Shire gab oder welchen Grundbesitz und welches Vieh der König in diesem Land besaß oder welche Abgaben ihm jährlich von diesem Shire zustanden. Er ließ auch notieren, wie viel Land seine Erzbischöfe besaßen und seine Bischöfe und Äbte und Earls und – obwohl ich es zu ausführlich berichte – was oder wie viel Land oder Vieh jeder Mann hatte, der Land besaß in England, und wie viel Geld es wert war. Er ließ es so gründlich prüfen, dass es nicht eine einzige Hufe gab, nicht ein Yard Land, nicht einmal … einen Ochsen, eine Kuh, ein Schwein, die nicht berücksichtigt wurden, die nicht in seinem Bericht festgehalten wurden. Und anschließend wurden alle Berichte zu ihm gebracht.« (Zitat bei Waßenhoven 2016, 105 f.).

Das bereits im folgenden Jahr fertiggestellte und lateinisch geschriebene Domesday Book (Buch des jüngsten Gerichts, weil es bis dahin gültig sein sollte) war eine umfangreiche und detaillierte Aufstellung der Besitzverhältnisse in England und damit ein »einzigartiges Zeugnis für den verwaltungstechnischen Vorsprung« (Plassmann 2008, 184) der Normannen gegenüber den anderen europäischen Reichen. Auf seiner Grundlage wurden über Jahrhunderte die Abgaben erhoben. Nicht zuletzt verschaffte es dem König einen Überblick über die königlichen Güter und die darauf fälligen Abgaben. Auf der Grundlage dieser englandweiten Erhebung lassen sich ziemlich genau Angaben über die Bevölkerungs- und Machtverhältnisse im England des ausgehenden 11. Jahrhunderts machen. Demnach standen den 1 bis 1,5 Millionen Einheimischen (Angli »Engländer«) höchstens 25.000 Franci (Normannen und Nordfranzosen) gegenüber, von denen wiederum 250 alle führenden Positionen des Königreichs innehatten. Ein Fünftel des Landes gehörte dem König und machte ihn zum größten Grundbesitzer, die Hälfte war in Händen von 10 Normannen, der Rest gehörte der Kirche. Nur 8 Prozent der Grundbesitzer sollen englischer Herkunft gewesen sein. Durchaus zutreffend sind diese Besitzverhältnisse als Ausdruck einer »koloniale[n] Fremdherrschaft« (Houben 2012, 38) gewertet worden.

Allerdings wurde die umfassende Verfügungsgewalt über die wirtschaftlichen Ressourcen durch die immer wieder instabilen Verhältnisse der feudalen Herrschaftsform relativiert. Als Hauptproblem erwies sich die gemeinsame Regierung von England und der Normandie, die in beiden Gebieten die persönliche Präsenz des Herrschers nötig machte. Denn bei längerer Abwesenheit drohten Aufstände. In der Normandie standen die Nachbarn jederzeit zum Angriff bereit, so etwa der umtriebige Graf Fulco IV. von Anjou (1068–1109). Auf den konstanten Gegensatz zwischen Wilhelm und König Philipp von Frankreich ist bereits hingewiesen worden. Fatalerweise fand dieser selbst in Wilhelms Familie Verbündete, so in Robert Kurzhose (vgl. unten).

Dies änderte nichts an den grundlegenden Überlegungen zur Machtverteilung des anglo-normannischen Reiches, wobei Wilhelm sich auch um seinen Nachfolger Gedanken machen musste: Von seinen vier Söhnen erhielt der älteste Robert Kurzhose (engl. Robert Curthose, frz. Robert Courteheuse, Herzog 1087–1106, † 1134) noch zu Wilhelms Lebzeiten das Herzogtum Normandie und Maine, weshalb er dem französischen König den Lehnseid ablegte. Richard starb bereits 1081 bei einem mysteriösen Jagdunfall. Der jüngste Heinrich Beauclerc erhielt bezüglich etwaiger Ansprüche eine Abfindung von 5000 Pfund Silber. Außerdem nannte er Güter in England und der Normandie sein eigen. Wilhelm Rufus nahm in Abwesenheit seines Vaters die Herrschaft über England wahr und galt als dessen Favorit. Der Tod ereilte Wilhelm den Eroberer schließlich während eines Feldzugs gegen den französischen König. Gerade hatte er die Stadt Mantes-la-Jolie niederbrennen lassen, da stürzte er vom Pferd und erlag schließlich am 9. September 1087 in Rouen seinen Verletzungen. In der ihm verbleibenden Zeit bestätigte er die erwünschte Erbfolge an Wilhelm Rufus. Seine letzte Ruhe fand er in St. Stephan in dem von ihm gegründeten Caen.

Seine Nachfolge trat also Wilhelm II. Rufus (engl. William II, frz. Guillaume le Roux, »der Rothaarige«, 1087–1100) an. Er blieb als ehe- und kinderloser Monarch in Erinnerung, der im Sommer 1100 wie sein Bruder Richard knapp 20 Jahre vorher im New Forest in Südengland einen tödlichen Jagdunfall hatte. Ob ihn ein verirrter Pfeil traf oder ob er einem Mordanschlag zum Opfer fiel ist bis heute ungeklärt. Jedenfalls starb er ohne Beichte und ohne einen Nachfolger. Dazwischen lagen mehr als 10 Jahre voller Unruhen, voller Konflikte mit Aristokratie und Kirche, die Wilhelm II. zu einem der unbeliebtesten Herrscher Englands machten. Laut Ordericus Vitalis wartete er die Beerdigung seines Vaters in Caen gar nicht erst ab, sondern setzte möglichst schnell nach England über. Dort galt seine Krönung keinesfalls als sicher und er musste sich noch längere Zeit gegen seinen Bruder Robert Kurzhose durchsetzen, der mit seinen Thronansprüchen durchaus Unterstützung fand. Bereits im folgenden Jahr zettelte Robert einen Aufstand an, dem aber kein Erfolg beschieden war. Die Bruderkämpfe dauerten an und führten zum Angriff König Wilhelms II. in der Normandie, wo Robert Gebiete östlich der Seine abtreten musste. Sie fanden erst ein Ende, als sich Herzog Robert 1096 zur Teilnahme am ersten Kreuzzug entschloss und Wilhelm die Normandie nebst aller herzoglichen Rechte auf drei Jahre verpfändete.

Unter dem neuen König erfuhr das übliche gute Verhältnis zur Kirche etliche Schwankungen. Wilhelm wollte sich nach dem Tod von Erzbischof Lanfrank von Canterbury 1089 nicht für eine rasche Neubesetzung entscheiden – mutmaßlich weil bei unbesetzten Bistümern deren Einnahme an die Krone gingen und Wilhelm für seine großzügige Hofhaltung bekannt war. Mit dem dann doch berufenen Anselm von Canterbury (vgl. Kap. 4) entbrannte ein sich Jahre hinziehender Streit über Abgaben an den König bei Neubesetzung eines Bistums. Letztlich ging es um die auch andernorts im Abendland umstrittene Frage des Verhältnisses von König und Kirche bzw. Papst. In England führte sie zu einem Streit, der Anselm 1097 ins Exil führte.

Das normannische England

Mit dem Tod Wilhelms II. war gewissermaßen die Halbzeit der vier normannischen Monarchen erreicht. Während die beiden Wilhelme noch stark ihrer Herkunft aus der Normandie verpflichtet waren, sahen sich ihre beiden Nachfolger Heinrich I. und Stephan von Blois stärker England verbunden. Nehmen wir also das Jahr 1100, um ein kurzes Resumee über die normannische Herrschaftsepoche zu ziehen.

Mit der Invasion von 1066 und der gleichzeitigen Niederlage des norwegischen Königs im Norden Englands fand, wie geschildert, ein Orientierungswechsel statt. Denn die traditionellen Verbindungen Englands und der gesamten Britischen Inseln zu Skandinavien wurden mehr oder weniger gekappt. Damit endeten halbtausendjährige Beziehungen, die mit der Einwanderung der Angeln und Sachsen aus Süddänemark und Norddeutschland im 5. Jahrhundert ihren Anfang genommen hatten und die in der Wikingerzeit ihre intensivste Phase erlebten bis hin zu dänischen Königen auf dem englischen Thron (vgl. Kap. 2). Mit den normannischen Herzögen und ihren französischen Nachfolgern stand nun der südliche Nachbar jenseits des Ärmelkanals im Fokus des politischen, militärischen und kulturellen Geschehens, was letztlich bis ins 15. Jahrhundert währen sollte. Aus diesem Kontrast entwickelte sich die Dominanz der neuen tonangebenden Elite. Gleichwohl gilt festzuhalten, dass die verfemende Beurteilung der normannischen Unterdrücker erst in der angelsächsischen Romantik des 19. Jahrhunderts aufkam. Im Mittelalter schien hingegen eine ausgesprochen »normannische Identität«

nach 150 Jahren verschwunden (Plassmann 2008, 172). Was aber nicht ausschloss, dass die mit ihnen verbundene französische Kultur ein starkes Gewicht hatte und mit der Zeit auch von Engländern angenommen wurde (vgl. unten).

Als Zug durchgehender Neuerung seit 1066 hat die konsequente Anwendung des Lehnswesens zu gelten, verbunden mit der Ausrichtung auf den König als obersten Lehnsherrn. Obwohl der Adel nun normannisch–französischer Herkunft war, blieben die Herrschaftsverhältnisse für die englischen Bauern im Großen und Ganzen gleich. Eine wichtige Neuerung bestand darin, dass die Sheriffs der einzelnen Grafschaften nicht mehr den Grafen, sondern unmittelbar dem König unterstanden. Überhaupt erfuhr die Gesetzgebung etliche Veränderungen zugunsten des Königs, wobei die Forstrechtsprechung als besonders störend oder ungerecht empfunden wurde. Das Wild der Wälder hatte nämlich ausschließlich der königlichen Jagd zu dienen. Das dementsprechende Jagdverbot galt auch für den Normannenadel und sah für Wilderer hohe Strafen vor (dieses Motiv ist noch in der Gegenwart bei Verfilmungen des Robin-Hood-Stoffes präsent und beliebt). Den englischen Dörfern drohten übrigens auch dann hohe Strafen, wenn in ihrer Mitte ein Normanne getötet und der Täter nicht gefunden werden konnte.

Das bis heute prägendste Erbe der normannischen Herrschaft zeigt sich in der englischen Sprache. Sie war durch die Dominanz des Französischen starken Veränderungen ausgesetzt. Allerdings blieb dieses immer die Sprache der Oberschicht und konnte sich in der ganz überwiegenden Bevölkerungsmehrheit der angelsächsischen Bauern nicht durchsetzen. In den Schriftzeugnissen ist jedoch über mehrere Jahrzehnte der Rückgang englischer Texte zu beobachten, erst um 1200 nimmt ihre Zahl wieder zu. Der Adel sprach allerdings französisch und dies wurde auch am königlichen Hof gepflegt. Erst unter Edward III. (1312–1377) griff man wieder auf englisch als Hofsprache zurück. Richard II. (1367–1400) schließlich soll Englisch als Muttersprache gesprochen haben. Dazu kam es unter anderem, weil die städtischen Mittelschichten in London und andernorts ihre Geschäfte in englischer Sprache betrieben und weil der Adel mit seinen militärischen Interventionen in Frankreich zurückgeschlagen wurde und sich auf einen englischen und englischsprachigen Patriotismus besann. Als deutlichstes Vermächtnis blieb dem Englischen eine Vielzahl französischer Lehnwörter wie beef »Rindfleisch«, pork »Schweinefleisch«, joy »Freude«, pleasure »Vergnügen«, damage »Schaden«, judge »Richter« und zahlreiche andere.

6. Das anglo-normannische England

Aus Normannen werden Anglo-Normannen

Wilhelm Rufus starb, ohne Erben zu hinterlassen. In der Thronfolge sprach darum alles für seinen jüngeren Bruder Heinrich, zumal der zweite Sohn Wilhelm des Eroberers, Herzog Robert, noch im Heiligen Land war. Heinrich war beim Tod des Königs zugegen und ergriff offensichtlich die Initiative, indem er in Winchester den Staatsschatz an sich brachte. Rigorosen Widerstand von Adel und Klerus gab es nicht, und damit stand seiner Krönung nichts im Wege. Mit Heinrich I. (Henry I, Henry Beauclerc, 1100–1135) bestieg ein Mann Anfang 30 den Thron, der in Yorkshire geboren worden war und dem die englische Sprache vertrauter als seinen Vorgängern gewesen sein dürfte. Dass ihm stark an der Verwurzelung in seinem englischen Reich gelegen war, belegt die Heirat im Jahr des Thronantritts: Mit Edith († 1118) verband er sich mit der Tochter des schottischen Königs Malcolm, die über ihre Mutter Margarete von Ethelred II. abstammte und damit aus der Linie der angelsächsischen Wessex-Herrscher. Edith kam insofern dem skeptischen normannischen Adel entgegen, als sie den normannischen Namen Mathilde (Matilda) annahm. Mit ihr sollte Heinrich zwei Kinder haben, nämlich Wilhelm Aetheling († 1120) und Mathilde (Matilda, engl. Maud, 1102–1167, Kaiserin 1114–1125). Drei Jahre nach dem Tod der Königin ehelichte er mit Adelheid von Löwen eine Tochter des Grafen Gottfried I. von Löwen, mit der er allerdings keine Kinder hatte. Zahlreiche Nachkommen zeugte er hingegen mit Frauen aus diversen informellen Beziehungen, nämlich knapp zwanzig. Dies änderte freilich nichts an Heinrichs anfänglicher Intention, die alte englische mit der normannischen Herrscherlinie zu verknüpfen.

Ebenso schlug Heinrich in der Staatspolitik neue Wege ein: Unmittelbar mit Beginn seiner Herrschaft erließ er eine Freiheitscharta (Charter of Liberties), die dem Adel gewisse Rechte gegenüber der Krone zugestand (und damit als Vorläuferin der berühmten Magna Charta von 1215 gilt). Das betraf vor allem den hohen Adel in seinen säkularen wie kirchlichen Machtpositionen. Daneben legte Heinrich viel Wert darauf, Niedergeborene und soziale Aufsteiger als Ausgleich gegen die Barone zu etablieren, sie somit als Verbündete der Krone zu gewinnen. Diese Politik griff über die Grenzen der normannischen Elite hinaus und berücksichtigte auch Engländer. Man darf sogar von einer Anglisierung sprechen, die einen bedeutenden Ausdruck in der Angleichung der unterschiedlichen Rechtstraditionen fand. Die königliche Gesetzessammlung der Leges Henrici Primi (»Gesetze Heinrichs I.«) erfasste ganz bewusst die angelsächsische Volksüberlieferung.

Heinrich I. betrieb zudem einen in seiner Zeit modernen Ausbau der Administration, in deren Zentrum der König stand. Nirgendwo sonst im Europa nördlich der Alpen war eine Verwaltung zu finden, die sich eines ähnlich hohen Grades an Schriftlichkeit bediente. Dafür sprechen im Schnitt 4500 Urkunden pro Jahr (Houben 2012, 41). Aus der Fülle der Reformen in Rechtswesen und Verwaltung sei die damals ungewöhnliche Einrichtung einer Finanzbehörde herausgegriffen, die als Schatzamt (engl. exchequer) der Stärkung der Monarchie diente und vergleichbares nur im Königreich Sizilien fand (vgl. Kap. 8). Der Exchequer (von lat. scaccarium, frz. Échiquier »Schachbrett«) kontrollierte die Einnahmen der Sheriffs als Verwalter des königlichen Landbesitzes. Diese mussten Einnahmen und Ausgaben nach einem schachbrettartigem Schema abrechnen – daher der Name –, und das Ergebnis in Schriftrollen (engl. pipe rolls, erst seit Johann Ohneland erhalten) dokumentieren. Der Exchequer orientierte sich dafür am Domesday Book und den vorherigen Abgaben. Außerdem mussten die Sheriffs zweimal im Jahr bei Hof vorsprechen. Die gewonnenen Einnahmen wurden derart genauestens dokumentiert und verwaltet.

Die zunehmende Macht der Finanzen und des Geldes zeigte sich hier erstmals in Europa. Insgesamt war Heinrichs Politik einer effizienten Verwaltung und des rechtlichen wie gesellschaftlichen Ausgleichs zwischen Normannen und Engländern von

Erfolg gesegnet – immerhin scheinen sich sogar unter den Sheriffs Engländer befunden haben. Und zu Aufständen gegen ihn ist es den Berichten nach kaum gekommen. Insofern könnte die Beschreibung des Chronisten Ordericus Vitalis durchaus der historischen Wirklichkeit entsprechen: »Engländer und Normannen lebten friedlich in Dörfern, Burgen und Städten zusammen und verbanden sich einander in der Ehe. Man konnte in vielen Dörfern oder auch auf den städtischen Märkten französische Waren und Handelsgut ausgelegt sehen, und man konnte die Engländer, die früher mit ihren einheimischen Kleidern den Franzosen verächtlich erschienen, jetzt verändert nach fremder Sitte sehen.« (Zitat bei Plassmann 2008, 211)

Die Regierung Heinrichs I.

König Heinrich betrieb seine Versöhnungspolitik auch als Wiedergutmachung des teils gewalttätigen Vorgehens seines Vorgängers Wilhelm Rufus. Davon war auch das Verhältnis zur Kirche betroffen. Jedenfalls eilte Heinrich der Ruf voraus, im Großen und Ganzen frommer und kirchenfreundlicher als sein Bruder zu sein. Folgerichtig rief er Erzbischof Anselm unter Entschuldigungen nach England zurück. Obwohl dieser streitbare Kirchenreformer wenige Jahre später England erneut verließ, scheint er dem König doch freundschaftlich verbunden gewesen zu sein. 1107 einigte man sich im Konkordat von London über die Streitfragen der Investitur und Simonie, also die Einsetzung von Bischöfen und die vielgeschmähte Käuflichkeit von Kirchenämtern. Der König setzte den Bischof nur in dessen weltliche Güter ein, wofür dieser ihm einen Treueid ablegte. Die Wahl des Bischofs erfolgte durch das jeweilige Domkapitel – allerdings im Beisein eines königlichen Vertreters. Beide Seiten konnten mit diesem Kompromiss leben, insbesondere die Krone behielt sich einen gewissen Einfluss vor.

Heinrich I. war auch als Heerführer und Machtpolitiker erfolgreich. Das erwies sich bereits ein Jahr nach seiner Thronbesteigung, als sein älterer Bruder Robert vom Kreuzzug zurückkehrte und Ansprüche auf die Krone erhob. Die Brüder einigten sich zeitweise, gerieten aber auch in militärische Auseinandersetzungen. Schließlich versuchte Heinrich, das Herzogtum Normandie zurückzugewinnen und somit unter seine Herrschaft zu bringen. Die notwendigen diplomatischen Verhandlungen mit Frankreich, Flandern und den normannischen Großen des Herzogtums blieben erfolglos. 1105 landete Heinrich mit einem Heer an der Küste von Cotentin, kehrte aber unverrichteter Dinge wieder nach England zurück. Nach einer erneuten Landung ein Jahr später gelang ihm bei Tinchebray ein überzeugender Sieg über seinen Bruder. Damit wurde der englische König wieder Herzog der Normandie, waren beide Länder normannischer Herrschaft wieder vereint. Dem Verlierer Robert blieb nur die dauerhafte Haft in England, bis er 1134 in Cardiff verstarb. Während Heinrichs Herrschaft in England ungefährdet blieb, hatte er als Herzog der Normandie die üblichen Querelen mit Frankreich, Anjou und Flandern um die Macht in Nordfrankreich zu bestehen. In der Normandie hatte er sich mit dem renitenten Adel auseinanderzusetzen, weswegen er zum Teil dessen Burgen schleifen ließ. Schließlich intervenierte der französische König Ludwig VI. mit seinen Verbündeten, darunter der erst 17-jährige Sohn des in England gefangen gehaltenen Robert, Wilhelm Clito. Er erwarb sich diverse Grafschaften in Nordfrankreich und wurde zeitweise sogar als möglicher Thronfolger seines Onkels Heinrich I. gehandelt, bis er 1128 den Tod im Kampf fand.

Dieser blieb ihm 1119 noch erspart, als es im Sommer bei Bremule zur Entscheidungsschlacht zwischen den Heeren des englischen und des französischen Königs kam. Dabei blieb Heinrich Sieger und schloss schließlich Frieden mit Ludwig VI. Wieder einmal gewährt uns Ordericus Vitalis Einblick in das Geschehen: Ihm zufolge befahl König Ludwig seinen 400 Rittern, für ihre Ehre und den Ruhm Frankreichs in die Schlacht zu ziehen. Aber sie stürmten so ungeordnet vorwärts, dass sie schnell müde wurden, die Flucht ergriffen oder überwältigt wurden. Vielen wurden die Pferde getötet und die gestürzten Reiter wurden gefangen genommen. Als die Schlachtreihen bedenklich wankten, zog sich der französische König zurück. Noch so mancher seiner Ritter wurde überwältigt, während die Anglo-Normannen die übrigen verfolgten. Ordericus fährt fort, ihm sei erzählt worden, dass an diesem Treffen der beiden Könige fast 900 Ritter teilgenommen hätten. »Davon fanden nur drei den Tod. Die Ritter waren nämlich ringsum mit Eisen geschützt und wegen ihrer Gottesfurcht und wegen alter gemeinsamer Waffenbruderschaft schonten sie sich gegenseitig. Sie beabsichtigten auch nicht, die Flüchtenden zu erschlagen, sondern wollten sie gefangen nehmen und schonen. Denn christliche Kämpfer dürsten nicht nach dem Blut ihres Mitbruders, sie freuen sich über einen rechtmäßigen Sieg, den sie mit der Hilfe Gottes zum Nutzen der Heiligen Kirche und zur Sicherheit der Gläubigen errungen haben.« Nach Ordericus gab König Ludwig auf der Flucht keine gute Figur ab: Allein sei er im Wald umhergeirrt, bis er schließlich einen Bauer getroffen habe – der ihn nicht als König erkannte. Gegen Geschenkversprechungen habe dieser Landmann den zitternden König zu dessen Gefolge geführt. Bis dorthin habe Ludwig Ängste darüber ausgestanden, von seinem Führer verraten zu werden oder von den nachfolgenden Engländern ebenso schmählich wie viele seiner Ritter gefangen gesetzt zu werden.

Nach diesem englischen Sieg dürfte man in vielerlei Hinsicht von einer prosperierenden Herrschaft Heinrichs sprechen, wenn ihm nicht im Jahr darauf eine Katastrophe seinen Thronfolger entrissen hätte. Da war Wilhelm Aetheling gerade 17 Jahre alt und seit wenigen Monaten mit Isabelle, der Tochter Graf Fulcos von Anjou vermählt, deren Mitgift immerhin aus der Grafschaft Maine bestand. Im November 1120 setzte er mit großem Gefolge auf mehreren Schiffen über den Ärmelkanal. Aus unbekannten Gründen sank sein White Ship (»Weißes Schiff«) vor der normannischen Küste und riss ihn mit in den Tod. Damit stand König Heinrich vor dem unerwarteten Problem der Nachfolgefrage. Und bekanntlich brachte die rasch geschlossene erneute Ehe des Witwers nicht den erhofften Erben. Wie stand es mit der Schar der unehelichen Kinder, deren mutmaßlich ältestes, Graf Robert von Gloucester, sich immerhin im Kampf Meriten erworben hatte und von seinem Vater mit Amt und Titel eines Earl belohnt worden war? Mag sein, dass Heinrich bei seiner Berufung die Rivalitäten unter den Söhne drohen sah.

Da fasste er einen ungewöhnlichen, wenn nicht umwälzenden Entschluss, indem er 1125 seine Tochter Mathilde zur Nachfolgerin berief. Nun war Mathilde nicht eine beliebige Normannenprinzessin, sondern gerade verwitwete Kaiserin des Heiligen Römischen Reiches, die sie 1114 bis 1125 als Gemahlin des Salierkaisers Heinrich V. (1111–1125) gewesen war. Heinrich baute anscheinend auf diesen glanzvollen Titel und seine Königsmacht in England, und in der Tat leisteten die Barone zwei Jahre später den Treueid auf Mathilde. Auf Drängen des Vaters ehelichte sie den mehr als 10 Jahre jüngeren Erben der Grafschaft Anjou Gottfried (Gottfried V. 1129–1151, frz. Geoffroy, engl. Geoffrey, Plantagenet), was England zukünftig noch stärker mit Frankreich verbinden sollte. Während der König mit dieser Ehe eine Versöhnung mit dem traditionellen Rivalen Anjou anstrebte, stieß sie im Adel auf Widerstand, weil man Gottfried als Feind der Normannen ansah. So legte der König in den letzten seiner an sich erfolgreichen Regierungsjahre den Keim für das, was nach seinem Tod kam. Dieser ereilte ihn am 1. Dezember 1135 im Wald von Lyons südlich von Rouen während einer Jagd. Für normannische Herrscher waren Jagden anscheinend mit Unglück verbunden, auch wenn Heinrich nicht einem verirrten Pfeil, sondern einer Fischvergiftung erlegen sein soll. Bei seinem Tod war von der engeren Familie lediglich sein unehelicher Sohn Robert von Gloucester anwesend. Er leitete auch im Monat darauf die Überführung des Toten nach England, wo dieser in dem von ihm gegründeten Zisterzienserkloster Reading Abbey (westlich von London) bestattet wurde.

»Anarchie« – Kämpfe um den Thron

Das Jahr 1135 brachte in der Geschichte der normannischen Könige Englands einen jener Wendepunkte, wie wir ihn auch unter den Regierungen der Herzöge festgestellt haben: Auf eine Phase von Frieden, Entwicklung und Konsolidierung folgte nun das Gegenteil, nämlich heftige kriegerische Auseinandersetzungen innerhalb und außerhalb Englands und der teilweise Zusammenbruch der unter Heinrich I. errichteten Stabilität. Nicht wenige Historiker sprechen für die folgenden zwei Jahrzehnte von Anarchie und Bürgerkrieg. Wie konnte es dazu kommen?

Das Grundübel bestand im Fehlen eines allseits anerkannten Thronfolgers, denn die Barone mochten zwar auf Mathilde (Empress Maud »Kaiserin Maud«) einen Treueid geleistet haben, viel blieb davon nicht übrig und die Schar der Gegner wuchs (sie bezeichneten Heinrichs Tochter ostentativ als »Gräfin von Anjou«). Diese Bezeichnung war aussagekräftig genug, verband sie doch die normannische Prinzessin mit dem Haus Anjou, dem von vielen Normannen eine Art von Erbfeindschaft unterstellt wurde. Nur wenige dachten deshalb bei der Nachricht vom Tod des Königs an Mathilde, zumal sich durchaus eine Alternative bot. Diese war Heinrichs Neffe Stephan, Sohn seiner Schwester Adela († 1138), der damit ein Enkel Wilhelms des Eroberers war. Adela hatte den Grafen Stephan II. von Blois (nebst weiteren nordfranzösischen Gebieten) geheiratet und mit ihm fünf Söhne. Als ihr Mann 1102 auf dem Kreuzzug fiel, übernahm sie die Regentschaft. Von ihren Söhnen wurde Stephan bereits länger als möglicher Kandidat für die englische Krone gehandelt, gehörte er doch seit seiner Jugend zum engeren Hofkreis Heinrichs I. Selbstredend verfügte er über Landbesitz diesseits des Ärmelkanals und kannte sich dort bestens aus. Er entstammte der Erblinie der normannischen Rolloniden und das Haus Blois galt ebenfalls mit den Anjou verfeindet. Beim Tod Heinrichs I. war Stephan auf dem Kontinent, setzte aber sofort nach England über. Dort hatte sein jüngerer Bruder Heinrich als Bischof von Winchester (1129–1171) die Zeit genutzt, um den königlichen Schatz unter seine Kontrolle zu bringen. Adel und Klerus, aber auch die einflussreiche Bürgerschaft Londons, unterstützten Stephan, so dass dieser bereits am 22. Dezember 1135 in Westminster Abbey gekrönt werden konnte. Da für die Königswahl keine festen schriftlichen Bestimmungen galten, konnte man dieses Vorgehen durchaus als legal ansehen. Jedenfalls folgte mit Stephan von Blois (engl. Stephen of Blois, frz. Étienne de Blois, 1135–1154) auf zwei Söhne Wilhelms des Eroberers nun dessen Enkel auf dem Thron. Dass er selbst acht Jahre zuvor auf Mathilde geschworen hatte, spielte dabei offensichtlich keine Rolle mehr. Wichtiger waren Zugeständnisse an den Papst, was die Kirchenpolitik betraf – was Innozenz II. mit er Anerkennung von Stephans Ansprüchen goutierte – und Zugeständnisse an den Adel, bei denen auf gewisse königliche Rechte verzichtet wurde. Um dies vorwegzunehmen: Damit legte Stephan schon mit Beginn seiner viele Jahre umstrittenen Herrschaft den Keim für die Schwächung des Königtums. Allein die Zahl der Herzogtümer erhöhte sich von 6 auf 22, allgemein traten die adligen Herren immer eigenmächtiger auf und schlossen sogar untereinander Verträge ab. Die Unsicherheit des schon bald ausbrechenden Bürgerkriegs führte überall zum Bau von Burgen und Befestigungswerken, selbst um Abteien. Von einer strengen Reglementierung des Burgenbaus von Seiten des Königs konnte keine Rede mehr sein.

Zehn Jahre vor seiner Thronbesteigung hatte Stephan Mathilde von Bouillon († 1152) geheiratet, Tochter von Graf Eustach III. von Boulogne. Über ihre Mutter Margarete von Schottland war sie mit dem Haus von Wessex verwandt und damit mit den alten angelsächsischen Königen. Diese Verbindung galt bekanntlich selbst unter den normannischen Königen als hilfreiches Argument der Thronrechte. Mathilde sollte ihrem Mann auch persönlich in den ausbrechenden Auseinandersetzungen eine energische Mitstreiterin im Kampf um die Krone werden. Und damit kam die andere Mathilde, die »Kaiserin«, ins Spiel. Sie war nicht gewillt, den ihr zugesicherten und geschworenen Thronanspruch fallen zu lassen. Allerdings wartete sie vorerst in ihrer nordfranzösischen Grafschaft ab und versicherte sich ihrer Parteigänger in England. Zu diesen zählte mittlerweile als führender Kopf der ohnehin einflussreiche Earl Robert von Gloucester (1121–1147), also ein Stiefbruder Mathildes. Während er seine Fäden unter der Adelsopposition zog, versuchte ihr Ehemann Gottfried von Anjou, die Normandie zu erobern. Ein schnell erfolgtes Eingreifen Stephans blieb ohne Erfolg. Diese Situation nutzte Mathilde, um 1139 nach England zurückzukehren. Damit begann der eigentliche Bürgerkrieg, dessen historisch verbürgte Ereignisse immer wieder literarische Vorlagen boten – so voll ist diese Zeit an Mord und Totschlag, wechselseitigen Vertragsbrüchen, ritterlichen Gesten und feigen Anschlägen. Um ein paar wenige Ereignisse herauszugreifen: Mathildes Ehemann Gottfried von Anjou gelang letztendlich die Eroberung der Normandie, wo ihn der französische König Ludwig VII. (1137–1180) als Herzog bestätigte und gegen dessen Huldigung die Normandie als Lehen vergab. In England geriet Mathilde vorübergehend in die Hände König Stephans, der sie allerdings mit einer ritterlichen Geste wieder frei ließ. Sie konnte mit Ranulf von Gernon (dem Schwiegersohn Roberts von Gloucester, 1128–1153 Earl von Chester) einen der mächtigsten Aristokraten auf ihre Seite ziehen, was aber nicht viel hieß, denn er wechselte wie andere auch mehrmals die Seiten. Diesem Bündnis gelang allerdings in der Schlacht von Lincoln 1141 die Gefangennahme König Stephans, der jedoch gegen den auf der anderen Seite in Gefangenschaft geratenen Graf Robert von Gloucester ausgetauscht wurde. Zu diesem Zeitpunkt schienen die Parteigänger Mathildes Oberwasser zu gewinnen und Stephans Herrschaft stand mehr oder minder auf der Kippe. Mehrmals hatte er seine Rettung dem beherzten, auch militärischen Eingreifen seiner resoluten Frau Mathilde zu verdanken. Sie koalierte mit Stephans Bruder Heinrich, dem Bischof von Winchester, und Wilhelm von Ypern († 1164), der eine Abteilung flämischer Söldner anführte, und erreichte mit dem Sieg bei Winchester den erwähnten Austausch Stephans. So stand sie auch bereit, als die siegreiche Kaiserin Mathilde unmittelbar vor ihrer Krönung in London stand. Dabei scheint sie die Privilegien gewöhnten Bürger der Stadt unterschätzt zu haben. Als diese sie nämlich kurz vor der Krönung um deren Bestätigung bzw. Erweiterung baten, vergab sie sie zum Teil an den einflussreichen Geoffrey von Manderville (Earl von Essex, † 1144), der zu den üblichen Bündniswechslern zählte. Wenige Jahre später stand er wieder auf Seiten Stephans, fiel aber durch Plünderungen derart unangenehm auf, dass sich der König gegen ihn wandte. Geoffrey endete als eine Art von Raubritter in den Sümpfen, wo ihn schließlich auch der Tod durch einen Pfeilschuss ereilte. Mathildes hochmütiger Umgang mit Londons Bürgern (so etikettieren ihn zumindest die Quellen) störte jedenfalls ihre Ambitionen ganz empfindlich und verhinderte einen Machtwechsel. In den folgenden Jahren schmolz Mathildes Einflussgebiet dahin, bis sie sich nur noch im Westen Englands halten konnte. Mit dem Tod Roberts von Gloucester

1147 verlor sie ihren bedeutendsten Verbündeten und zog sich im Jahr darauf in die Normandie zurück. Doch endete damit nicht das vielberufene Zeitalter der Anarchie, denn die gegenseitigen Thronansprüche bestanden weiterhin und davon abgesehen hatte König Stephan immer wieder mit unbotmäßigen Adligen zu tun, die ihm ihre Treue verweigerten.

In der Normandie baute Mathilde ihren ältesten Sohn Heinrich (geb. 1133) als rechtmäßigen Erben Englands und der Normandie auf. Eigenmächtig soll er sich bereits in jungen Jahren nach England aufgemacht haben, um seine Thronrechte einzuklagen. Dort geriet er in Gefangenschaft, wurde aber von Stephan geschont und zu seiner Mutter zurückgeschickt. 1149 starb sein Vater, dessen Erbe der Normandie und von Anjou er antrat. Damit galt er als einer der mächtigsten französischen Fürsten. Seinen Blick richtete er weiterhin nach England, wo sich zum wiederholten Male eine dramatische Wendung vollzog. Stephan hatte nämlich seinen ältesten Sohn Eustach IV., Graf von Boulogne, zum Thronerben aufgebaut und wünschte dessen Anerkennung und Huldigung durch die Barone. Deren Widerstand war aber so groß, dass nur eine Minderzahl an den Feierlichkeiten in London überhaupt teilnahm. Unter anderem fehlten der Erzbischof von Canterbury und andere führende Kleriker, die sich auf die Ablehnung des Papstes beriefen. Als dann Eustach im folgenden Sommer des Jahres 1153 während eines Festmahls erstickte, unterstellten die Quellen gern eine Strafe Gottes, hatte er doch vorher auf Kirchenland geplündert.

Da Stephan auf einmal keinen Erben mehr hatte, sah er offensichtlich den Zeitpunkt für eine Verständigung gekommen. Noch im selben Jahr einigten sich die Parteien im Vertrag von Winchester darauf, dass Stephan Mathildes Sohn Heinrich (Henry FitzEmpress »Sohn der Kaiserin«) adoptierte und somit als Erben anerkannte. Diese Übereinkunft trat am 25. Oktober 1154 mit Stephans Tod in Kraft. Mathildes Sohn wurde als Heinrich II. englischer König. Mit Stephans Tod erlosch das normannische Herrscherhauses. Von nun an herrschten die Anjou-Plantagents, die nur noch wenige Wurzeln mit den Normannen verbanden.

Das angevinische Reich

Heinrich II. (Henry II, Henry Plantagenet, 1154–1189) sah sich als Sohn Mathildes, Enkel Heinrichs I. und Urenkel Wilhelms des Eroberers durchaus als »legitimer Fortsetzer des anglo-normannischen Königshauses« (Houben 2012, 47), das auf den legendären Rollo zurückgeführt werden konnte. Ob er sich selbst als Begründer einer neuen Dynastie sah, sei dahingestellt. In der Geschichtsschreibung hat es sich jedenfalls eingebürgert, ihn als Stammvater des Hauses Anjou-Plantagenet zu sehen, dessen Könige bis 1399 die englische Krone trugen und danach noch in Nebenlinien Ansprüche darauf erhoben. Der Beiname der Plantagenêts (lat. planta genista »Ginsterbusch«) wurde erst 1460 für die gesamte Dynastie verwendet und bezog sich ursprünglich auf die Helmzier von Heinrichs Vater oder auf die Pflanzung von Ginsterbüschen als Sichtschutz für die Jagd.

Heinrich selbst nannte sein Haus lediglich Anjou und vieles spricht dafür, dass seine französische Heimat für ihn an erster Stelle stand. Wie ihm überhaupt England recht fremd war und er anscheinend kaum der englischen Sprache mächtig gewesen ist. Damit stand er in der Tradition der Normannen, die bekanntlich selbst bei Anglisierungstendenzen der französischen Kultur und Sprache am nächsten standen. Trotzdem gelang es Heinrich FitzEmpress schon bald, seine Herrschaft in England und sogar auf den ganzen Britischen Inseln durchzusetzen. Anfangs halfen ihm dabei die durch Heinrich I. durchgesetzten Thronansprüche seiner Mutter Mathilde und die Erbvereinbarung mit König Stephan von Blois. Auf dieser legitimen Basis machte ihm niemand seinen Thron streitig. Und er erfüllte die nach den schier endlosen Jahren der Anarchie gehegten Friedenshoffnungen, indem er etwa Stephans Vertraute bei deren Loyalität an seinen Hof holte und gegebenenfalls gegen unbotmäßige eigene Gefolgsleute vorging. Der Monarchie gab er die verloren gegangene Autorität zurück, was sich insbesondere beim Burgenbau zeigte, für den er rigoros die königlichen Rechte durchsetzte. Dies erlebte sogar Roger, der Earl von Hereford († 1155), ein treuer Gefolgsmann der Kaiserin Mathilde. Nach dem Tod Roberts von Gloucester hatte er dessen Stelle eingenommen und war der mächtigste Aristokrat Englands geworden. Seine Macht drückte sich in reichem Landbesitz und zahlreichen Vasallen aus. Selbst ihn verwies der neue König des Hofes, und nur mit Mühe konnten kriegerische Auseinandersetzungen abgewendet werden.

Aber Heinrichs Blick musste von Anfang an über England hinausreichen, war er doch seit 1150 zugleich Herzog der Normandie und herrschte über Anjou und Touraine. Daneben beanspruchte er die Bretagne und Maine. Über eine bemerkenswerte Heirat wurde er sogar Herrscher über eines der mächtigsten Reiche Europas. 1152 hatte er sich nämlich mit Eleonore (1122–1204) verehelicht, der Erbin des Herzogtums Aquitanien. Dieses umfasste das uralte römisch geprägte Kulturland im Südwesten Frankreichs. Unter Eleonores Großvater Wilhelm IX. von Aquitanien (1086–1127) genoss der Hof von Poitiers höchstes Ansehen für seine Kultiviertheit und Wilhelm selbst galt als erster Troubadour der höfischen Dichtkunst. Eleonore wurde als 15-Jährige 1137 nach dem Tod ihres Vaters Wilhelm X. (1127–1137) Erbin des Herzogtums. Natürlich hegte die französische Krone großes Interesse an dem einflussreichen Territorium mit seiner jungen Erbin. Bereits im selben Jahr fand in Bordeaux die Hochzeit Eleonores mit dem französischen Königssohn Ludwig statt, der wenige Wochen später überraschend als Ludwig VII. (1137–1180) den Thron bestieg. Die Biographie Eleonores kann hier nur gestreift werden, obwohl sie als eine der bedeutendsten Frauen des Mittelalters gilt. So recht kam das Königspaar nie zusammen, auch wenn Eleonore ihren Gemahl sogar auf den Kreuzzug ins Heilige Land begleitete. Letztlich blieb die Ehe kinderlos, was der Hauptgrund dafür gewesen sein mag, dass sie 1152 mit päpstlicher Zustimmung auf einem einberufenen Konzil wegen angeblich zu enger Verwandtschaft annulliert wurde. Die Herzogin kehrte nach Aquitanien zurück und galt von nun an als »eine der begehrtesten Bräute Europas« (Plassmann 2008, 226). Im selben Jahr vermählte sie sich mit dem zehn Jahre jüngeren Heinrich von Anjou. Wenig verwunderlich war es, dass der französische König Einsprüche gegen die Hochzeit erhob, brachte sie doch 2/3 Frankreichs unter eine Herrschaft.

Mit der Heirat und Heinrichs Regierungsantritt zwei Jahre später entstand jenes Gebilde, das man später als »angevinischenglisches Großreich« bezeichnete, als »angevinisches Imperium« (engl. Angevin Empire) oder auch als angiovinisches »Imperium« (das Beiwort angevinisch ist das Adjektiv zu Anjou). Es umfasste England und die Normandie, dazu Anjou, Maine und Touraine sowie das Herzogtum Aquitanien mit den Zentren Poitiers und Bordeaux. Gern und richtig wird von der Geschichtsschreibung angemerkt, es habe sich dabei um »kein wirkliches Reich, sondern um ein Konglomerat verschiedener Territorien« (Houben 2012, 47) gehandelt, deren gemeinsamer Herrscher allein den Zusammenhalt herstellte. Einheitliche Strukturen etwa für Rechtsprechung und Gesetze oder für Abgaben fehlten diesem »Reich« völlig. Die Vielteiligkeit drückte sich in den Einzeltiteln des Herrschers aus: »Heinrich FitzEmpress, König von England, Herzog der Normandie, Herzog von Aquitanien, Herzog der Bretagne, Graf von Anjou, Graf von Poitiers«. Die Vielzahl der Titel verdeutlicht die neue Rolle der Normandie, das Stammland der normannischen Könige Englands: Sie drückt sich in zunehmendem Bedeutungsverlust aus. Heinrich II. lag jedenfalls Anjou erheblich näher als die Heimat der Rolloniden. Der englische König konnte die diversen Interessen dieses partikularen Gebildes nicht von seinem Thron aus im Zaum halten. Seine Herrschaft erwies sich folglich als intensives Reisekönigtum. Am Ende soll er von 35 Regierungsjahren 21 auf dem Festland verbracht haben. Der Chronist Radulf von Diceto († um 1200) überliefert dazu einen offensichtlich treffenden Satz des französischen Königs: »Bald in Irland, bald in England, bald in der Normandie, scheint der König von England eher zu fliegen als das Pferd oder das Schiff zu besteigen.« (Zitat bei Houben 2012, 53) Den zu bewältigenden Heerzügen haftet darüberhinaus etwas Monumentales an, musste sich Heinrich II. doch an vielen Fronten bewähren: Galt es als Kronvasall (und Ehenachfolger) des französischen Königs Ludwig VII. verschiedene Konflikte zu bestehen, ging es außerdem gegen aufständische Feudalherren in Frankreich, wurden Expeditionen nach Wales, Schottland und Irland durchgeführt und schließlich aufständische Barone in England niedergerungen. All diese Herausforderungen bekam Heinrich II. soweit in den Griff, dass er außenpolitische Bündnispolitik treiben konnte und zeitweise als mächtigster Herrscher hinter Kaiser Friedrich Barbarossa (1152–1190) galt. Enge Beziehungen pflegte er zu Aragon, Kastilien, Sizilien, Barcelona, Toulouse und Savoyen, wozu nicht zuletzt seine Vermählungspolitik beitrug. Aus seiner zahlreichen Nachkommenschaft vermählte er den Sohn Heinrich mit Margarete, der Tochter des französischen Königs Ludwig VII. Die Tochter Mathilde wurde die Frau von Friedrich Barbarossas Vetter Heinrich dem Löwen, Herzog von Bayern und Sachsen. Von den anderen Töchtern vermählte sich Eleonore mit König Alfons VIII. von Kastilien, Johanna mit dem normannischen König Wilhelm II. von Sizilien (vgl. Kap. 8).

Auch Heinrich II. blieb nicht der übliche Streit mit Papst und Kirche erspart, nahm sogar besonders dramatische Formen an. Die Auseinandersetzung zwischen weltlicher und kirchlicher Macht gehört bekanntlich zu den politischen Konstanten dieser Zeit. Jetzt versuchten sich vor allem der englische König und der deutsche Kaiser mit einem Bündnis gegen das Papsttum, das immer wieder durch ein Schisma gespalten war. Während der Streit mit dem Kaiser eskalierte, hielt sich Heinrich II. mit Entscheidungen für und wider eher diplomatisch zurück. Als sich allerdings 1162 die Gelegenheit ergab, den Erzbischöflichen Stuhl von Canterbury zu besetzen, nutzte der König seinen Einfluss. Er lancierte seinen Kanzler Thomas Becket (1155–1162) in dieses bedeutende Amt, den Sohn eines Londoner Kaufmanns normannischer Herkunft, der als weltlich offen und prunkliebend, aber auch dem König gegenüber loyal galt. Mit seiner Person sah der König die Gelegenheit gegeben, seine Machtansprüche durchzusetzen. Aber Thomas Becket vollzog als Erzbischof eine Kehrtwende und entpuppte sich als eifriger Verteidiger kirchlicher (und päpstlicher) Interessen. So versuchte er, Kirchenbesitzungen dem königlichen Zugriff zu entziehen und Kleriker vor weltlichen Gerichten zu schützen und darum die Kirchengerichte zu stärken. Heinrich II. bemühte sich schließlich um eine grundsätzliche Klärung dieser Streitfragen. Er berief 1164 Bischöfe und weltliche Barone zu sich. In den Konstitutionen von Clarendon erfuhren die Privilegien des englischen Klerus gewisse Einschränkungen, etwa durch die Unterstellung von Klerikern unter die weltliche Gerichtsbarkeit. Der Erzbischof protestierte mit Unterstützung Papst Alexanders III. gegen diese Bestimmungen. Der Streit eskalierte soweit, dass er England verließ und bei Ludwig VII. von Frankreich Asyl suchte. Obwohl sich dieser und sogar der Papst eher diplomatisch verhielten, war nun aus der Angelegenheit ein Politikum geworden. Bis 1169 ging der Streit hin und her, dann kam es zu einem Versöhnungstreffen zwischen Heinrich II. und Thomas Becket in Frankreich. Letzterer erwies sich dabei als hartnäckig und einer Versöhnung nicht um jeden Preis zugewandt. Auch ein weiteres Treffen scheiterte an dem von Thomas geforderten Friedenskuss des Königs, den dieser verweigerte. Zurück in England ließ Heinrich II. sogar seinen Sohn Heinrich in Westminster vom Erzbischof von York zum König krönen. Erst auf päpstliches Betreiben kam dann doch eine Versöhnung zustande, so dass Becket 1170 nach England zurückkehrte. Dort exkommunizierte er jedoch jene Bischöfe, die an Heinrichs Krönung beteiligt waren. Diese beschwerten sich daraufhin beim König, der allerdings zu jener Zeit in Aquitanien weilte. Zum Weihnachtsfest am 29. Dezember 1170 drangen mehrere Ritter in die Kathedrale von Canterbury ein und erschlugen den Erzbischof – angeblich wegen einer falsch verstandenen Aufforderung des Königs. Diese Bluttat schadete Heinrich II. nachhaltig und machte Thomas Becket schon bald zu einem der populärsten Heiligen Europas.

Der Papst berief eine Untersuchungskommission ein, und der Erzbischof Wilhelm von Sens erließ ein Interdikt über Heinrichs kontinentale Besitzungen. Da dieser Anordnung zufolge keine Sakramente mehr gespendet wurden, keine Gottesdienste und ebenso keine Begräbnisse stattfanden, war die Empörung unter der Bevölkerung voraussehbar. Just in dieser Zeit gelang Heinrich II. die Unterwerfung Irlands (1172), mit der eine stärkere Anbindung der traditionell recht selbständigen irischen an die römische Kirche verbunden war. Als der König daraufhin nach Frankreich zurückkehrte, söhnte er sich mit dem Papst aus. Dazu war ein öffentlicher Bußgang an Thomas' Grab notwendig (1174): Denn dort ereigneten sich laut historischer Quellen Wunder, die Scharen von Pilgern nach Canterbury lockten. Thomas den Märtyrer nannte man den ermordeten Erzbischof mittlerweile. Am 12. Juni 1174 fand in der Kathedrale von Canterbury eine Versöhnungszeremonie statt: Vor einer großen Versammlung von Kirchenmännern und Baronen sowie einer Volksmenge erschien der englische König mit seinem ältesten Sohn. Er schwor auf das Evangelium, er habe des Thomas Ermordung weder befohlen noch gewünscht. Im Anschluss daran ging er auf den Kirchenstufen in die Knie, wo er mit entblößtem Rücken symbolisch gegeißelt wurde. Die folgende Nacht verbrachte er betend und fastend. Anschließend erfüllte er folgende Forderungen: Rückgabe aller Rechte an die Kathedrale von Canterbury, Aufhebung sämtlicher Forderungen, Verpflichtung, 200 Ritter ins Heilige Land zur Verteidigung Jerusalems zu schicken. Außerdem stiftete er zwei neue Klöster.

Der Familienzwist

Trotz des Kirchenstreits und der die Finanzen arg belastenden Kriege kam es unter der Regierung Heinrichs II. zum weiteren Ausbau des Steuer-, Verwaltungs- und Rechtswesens in England, das wie gehabt in Europa führend war. Die Vereinheitlichung des Rechts und die dominierende Rolle des königlichen Gerichts schufen und gewährleisteten sogar einen gewissen Frieden innerhalb Englands. Dem stand allerdings das herrische Naturell des Königs im Wege, der sich anscheinend gern als Alleinherrscher sah, und sich über das Gesetz und die Barone stellte bzw. diesen eine Machtbeteiligung verweigerte. Gleichwohl förderte ein politisch zunehmend vereinheitlichtes England so etwas wie ein englisches Identitätsgefühl – wozu gewissermaßen als Ironie der Geschichte Thomas Becket als »Nationalheiliger« (Plassmann 2008, 253) mit beitrug. Selbst in der herrschenden Elite blieb für ein normannisches Bewusstsein kaum noch Platz; es verkümmerte zum Detail der Familiengeschichte oder zum Herkunftsmythos.

Zur Geschichte Heinrichs II. gehören untrennbar jene familiären Auseinandersetzungen, in die der engste Familienkreis um seine Frau Eleonore und seine Söhne involviert war. Die Aquitanierin und ehemalige Königin von Frankreich agierte dabei als machtbewusste Herrscherin, die vor der Konfrontation mit ihrem Gatten nicht zurückschreckte und die Söhne gegen ihn unterstützte. In diesem lang anhaltenden Familienzwist schreckte man selbst vor Bündnissen mit ausländischen Fürsten nicht zurück:

Heinrich II. hatte mit Eleonore fünf Söhne und drei Töchter – außerdem mutmaßlich mit anderen Frauen ein knappes Dutzend unehelicher Kinder, einige derer am Hof aufgezogen wurden und von denen ein Geoffrey sogar Erzbischof von York wurde. Die drei Töchter Mathilde, Eleonore und Johanna wurden bekanntlich in führende europäische Fürstenhäuser verheiratet (vgl. oben). Blieben die Söhne, die Heinrichs eigentliches Problem darstellten: Der Älteste Wilhelm (1153–1157) verstarb im frühen Kindesalter. Den Zweitgeborenen Heinrich (1155–1183), als Herzog der Normandie Vasall des französischen Königs Ludwig VII. und mit dessen Tochter Margarethe († 1197, sie war noch im Säuglingsalter und entstammte natürlich Ludwigs zweiter Ehe) vermählt, bestimmte der Vater 1169 zum Thronfolger in England, der Normandie und in Anjou. Richard (1157–1199) erhielt das Herzogtum Aquitanien und Gottfried (1158–1186) die Bretagne. Der Jüngstgeborene Johann (1167–1216) ging bei der Erbteilung erst einmal leer aus und erhielt darum schon frühzeitig den Beinamen Ohneland. Immerhin erhielt er die Grafschaft Mortain in der Normandie und den Titel eines »Herrn von Irland«. Das Grundproblem bestand zum einen in der wirtschaftlichen wie politischen Versorgung der königlichen Prinzen, aber auch in deren angestrebter Gleichrangigkeit und Beteiligung an der Macht, die Heinrich II. ihnen versagte. Das Ergebnis war ein Jahrzehnte währender fulminanter Familienzwist im Haus Anjou, der 1173 in einer Rebellion der Söhne gegen den Vater kulminierte. Ermutigt wurden sie dazu von ihrer Mutter Eleonore, die nach dem Bruch mit Heinrich II. und vorübergehender Gefangenschaft mittlerweile in Poitiers residierte. Der kriegserfahrene Heinrich konnte den Aufstand allerdings niederschlagen und im August 1174 die mit den Söhnen verbündeten Schotten entscheidend besiegen – angeblich im Zeichen des Heiligen Thomas Becket, der ja nun als Beschützer der englischen Krone galt. 1182 unterstellte Heinrich II. die jüngeren Söhne ihrem Bruder und Thronfolger Heinrich, der von nun an ihr

Lehnsherr war. Dagegen lehnte sich Richard auf – immerhin der Lieblingssohn Eleonores und dem Vater letztlich zuwider. Er suchte dann auch prompt die Unterstützung des neuen französischen Königs Philipp II. August (1180–1223).

Im Verlauf der wechselnden Koalitionen verstarb Kronprinz Heinrich im Juni 1183, drei Jahre später erlitt Geoffrey als Herzog der Bretagne während eines Turniers tödliche Verletzungen. Als Heinrich II. Richard weiterhin die Thronfolge verweigerte, verbündete sich dieser mit seinem jüngeren Bruder Johann und Philipp II. August. Dieser Aufstand endete 1189 mit der Niederlage Heinrichs II. und einem demütigenden Friedensschluss, in dem er Richards Ansprüche anerkennen musste und zudem die Oberhoheit des französischen Königs über die Festlandgebiete. Den ohnehin bereits kränkelnden Heinrich dürfte diese Niederlage derart geschwächt haben, dass er im Juli 1189 in der Burg Chinon oberhalb des Loire-Nebenflusses Vienne verstarb. Seine letzte Ruhestätte fand er in der Abtei Fontevrault im Anjou, der Grablege der Plantagenets. Dorthin folgte ihm die 1204 verstorbene Eleonore, wo sie bereits das Grab ihres Lieblingssohnes Richard erwartete.

Richard Löwenherz

Denn die Herrschaft dieses heute berühmtesten und populärsten englischen Königs währte nur ein Jahrzehnt, von dem er gerade einmal 6 Monate in England verbrachte. Dieses Land war ihm, der sich in erster Linie als Herzog Aquitaniens verstand, recht gleichgültig und mit der Normandie und dem normannischen Erbe konnte er noch weniger anfangen (weswegen wir mit ihm den Blick auf die normannisch geprägte Geschichte Englands enden lassen). Richard Löwenherz (engl. Richard I the Lionheart, frz. Richard I Cœur de Lion, 1189–1199) blieb seit seiner Krönung in Westminster durch den Erzbischof von Canterbury im September 1189 eine Episode, deren Ruhm die Zeiten überdauerte. Denn ein Nachfolger ging aus seinen beiden Ehen nicht hervor. Er wurde zutiefst von der ritterlich-höfischen Kultur Aquitaniens geprägt und hing mit Vehemenz dem Kreuzzugsgedanken an und damit der Rückeroberung Jerusalems, das seit 1187 erneut in muslimischer Hand war. Ansonsten war ihm am Zusammenhalt des angiovinischen Reiches gelegen und an einer dauerhaften Einigung mit Frankreichs König. Seine Herrschaft kostete bei allem Ruhm viel Geld für den Kreuzzug und die Kriege in Nordfrankreich, um das Reich der Anjou zusammenzuhalten. Geldbeschaffung war eines der Hauptanliegen, dem man sogar mittels Ämterbezahlung etwa eines Sheriffs genügte. Einige Monate nach seiner Krönung befand sich Richard bereits auf See in Richtung Heiliges Land. Die Herrschaft überließ er in England seinem Bruder Johann, in Aquitanien der Mutter Eleonore. Bereits während der Fahrt übers Mittelmeer zeigte der englische König seine kämpferischen Qualitäten. So griff er auf Sizilien in die Thronwirren nach dem Tod König Wilhelms II. ein und setzte seine Forderungen durch die Eroberung und Plünderung Messinas massiv durch – immerhin war seine Schwester Johanna hier verheiratet (vgl. Kap. 8). Auf der Weiterfahrt eroberte er Zypern, um schließlich vor Jerusalem mit dem Heer König Philipps II. August zusammenzutreffen, während das kaiserliche Heer nach dem Tod Friedrich Barbarossas gewissermaßen führerlos war und keine bedeutende Rolle spielte.

Hier nun überschattete der fatale Streit um die Gesamtführung zwischen Richard und dem französischen König das gesamte Unternehmen. Streit entbrannte auch um den Königsthron von Jerusalem. Dabei erwies Richard Löwenherz seinem Beinamen im Kampf alle Ehre und tat manchmal auch des Guten zuviel. Zu seinen unbestreitbaren Erfolgen gehörte die Eroberung Akkons, nach der seine Männer das konkurrierende Banner Leopolds von Österreich in den Schmutz warfen. Nicht nur bei ihm, sondern auch bei Philipp II. August und anderen Fürsten erweckte das zum Teil selbstherrliche Gebaren des englischen Königs Groll. Schließlich zog der französische König ab, während Richard unter mangelndem Nachschub litt und darum mit Saladin einen Waffenstillstand schloss. Auf dem Rückweg 1192 reiste er mit einer kleinen Gruppe inkognito, um der Gefahr einer Gefangennahme durch einen seiner nicht wenigen Gegner zu entgehen. Da bot sich von Norditalien der Weg über Ungarn und Norddeutschland an, wo die verwandten Welfen ihn zweifellos über die Ostsee nach England bringen würden. Allein der Zufall wollte es anders: Vor Wien wurde Richard von Gefolgsleuten des österreichischen Herzogs erkannt und gefangen genommen. Der übergab seinen wertvollen Gefangenen an den Stauferkaiser Heinrich VI., der ihn sodann auf der Burg Trifels in der Pfalz in Haft hielt (vgl. Kap. 1). Bei diesem ganzen Geschehen spielten etliche Parteien und Faktoren mit hinein, die uns hier nicht weiter kümmern sollen. Auf jeden Fall gehörten Intrigen dazu, so geheime Absprachen Heinrichs VI. mit König Philipp II. August und sogar mit dem »Regenten« Johann Ohneland, die sich beide von Richards erzwungener Abwesenheit Vorteile für ihre Macht versprachen. Schließlich beteiligte sich die betagte Eleonore von Aquitanien an den Verhandlungen und überführte persönlich das geforderte Lösegeld nach Deutschland.

Als dann Richard Löwenherz im Frühjahr 1194 für kurze Zeit nach England zurückkehrte, verzieh er seinem Bruder Johann. Dann machte er sich auf nach Frankreich, wo es galt, König Philipp August Paroli zu bieten. Denn dieser hatte die Zeit genutzt, um Burgen in der Normandie und in Aquitanien zu erobern. Folglich galt es, diese Verluste wieder wettzumachen und die Herrschaft zu festigen. Hierbei hinterließ Richard sein architektonisches Erbe mit dem Bau der stattlichen Burg Chateau Gaillard, an der normannische Grenze hoch über dem Seine-Tal gelegen. Sein Schicksal ereilte ihn allerdings bei der Belagerung der kleinen rebellischen Burg Chalus-Chabrol im Südwesten Frankreichs. Dort wurde er von einem Pfeil getroffen und schwer verletzt. Er starb am 6. April 1199 im Beisein Eleonores, zuvor hatte er Johann zu seinem Nachfolger bestimmt.

Johann Ohneland (engl. John Lackland, 1199–1216) konnte sich in Frankreich nur mühsam gegen Philipp II. August behaupten. Zu den militärischen Problemen kamen weiterhin die hohen Kosten der teuren Heerzüge, die in England bei einem ohnehin unbeliebten König auf Widerstand stießen. Der französische König bemühte sogar rechtliche Mittel, um seinen Konkurrenten zu schwächen: 1201 klagte er ihn vor einem Lehnsgericht wegen Vernachlässigung der Lehnspflicht an, was zum Entzug der Lehen führte. Zwei Jahre später zog sich Johann nach

England zurück. 1204 eroberte Philipp II. August sinnfällig Richards Feste Chateau Gaillard, kurz darauf fielen die Normandie und das Anjou an Frankreich. Ebenso erging es nach Eleonores Tod Aquitanien. Johann erkannte diese Verluste nicht an und versuchte erneut, in den französischen Gebieten Fuß zu fassen. Er fand im Welfenkaiser Otto IV. und in Flandern Verbündete, die Philipp II. August in die Knie zwingen wollten. Als dieser mit dem französischen Heer 1214 in der Schlacht von Bouvines einen deutlichen Sieg errang, war endgültig das Ende des angevinischen Großreichs gekommen.

7. Normannen in Süditalien

Süditalien

Vom nördlichen und westlichen Europa richtet sich unser Blick auf den mediterranen Süden – auf Süditalien, wo Normannen frühzeitig Fuß fassten, sich behaupteten und Könige eines außerordentlichen und von ihnen gegründeten Reiches wurden. Sie überbrückten dafür in recht kurzer Zeit eine Distanz, die sogar den umtriebigen Wikingern zur Ehre gereicht hätte. Dass ihnen dies gelang, lag in erster Linie an den politischen Verhältnissen Italiens. Mit dem Ende des Römischen Reiches war der Halbinsel eine länger währende Einheit verloren gegangen. Zuerst errichtete Theoderich der Große (493–526) sein Ostgotenreich mit der Hauptstadt Ravenna, das bald nach seinem Tod von den Heeren des oströmischen Kaisers Justinian (527–565) zurückerobert wurde. Aber die byzantinische Herrschaft über ganz Italien währte ihrerseits nur wenige Jahre. Denn 568 drangen die germanischen Langobarden in Norditalien ein und setzten sich insbesondere in der Poebene und der Toskana fest. Dort gründeten sie ein Königreich mit der Hauptstadt Pavia, während andere Langobardengruppen weiterzogen und die Herzogtümer Spoleto und Benevent in Mittel- bzw. Süditalien errichteten. Seitdem bildete sich eine germanisch geprägte Zone im Norden und eine überwiegend byzantinisch geprägte im Süden heraus. Dort – in Apulien, Kalabrien und Sizilien – hatte die Herrschaft des Kaisers in Konstantinopel über viele Jahrhunderte Bestand. Die heute noch empfundene Teilung Italiens in den Norden und Süden wurzelt unter anderem in diesen frühmittelalterlichen Machtverhältnissen.

Das 8. Jahrhundert brachte mit der Einflussnahme der fränkischen Karolinger tiefgreifende Veränderungen. König Pippin III. (751–768) gewährte dem Papst in der so genannten Pippinischen Schenkung die Eigentumsrechte über Gebiete Mittelitaliens (754). Obwohl deren Authentizität umstritten ist, bleibt doch festzuhalten, dass sie die Grundlage für den späteren Kirchenstaat legte. Damit war Italien im Großen und Ganzen dreigeteilt. 774 eroberte Pippins Sohn Karl der Große (768–814) das Langobardenreich und etablierte damit den dauerhaften Einfluss einer Macht von jenseits der Alpen (später sollten ihm die deutschen Könige und Kaiser folgen). Mit den muslimisch-arabischen Sarazenen entriss seit dem 9. Jahrhundert eine weitere außeritalienische Macht den Byzantinern die fruchtbare und als Kornkammer berühmte Insel Sizilien.

Aus all dem resulierte die politische Situation um das Jahr 1000, als erstmals normannische Ritter in Süditalien auftauchten: Die Lage dort darf als unübersichtlich charakterisiert werden, denn die langobardischen Herzogtümer hatten sich aufgespalten in Fürstentümer und Stadtstaaten wie Benevent, Capua, Salerno, Gaeta, Neapel, Amalfi und Sorrent. Mit mehr oder weniger großen Gebieten erhoben auch Byzanz und die Päpste, sogar die Sarazenen ihre Ansprüche. Aus dem Norden kamen die Herrscher des Heiligen Römischen Reiches hinzu, die sich in der Nachfolge des Imperium Romanum sahen und daraus Ansprüche auf ganz Italien einschließlich des Südens ableiteten. Erst 982 hatte Otto II. (973–983) in der Schlacht bei Cotrone eine herbe Niederlage gegen die Sarazenen hinnehmen und sich aus dem Süden zurückziehen müssen. Letztendlich konnte sich keine dieser Parteien entscheidend durchsetzen, was über Jahrzehnte zu wechselnden Bündnissen und kriegerischen Auseinandersetzungen führte. Diese über ein halbes Jahrtausend währende machtpolitische Gemengelage hatte Süditalien zu einem »Mosaik von Völkern, Kulturen und Religionen« (Houben 2012, 59) gemacht. Während Nord- und Mittelitalien vom römisch-katholischen Glauben und der romanischen Volkssprache als Nachfolgerin des Latein geprägt wurden, war der Süden kleinteilig angelegt. In Kampanien und dem größten Teil Apuliens schloss man sich den anderen italienischen Gebieten an; Südapulien und Kalabrien prägte hingegen der byzantische Einfluss, weshalb die griechische Sprache und der orthodoxe Glaube dominant waren. Im größten Teil Siziliens hatten eingewanderte Araber und Berber nebst arabisierten Einheimischen zur Vorherrschaft der arabischen Sprache und Kultur sowie des Islam geführt. Nur der Nordosten der Insel verblieb weiterhin der griechisch-orthodoxen Kultur, in den Städten kam außerdem jüdische Bevölkerung hinzu.

Normannen auf Pilgerschaft

Was die politischen Verhältnisse betraf, waren deren diverse Protagonisten stets an Verbündeten bzw. an Rittern oder Kämpfern interessiert. Die gab es in der Normandie und sie waren für ihre Kampfstärke bekannt. Einige Zufälle brachten sie mit Süditalien zusammen. Gegen das Jahr 1000 stieg unter den abendländischen Christen die Beliebtheit von Wallfahrten ins Heilige Land stark an. Einen Grund lieferte der bevorstehende Jahrtausendwechsel und die damit verbundene Angst vor dem Jüngsten Gericht. Pilger aus Nordeuropa zog es nach Jerusalem, aber auch zu den Apostelgräbern nach Rom oder in die Michaelsgrotte von Garganu in Apulien. Die übliche Route der Jerusalem-Pilger führte durch Italien, an dessen südlichstem Ende in Apulien man sich einschiffte. Bei dem, was wir von der wachsenden Frömmigkeit der normannischen Oberschicht in der Normandie gehört haben, verwundert es kaum, dass sich auch etliche nordfranzösische Ritter auf den langen und beschwerlichen Weg machten.

Dort lernten sie die Verhältnisse im Süden der Apeninnen-Halbinsel kennen. Der Chronist Amatus von Montecassino erwähnt in seiner *Normannengeschichte* (um 1076/78 lateinisch verfasst, französische Übersetzung nach 1300) das womöglich erste Auftreten der Normanni: »Vor dem Jahr 1000 nach Christus kamen 40 Pilger nach Salerno, das damals von Sarazenen belagert wurde und in einer so verzweifelten Lage war, dass es sich ergeben wollte. Die Stadt war bereits seit längerem den Sarazenen tributpflichtig, und jedes Mal, wenn sie mit der Zahlung des jährlichen Tributs im Rückstand war, kamen die Sarazenen mit ihren Schiffen und plünderten und töteten im Umland. Die Pilger aus der Normandie konnten es nicht dulden, dass Christen auf solch schändliche Weise von Sarazenen unterdrückt wurden. Sie gingen zu Fürst Waimar, der Salerno mit Gerechtigkeit regierte, und baten ihn um Waffen und Pferde, um gegen die Sarazenen zu kämpfen, und dies nicht wegen Geldes, sondern weil sie den Hochmut der Sarazenen nicht ertragen konnten.« (Zitat bei Houben 2012, 56). Und so versetzten die versierten Kämpfer den sarazenischen Truppen einige herbe Niederlagen. Obwohl sie der Fürst zu halten versuchte, machten sie sich wieder auf den Heimweg. Übrigens nicht ohne von Waimar reich beschenkt worden zu sein unter anderem mit den Wunderdingen der Mittelmeerwelt, nämlich »Zitronen, Mandeln, Konfekt-Nüsse, byzantinische Stoffe und vergoldete Gegenstände … um ihre Landsleute zu überzeugen, in den reichen Süden zu kommen, wo Milch und Honig fließen«. Es ist durchaus glaubhaft, dass im Jahr 999 Normannen als Pilger auf der Rückreise von Jerusalem in Salerno den Widerstand gegen die Sarazenen organisierten und dafür von Waimar III. von Salerno (994–1027) Waffen und Pferde gestellt bekamen. Zurückgekehrt wären sie dann mit der freundlichen Einladung, gegen die Muslime militärische Hilfe zu leisten und dafür fürstlich entlohnt zu werden. Danach hätte in diesem Jahr die normannische Intervention in Süditalien begonnen.

Sie verlief völlig anders als die spätere Invasion Englands: Denn während dort Herzog Wilhelm der Eroberer eine hochpolitische Staatsaktion leitete, waren seine Vorgänger am Geschehen in Süditalien nicht beteiligt. Ganz im Gegenteil handelte es sich offensichtlich um »einzeln handelnde kleine Gruppen normannischer Krieger, die als Pilger, politische Flüchtlinge oder Abenteurer dort ihr Glück suchten« (RGA 21, 2002, 361 ff.). Dem Mangel in Süditalien kam ein Überangebot normannischer Ritter entgegen. Insbesondere der niedere Adel der Normandie fühlte sich von den ihre Macht ausbauenden Herzögen geschwächt und drangsaliert. Dort machte es ja gerade die viel gerühmte Normannitas aus, dass ein starker Zentralstaat das Gewaltmonopol an sich zog und gegen adlige Fehden und Willkür rigoros vorging. Nicht wenige von denen, die dagegen verstießen, wurden des Landes verwiesen oder flüchteten vor der herzoglichen Strafe. Hinzu kam die Tatsache, dass die jüngeren Söhne beim Erbe zumeist leer ausgingen und weder Beschäftigung noch Einkommen hatten. Was sie allein beherrschten war das Kriegshandwerk (wir begegnen diesem Problem ein knappes

Jahrhundert später beim päpstlichen Aufruf zum 1. Kreuzzug). Da kam ihnen die Einladung nach Süditalien mehr als gelegen – zumal sie zum legitimen Krieg gegen Nichtchristen aufforderte. Da der Aufbruch diverser normannischer Kriegergruppen und anderer Nordfranzosen anscheinend ungesteuert und über mehrere Jahrzehnte verlief, fällt ein Überblick schwer. Spätere Chronisten wie Amatus von Montecassino, Wilhelm von Apulien und Chloricus berichten darüber Widersprüchliches. Klar scheint allenfalls, dass die Attraktivität Süditaliens die Angehörigen von Familien des unteren und mittleren Adels anlockte. Unter ihnen finden sich ganz unterschiedliche Schicksale, denn manche waren auf der Flucht aus der Heimat, die sie sogar zu den Sarazenen führte, andere erwarben Reichtum und kehrten in die Normandie zurück, wieder andere schlugen in Süditalien Wurzeln und begründeten dort neue dauerhafte Herrschaften – übrigens nicht selten gegeneinander kämpfend.

Söldner vieler Herren

Historisch greifbar werden als erste jene normannischen Ritter, die laut dem Chronisten Wilhelm von Apulien die Grotte des Erzengels Michael auf dem Monte Gargano in Nordapulien besuchten. Dort hätten sie Meles von Bari getroffen, der um ihre Hilfe gegen die Griechen (die Byzantiner also) gebeten habe. Besagter Meles († 1020) war in der Tat ein eifriger Feind der byzantinischen Herrschaft in seiner Heimat, der mit Unterstützung von Papst Benedikt VIII. und im Bündnis mit den langobardischen Herren mehrere Aufstände anzettelte. Denn in Bari und anderen Städten war man mit der Herrschaft Ostroms alles andere als zufrieden. Vor allem klagte man über viel zu hohe Steuern und Zölle und fühlte sich etwa gegenüber griechischen Kommunen oder Venedig ungerecht behandelt. Die erwähnte antibyzantinische Koalition (einschließlich des Papstes) rief im Jahr 1017 normannische Söldner zu Hilfe. Diese kamen und erwiesen sich mit ihrer Kampfstärke auch als erfolgreich. Bis es schließlich im Oktober des folgenden Jahres bei Cannae am Ofanto (Nordapulien) zur Entscheidungsschlacht kam. Dort siegten die zahlenmäßig überlegenen byzantinischen Truppen. Von den normannischen Söldnern dürften weniger als 100 überlebt und sich fortan bei anderen Herren verdingt haben. Byzanz hatte mit seinem überzeugenden Sieg seine Herrschaftsansprüche fürs erste unterstrichen und gefestigt. Meles floh zu Kaiser Heinrich II. (1002–1024) nach Bamberg und ersuchte um dessen Eingreifen. Bei diesem Aufenthalt verstarb er. Heinrich II. intervenierte 1022 tatsächlich in Süditalien und errang die Anerkennung der kaiserlichen Herrschaft in Capua, Benevent und Salerno. Der Versuch, die byzantinische Stadt Troia (Apulien) einzunehmen, scheiterte allerdings. Letztendlich blieben die süditalienischen Verhältnisse wie oben beschrieben. Aber die normannischen Söldner waren als neuer Faktor hinzugekommen. Denn die Niederlage von 1018 tat ihrem Ruf keinen Abbruch. Die Überlebenden bewiesen in anderen Diensten ihre Stärke und der Bedarf an ihnen blieb. Das sprach sich in der Normandie herum und immer neue Gruppen zogen in den Süden und boten allen Parteien ihre Waffendienste an. So stritten sie etwa für die langobardischen Fürsten von Benevent, Salerno und Capua untereinander und manchmal vereint gegen Byzanz.

Es folgte der Schritt von bunt zusammengewürfelten Söldnerhaufen zur ersten realen Normannenherrschaft in Süditalien. Ursächlich waren Kämpfe der Fürsten Pandulf IV. von Capua (Pandolfo IV, † 1049/50) und Sergius IV. von Neapel (Sergio IV, 1002–1036). Letzterer baute um 1030 die Siedlung Aversa nördlich von Neapel zur befestigten Stadt aus. Mit ihrer Herrschaft belehnte er den Normannen Rainulf Drengot, der 1030 der erste normannische Herrscher wurde (auch Ranulf, Graf von Aversa 1030–1045). Er stammte aus der Gegend von Rouen und war 1017 mit seinen Brüdern und etwa 250 anderen Kriegern nach Apulien gekommen und in Meles Dienste getreten. Rainulf hatte die Schlacht von Cannae überlebt und sich mehr als zehn Jahre im Dienste verschiedener Herrschaften verdingt. Indem er schließlich ein offizieller Lehnsmann des Fürsten von Neapel wurde, gelang ihm ein regelrechter Karrieresprung. Dieser wurde unterstrichen durch die Heirat mit Sergius' Schwester. Mit der Grafschaft Aversa entstand ein normannisches Staatsgebilde, dass weitere Krieger aus der Normandie anzog. Hier fanden sie einen ihnen vertrauten Fürsten und andere Normannen. Ihm konnte man dienen, von Aversa aus konnte man sich in Süditalien auch andernorts verdingen. Was seine Herrschaft betraf, verhielt sich Rainulf so wechselhaft wie ein Söldnerführer – der er ja etliche Jahre gewesen war. Nach dem Tod seiner ersten Frau nutzte er die Gelegenheit, mit einer neuen Heirat auch den Bündnispartner zu wechseln. Diesmal war es die Nichte von Fürst Pandulf von Capua, in dessen Dienste er nun trat.

Einige Jahre später wurde Fürst Waimar IV. von Salerno († 1052) sein Lehnsherr. 1038 intervenierte nämlich Kaiser Konrad II. (1024–1039) in Süditalien und griff in die Auseinandersetzungen der diversen Territorialherren ein. Letztlich zugunsten Rainulfs: Der Herrscher des Heiligen Römischen Reiches selbst setzte ihn als Graf ein. Zuvor hatte er Pandulf von Capua abgesetzt und Waimar IV. von Salerno deutlich gestärkt. Rainulf überstand diese Umbrüche und schließlich gelang ihm sogar, sein Herrschaftsgebiet um Capua und weitere Territorien deutlich zu arrondieren. Mit Aversa begann die eigentliche normannische Herrschaftsbildung in Süditalien, die sich nicht als einheitlicher Prozess darstellt, sondern in mehreren unterschiedlichen Phasen verlief. Weniger noch als in England kann im Süden von einer Masseneinwanderung gesprochen werden. Den ersten Keim dürften bekanntlich jene 250 Krieger gelegt haben, die 1017 gegen Byzanz antraten und von denen die meisten in der Schlacht den Tod fanden. Ihnen folgte nur langsam und regional unterschiedlich die Ansiedlung einiger hundert Ritter und weniger Frauen. Zur Mitte des Jahrhunderts wuchs diese Einwanderung an, aber wahrscheinlich zählte sie im Lauf des 11. Jahrhunderts nicht mehr als insgesamt 2500 Ritter. Diese »Nordmänner«, wie die Einwanderer auch in Italien bezeichnet wurden, besetzten fortan in den von ihnen beherrschten Gebieten Schlüsselpositionen. Wie in England und sogar in der heimischen Normandie die ursprünglichen Skandinavier stellten sie nur eine dünne Oberschicht, die über die große Mehrheit der romanischen und griechischen Bevölkerung Süditaliens herrschte.

Die Hautevilles erobern sich ein Reich

Die Diffusität normannischer Herrschaft blieb nicht von Dauer. Denn um das Jahr 1035 trafen die Söhne einer Familie ein, deren Nachkommen in einem knappen Jahrhundert die Herrschaft über ganz Süditalien an sich rissen und ein Königreich errichteten, das, wenn auch unter wechselnden Dynastien, bis 1861 bestand. Der Stammvater dieser bemerkenswerten Dynastie bzw. Sippe entstammte dem niederen Adel und hieß Tankred von Hauteville (frz. Tancrède de Hauteville, 980–1041). Er benannte sich mitsamt seinen Nachkommen nach Hauteville (italienisch: Altavilla), einer Ortschaft, die dem heutigen Dorf Hauteville-la-Guichard auf der Halbinsel Cotentin entsprechen dürfte. Von ihm selbst ist nur wenig bekannt, sein Großvater dürfte wenige Jahre nach Rollos »Staatsgründung« aus Skandinavien gekommen sein. Tankred allein hätte sich nicht nennenswert in die Annalen der Geschichte eingeschrieben, hätte er nicht mit seinen Ehefrauen Muriella und Fresendis insgesamt 12 Söhne und sieben Töchter gezeugt. Die waren für seine bescheidenen Ländereien (als Vasall des Herzogs musste er diesem 10 Ritter zur Verfügung stellen) entschieden zu zahlreich. Als er sich 1035 für einen einzigen Sohn als Erben entschied, gingen die anderen leer aus und mussten sich als Ritter in diverser Herren Dienste verdingen. Das war nun just in der Zeit, als bereits einige Normannen nach Süditalien gezogen waren und die Kunde von den guten Verdienstmöglichkeiten für Söldner nach Nordfrankreich gekommen war. Außerdem existierte wie geschildert mit der Grafschaft von Aversa des Rainulf Drengot ein normannisches Staatsgebilde, das als sicherer Brückenkopf für ankommende Normannen genutzt werden konnte. Dorthin brachen denn auch Mitte der 1030er-Jahre die beiden ältesten Hauteville-Brüder auf: Wilhelm Eisenarm (frz. Guillaume Bras-de-Fer, ital. Guglielmo Braccio di Ferro, vor 1010–1046) und Drogo (1010–1051). Sie traten in die Dienste Rainulfs, der wiederum Byzanz darin unterstützte, Sizilien von den Sarazenen zurückzuerobern. Sie setzten mit ihren Männern auf die Insel über und nahmen unter General Maniakes am Feldzug teil – übrigens gemeinsam mit skandinavischen Warägern, die in Konstantinopel Dienst taten.

Vielversprechende erste Erfolge sollen einen deutlichen Dämpfer erhalten haben, als sich die Normannen wegen eines Beutestreits zurückzogen. Daraufhin musste das byzantinische Heer Sizilien wieder verlassen.

Doch in Konstantinopel trat ein neuer Auftraggeber für Normannen in Erscheinung: Nachdem sich Maniakes 1042 zum Kaiser hatte ausrufen lassen, warb er Normannen für seine Dienste an, wo einzelne sogar in hohe Staatsämter aufrückten (vgl. Kap. 9). Die Hautevilles blieben jedoch in Rainulfs Diensten, kämpften nun gegen Byzanz und schlugen unter anderem einen probyzantinischen Aufstand in Apulien nieder. Die Bündnisse wechselten folglich in der oben beschriebenen Art und Weise. Allerdings taten sich die verschiedenen Normannengruppen zusammen und wählten Wilhelm Eisenarm 1042 in Melfi zu ihrem Anführer. Von Waimar IV. von Salerno (vgl. oben) wurde Wilhelm zum Grafen von Apulien ernannt (1043–1046). Dieses Bündnis unterstrich die Heirat Wilhelms mit der Nichte Waimars. Melfi entwickelte sich zum zweiten Mittelpunkt normannischer Herrschaft, von wo weitere Gebiete Süditaliens kontrolliert wurden. Nach Wilhelms Tod folgte ihm sein Bruder Drogo nach (1046–1051), der dann immerhin die Tochter Waimars IV. zur Ehefrau erhielt.

Eine weit wichtigere Aufwertung erfuhr die gesamte normannische Herrschaft durch Kaiser Heinrich III. (1039–1056). Dieser unternahm 1046 einen Romzug, um wie alle Jahre üblich in Italien Präsenz zu zeigen und die Dinge zu ordnen. Im folgenden Jahr zog er darum weiter nach Süden, wo er Waimars Macht einschränkte (statt Herzog war er nur noch Fürst). Rainulf II. bestätigte er hingegen als Graf von Aversa und Drogo als »Herzog und Herr Italiens und Graf der Normannen in ganz Apulien und Kalabrien« (RGA 21, 2002, 373). Die Normannenfürsten wurden somit als Lehnsmänner des Reiches legitimiert. Vor allem die Hautevilles blieben ein nun gestärkter Faktor zwischen den beiden Kaisern, dem des Heiligen Römischen Reiches und dem von Byzanz, und dem Papst. Etwa Papst Leo IX. musste sie als brandgefährliche Gegner insbesondere in Benevent zur Kenntnis nehmen. Hier sah er sich gezwungen, mit den Normannen zu verhandeln – ein dauerhafter Frieden war ihm allerdings nicht beschieden. Noch im August 1051 verhandelte Drogo persönlich mit dem Papst. Wenige Tage später wurde er ermordet. Der Normanne wurde ein Opfer der byzantinischen Rückeroberungsversuche, an deren Spitze Argyros, der Sohn des Meles von Bari stand. Drogo folgte sein jüngerer Bruder Humfred als Graf von Apulien (frz. Onfroi, ital. Umfredo, 1051–1057).

Robert Guiscard

Humfred stand bereits im Schatten eines weiteren Hautville-Bruders, der der zweiten Ehe Tankreds entstammte: Robert Guiscard (Roberto il Guiscardo »das Wiesel« im Sinne von »der Listige«, 1015–1085) hatte es offensichtlich noch 10 Jahre länger als die anderen in der Normandie ausgehalten; auch er ohne Land und Einkommensquelle, aber höchstwahrscheinlich geübt und erfahren durch die Unruhen und Kämpfe unter dem jungen Herzog Wilhelm (vgl. Kap. 4). Gegen 1047 zog es auch ihn nach Süditalien. Damit begann eine Karriere, die ihn letztlich zum mächtigsten Normannen dort machte und dem Land wachsende Einheit bescherte. Sein Halbbruder Drogo mag die ehrgeizigen Ambitionen des Jüngeren geahnt haben. Jedenfalls verlieh er ihm kein ansehnliches Lehen, sondern schob ihn auf eine Burg in Nordkalabrien ab. Diese Burg Scribla war allerdings nicht mehr als eine dürftige hölzerne Motte, die nördlich von Cosenza inmitten eines malariaverseuchten Sumpfes lag. Ohne weitere Hilfe des Bruders versammelte Robert Guiscard etwa 60 Männer unter sich, darunter auch etliche Slawen, und führte anfangs das Leben eines »Räuberhauptmanns« (Houben 2012, 63). Bald schon verbesserte er seine Situation ganz erheblich. Ihm gelang nämlich, das höher gelegene und damit angenehmere San Marco Argentano in Kalabrien zu seinem Sitz zu machen und dort einen soliden steinernen Wehrturm zu errichten. Außerdem tat er sich mit dem normannischen Anführer Girard von Buonalbergo (Gerardo di Buonalbergo, bei Benevent, † 1086) zusammen und heiratete dessen noch junge Tante Alberada (um 1135 – ca. 1111). Deren Mitgift umfasste immerhin 200 Ritter und brachte Robert damit in eine recht komfortable Situation. In der

Zwischenzeit führte er Drogos Auftrag aus, dessen Erfüllung auch in seinem Sinne lag, und eroberte weitere Gebiete Kalabriens. Dabei erwarb er den Schreckensruf eines brutalen Kriegsherrn, der vor kaum einer Grausamkeit zurückschreckte.

Derweil trieb Reformpapst Leo IX. (1049–1054) seine aktive Italienpolitik weiter voran. Dabei waren ihm bekanntlich die Normannen ein Dorn im Auge, denen er sich in Benevent entgegenstellte. Doch die päpstliche Streitmacht schien gegen die Normannen zu schwach, weswegen ein Bündnis mit dem Heiligen Römischen Reich und Byzanz angestrebt wurde – was bei den Konflikten zwischen den gewünschten Bündnispartnern schwierig genug war. Zur militärischen Konfrontation kam es schließlich im Juni 1053. Der Papst hatte letztendlich vergebens auf die Hilfe des deutschen Kaisers gehofft. Immerhin verblieben ihm ein paar hundert Ritter aus Schwaben, dazu einige tausend Männer aus Süditalien. Noch hatten sie sich nicht mit den verbündeten Byzantinern vereinigt, als sie bei Civitate in Apulien auf das normannische Heer stießen. Dieses umfasste nur wenige tausend Männer und war zahlenmäßig den päpstlichen Truppen unterlegen. Doch die Normannen unter dem Befehl von Richard von Aversa, Humfred von Hauteville und Robert Guiscard machten diese Schwäche durch ihre Reiterattacken wett. Dabei tat sich der Überlieferung nach der Newcomer Robert besonders hervor und erwarb ersten Ruhm. Dazu hat auch die Schilderung des Chronisten Wilhelm von Apulien beigetragen, der den Normannen als Helden besingt, aber auch bemerkenswert realistisch ist: »Als Robert sah, dass die Feinde seinen Bruder hartnäckig bedrängten, stürzte er sich mit ungestümer Kühnheit auf die Feinde. Die einen durchbohrt er mit der Lanze, die anderen haut er mit dem Schwert zusammen … Dreimal vom Pferd geworfen, raffte er sich dreimal wieder auf und kehrte hitziger in den Kampf zurück. Raserei selbst treibt ihn an. So wie der Löwe, wenn er brüllend Tiere von geringerer Stärke wild angreift, rasend wird, wenn er auf Widerstand stößt, richtet sich seine Wut mehr noch gegen größere. Nun schont er nichts mehr … Den einen haut er die Füße ab, den anderen die Hände, diesem trennt er das Haupt vom Rumpf, jenem zerschneidet er Bauch und Brust, einem anderen durchbohrt er die Rippen, nachdem er ihm den Kopf abgeschlagen hat ... Keiner in dieser Schlacht ... hat als Sieger oder Besiegter so gewaltige Schläge ausgeteilt.« (Zitat aus Bünemann 1997, 22). Und so endete die Schlacht mit einem deutlichen Sieg der Normannen, der den Wendepunkt für deren Macht in Süditalien darstellte. Papst Leo IX. geriet sogar in Gefangenschaft und wurde erst nach 9 Monaten entlassen. Die von den Normannen geforderte Übereinkunft verweigerte er trotzdem. Das Papsttum blieb als politischer Faktor dauerhaft geschwächt. Robert Guiscard wurde 1057 als Nachfolger seines Bruders Humfred Graf von Apulien und kehrte nach Melfi zurück. Ein weiteres Mal festigte er seine Stellung durch eine Heirat. Die Ehe mit Alberada, immerhin Mutter seines Sohnes Bohemund (vgl. Kap. 9), ließ er für ungültig erklären. Stattdessen schloss er eine Allianz mit Fürst Gisulf II. von Salerno (1052–1077) und ehelichte dessen Schwester Sikelgaita (1040–1090).

Während in dieser Zeit das Kaisertum des Heiligen Römischen Reiches wegen der Regentschaftsauseinandersetzungen um den unmündigen Heinrich IV. (*1050, 1056–1105) geschwächt war, betrieben die Päpste umso intensiver ihre Politik. Und die suchte nach der weltgeschichtlichen Kirchentrennung vom orthodoxen Byzanz (1054) neue Verbündete. Da man die Stärke der Normannen leidvoll kennen gelernt hatte, boten sich diese als Partner an. Erste Hilfe erhielt Papst Nikolaus II. (1058–1061) von dem normannischen Grafen Richard von Aversa (1049–1078) gegen seinen Konkurrenten Benedikt X. durch 300 Ritter. Auf der Reformsynode von Melfi (1159) bemühten sich vor allem Kardinal Hildebrand (der spätere Papst Gregor VII.) und der Abt Desiderius von Montecassino um ein stabiles Bündnis mit den Normannen. Und so kam es denn auch: Der Papst erkannte die normannischen Eroberungen an und bestätigte Richard von Aversa als Fürst von Capua. Sie erkannten wiederum Nikolaus II. als ihren Lehnsherrn an – ungeachtet bestehender Lehnsverhältnisse mit dem deutschen Kaiser – und empfingen ihre sämtlichen Gebiete als sie legitimierende Lehen. Robert Guiscard erhielt sogar die Herzogswürde über das noch den Sarazenen zu entreißende Sizilien und durfte sich damit »Herzog von Apulien, von Kalabrien und mit Hilfe Gottes und des heiligen Petrus in Zukunft von Sizilien« (Houben 2012, 66) nennen. Sein erhalten gebliebener Vasalleneid gegenüber dem Papst begann mit den Worten: »Ich, Robert, durch Gottes und des heiligen Petrus Gnade Herzog von Apulien und Kalabrien und mit beider Hilfe zukünftiger Herzog von Sizilien werde von dieser Stunde an und fernerhin der heiligen römischen Kirche und dem apostolischen Stuhl und Dir, meinem Herrn, Papst Nikolaus, treu sein …« (Zitat aus Bünemann 1997, 38; leicht bearbeitet).

Mit dieser politischen Übereinkunft verbanden beide Seiten kirchliche Angelegenheiten: Der Papst hoffte, die angestrebten Kirchenreformen durchzusetzen, also insbesondere den Zölibat und das Verbot der Simonie. Die Normannen wiederum verhielten sich grundsätzlich so kirchenfreundlich wie in ihrem Mutterland. Ihre Machterweiterung wurde von einer Fülle kirchlicher Stiftungen flankiert. Dementsprechend weihte Nikolaus II. das von diesen gegründete Hauskloster der Hautevilles in Venosa (Region Basilikata zwischen Apulien und Kalabrien, Abtei der Heiligen Dreifaltigkeit, Abbazia della Santissima Trinità). Wertschätzung der Normannen zeigte auch Abt Desiderius von Montecassino (1058–1087), der in seinem weithin berühmten Benediktinerkloster Fürst Richard von Aversa und Capua »wie einen König« (Houben 2012, 66) empfing und dafür Schutz und Schenkungen erhielt. Die normannisch-päpstliche Allianz legitimierte endgültig die Herrschaft der Adligen aus Nordfrankreich und schuf Süditalien als neue politische Einheit.

Das normannische Süditalien

Dieses Bündnis war jedoch nicht dauerhaft stabil und den zeitüblichen Schwankungen unterworfen. Dafür bot insbesondere die auf weiteren Machtausbau angelegte Politik Robert Guiscards immer wieder Anlass. Einen neuen Verbündeten gewann er mit der Ankunft seines jüngsten Bruders Roger (um 1056), der damals Mitte Zwanzig war. Gemeinsam kämpften sie in Kalabrien und anderen Gebieten, in denen es zu Unruhen aller Art kam. Bald darauf nahmen sie Reggio Calabria ein, um von dort den päpstlichen Auftrag zu erfüllen: den Heidenkampf in Sizilien. Er begann mit der Einnahme Messinas 1061, das von nun an als normannischer Brückenkopf in Sizilien diente. Robert überließ seinem Bruder den Titel eines Grafen von Sizilien und zog sich auf das Festland zurück. Allerdings beteiligte er sich immer wieder an den 30 Jahre währenden Kämpfen, bis die Sarazenen besiegt bzw. vertrieben waren (vgl. Kap. 8). Ab und an kam es zu Zerwürfnissen unter den Brüdern, aber letztendlich nahm eine Entwicklung ihren Lauf, die zu einem vereinten Süditalien unter normannischer Herrschaft führen sollte. Für Robert Guiscard spielte dabei das Heer eine ganz herausragende Rolle. Nicht zuletzt deshalb unternahm er mehrmals Feldzüge oder kleinere militärische Aktionen in die Campagna und die Abruzzen, was ihn in die Nähe des Kirchstaates führte und folglich den Argwohn des Papstes weckte. Mit Gregor VII. (1073–1085) war dies ein streitbarer Mann, der sich nicht nur im Investiturstreit mit dem jungen deutschen Herrscher Heinrich IV. anlegte, sondern auch Robert Guiscard in die Schranken weisen wollte. Immerhin fand der Papst Unterstützung in Fürst Landulf VI. von Benevent (1059–1077), das er diesem als Lehen vergab, und Richard von Capua, was zu dessen Zerwürfnis mit Robert Guiscard führte. Als sich dieser nicht beirren ließ und weiterhin wenig Respekt gegenüber Kirchenbesitz zeigte, griff Gregor zum letzten Mittel: 1074 exkommunizierte er auf einer Synode den Normannenherzog. Aber wie so häufig verfing auch hier dieses päpstliche Machtmittel nicht – ebenso blieben später Exkommunikationen Roberts stets wirkungslos. Er blieb weiterhin Herzog, dem die meisten Gefolgsleute laut ihrem geleisteten Treueid folgten. Robert Guiscard schien sich hingegen so sicher zu fühlen, dass er zwei Jahre später das Angebot Heinrichs IV. ablehnte, dessen Vasall zu werden. Der Normanne war bekanntlich auf Sizilien präsent. Zudem war es ihm gelungen, die Byzantiner in Süditalien immer weiter zurückzudrängen, was im April 1071 nach fast dreijähriger Belagerung in der Einnahme des letzten byzantinischen Stützpunktes Bari gipfelte. Mit der Eroberung von Salerno 1077 hielt Robert zudem die Kontrolle über die langobardischen Herrschaften. Wie wenig ihn verwandtschaftliche Beziehungen hinderten, zeigt sich daran, dass er damit seinem Schwager Gisulf die Herrschaft raubte.

Dies alles bot Papst Gregor VII. genug Grund, seine bisherige antinormannische Politik zu überdenken – zumal er im Streit mit dem Kaiser den Kürzeren zog und 1080 von einer Mainzer Synode für abgesetzt erklärt wurde. Hilfe erhoffte er sich in dieser Situation offensichtlich nur noch von Robert Guiscard, zumal sich dieser längst wieder mit Richard von Capua ausgesöhnt hatte. Der Papst hob seine Exkommunikation auf, und noch im Jahr 1080 leistete Robert ihm in Ceprano im Latium den Vasalleneid. Trotzdem sollte Gregor kein Glück mit seinen neuen Vasallen bzw. Verbündeten haben.

Seine Auseinandersetzungen mit dem deutschen Kaiser eskalierten, was diesen zu mehreren Heerzügen nach Rom veranlasste. Nicht selten erbat der Papst von Robert inständig Hilfe. 1083 schließlich setzte sich das Heer Heinrichs IV. in Rom fest. Dabei erfuhr es die Sympathie der Bevölkerung, die dem Papst feindlich gesonnen war. Diesem blieb nichts anderes übrig, als sich in der Engelsburg zu verschanzen, also jenem ursprünglich kaiserlichen Mausoleum, das die Päpste zu einem Kastel mitten in der Stadt ausbauten. Von dort rief Gregor die Normannen erneut um Hilfe – diesmal mit Erfolg. Robert Guiscard war vorher einer kleineren kaiserlichen Militärexpedition in den Süden ausgewichen und näherte sich nun mit einem großen Heer Rom. Der Kaiser zog sich daraufhin rasch zurück, sodass die Normannen ungehindert Ende Mai 1084 in der »Ewigen Stadt« einziehen konnten. Damit befreiten sie Gregor VII. aus seiner misslichen Lage, provozierten aber zugleich einen Aufstand der Bevölkerung. Gegen die normannischen Kriegerscharen hatten die Römer jedoch keine Chance: So endete das Ganze in Plünderungen und der Zerstörung eines Großteils der Stadt. Der Papst sah nach diesen Untaten seiner Verbündeten keine andere Möglichkeit, als sich unter deren Schutz zu stellen und ins Exil nach Salerno zu gehen – dort starb er im folgenden Jahr.

Robert Guiscards Dominanz über die anderen Normannengrafen stand damals schon seit Jahren fest. Gleichwohl musste er immer wieder in Kalabrien und Apulien mit Aufständen fertig werden, die nicht selten von Byzanz unterstützt wurden. Daran änderte auch dessen Verlust Baris nichts und die damit verbundene geringere Einflussnahme in Italien. Einen schweren

Schlag erfuhr die byzantinische Macht allerdings durch die katastrophale Niederlage bei Manzikert 1071 gegen die türkischen Seldschuken. Einen ganz persönlichen Ausdruck fand diese Niederlage in der Gefangennahme des Kaisers Romanos IV. Diogenes (1068–1071). Während die Seldschuken sich dauerhaft in Anatolien festsetzten, fand Romanos beim Sultan Gnade und wurde gegen einen Friedensvertrag und Lösegeld freigelassen. Anders in Konstantinopel: Dort fiel er einem Putsch zum Opfer, wurde gefangengenommen und gefoltert, was ihm schließlich den Tod brachte. Das ruhmreiche Byzanz befand sich damit innen- wie außenpolitisch in der Krise. Der neue Machthaber Michael VII. Dukas (1071–1078) musste sich nach allen Seiten mühsam bewähren und fiel dann selbst einem Putsch zum Opfer – konnte allerdings den Rest seines Lebens im Kloster verbringen.

Zu dieser Zeit kam Robert Guiscard ins Spiel und verlieh damit normannischer Machtpolitik eine neue Dimension. Er wollte in Byzanz zugunsten des abgesetzten Michael VII. intervenieren und erhielt dafür sogar die Unterstützung des Papstes. Der Herzog aus Süditalien hatte Argumente, die im Zeitalter des Feudalismus schlagendes Gewicht hatten: Er war mit dem Kaiserhaus in Byzanz verwandt. 1074 hatten beide Mächte nämlich ein Heiratsbündnis geschlossen: Robert Guiscards Tochter Olympias war unter dem Namen Helena mit dem Kaisersohn verlobt worden. Aus dieser Verlobung wurde nichts, weil der kleine Konstantin (später Konstantin Dukas Porphyrogennetos (1074 – ca. 1095), der nur Mitkaiser und Kronprinz blieb) noch in Windeln lag. Gleichwohl nutzte Robert die lockere Verwandtschaft für seine weiterreichenden Ambitionen. Dabei sei dahingestellt, ob er im byzantinischen Machtspiel einen Teil für sich gewinnen wollte, ob er seinem Sohn Bohemund Land erobern wollte oder ob er gar selber die Kaiserwürde in Konstantinopel im Auge hatte. Historische Tatsache blieb ein Netz von Verstrickungen über von Byzanz unterstützten Verschwörungen und Konkurrenz mit dessen Verbündeten Venedig bis hin zur großangelegten politischen Einflussnahme. Für letzteres sprach immerhin die Tatsache, dass Robert in Apulien einen Hochstapler als abgesetzten Kaiser Michael präsentierte. Gleichzeitig setzte Robert handfeste Mittel ein, indem er die Adria überquerte und auf dem Balkan und in Nordgriechenland gegen die Byzantiner vorging. Die Kämpfe gipfelten im Oktober 1081 in der Schlacht vor Dyrrhachion (Durres, Albanien), wo die normannischen Ritter über die Byzantiner siegten. Im folgenden Jahr wurde die Stadt Dyrrhachion eingenommen, Korfu hatte man bereits vorher erobert.

Kurz davor hatte ein neuerlicher Staatsstreich zur Thronbesteigung durch Alexios I. Komnenos (1081–1118) geführt, der gewillt war, das Kaisertum zu stärken. So griff er stärker auf Venedig als Verbündeten zurück, warb sogar seldschukische Bogenschützen für das kaiserliche Heer an und setzte Waräger in der Schlacht vor Dyrrhachion ein, was allerdings die Niederlage nicht verhindern konnte. Auf Dauer waren die albanisch-griechischen Eroberungen der Normannen allerdings nicht zu halten. 1082 kehrte Robert nach Apulien zurück (Byzanz schürte dort sogar unter normannischen Grafen Unruhe), ein Jahr später folgte ihm Bohemund. Im Oktober 1084 überquerte Robert Guiscard ein weiteres Mal die Adria und eroberte erneut die Insel Korfu. Aber dieses Unternehmen stand unter keinem guten Stern: Im Winterlager bei Vonitsa (Westgriechenland) brach eine Epidemie aus, die 500 normannischen Rittern das Leben kostete und das Heer entscheidend schwächte. Bohemund kehrte krank nach Italien zurück, während sein Vater Robert auf der Insel Kefalonia blieb. Dort starb er am 17. Juli 1085. Damit war der zweite Feldzug gescheitert und die Normannen zogen sich endgültig nach Apulien zurück. Robert Guiscard fand seine letzte Ruhe in der Klosterkirche zur Allerheiligsten Dreifaltigkeit in Venosa (vgl. oben). Seine Witwe ließ ihm eine Grabschrift setzen, in der unter anderem zu lesen ist: »Hier ruht Guiscard, der Schrecken der Welt« (Rowley 2003, 133).

In der Tat steht dieser Hauteville-Sohn wie kein anderer für Abenteurertum gepaart mit Ehrgeiz und Rücksichtslosigkeit. Historisch bedeutender sind seine Erfolge in Süditalien, die die Normannen zu einer entscheidenden Macht dieser Region machten. Aus seinen zwei Ehen gingen 4 Söhne und 7 Töchter hervor, von denen letztlich nur Bohemund und Roger Borsa gewichtig in der normannischen Geschichte mitwirkten. Bohemund konnte sich nach dem Tod seines Vaters nicht durchsetzen und nahm später am 1. Kreuzzug teil. Sein 24jähriger Halbbruder Roger Borsa (1085–1111; den Beinamen »Börse« soll ihm der Vater gegeben haben, weil er gern im Geldbeutel die Münzen zählte, Plassmann 2008, 124) heiratete mit Adela von Flandern eine Adlige der nordfranzösischen Heimat. Rogers Regierungsjahre ließen sich mit denen Robert Guiscards nicht vergleichen. Bestenfalls gelang ihm der Erhalt des Status quo. Sein ebenso eher unauffälliger Sohn Wilhelm II. (Guglielmo II, 1111–1127) folgte ihm auf den Thron. Und er traf dann gegen Ende seines Lebens eine schwerwiegende Entscheidung: Da er keinen Erbfolger hatte, ernannte er 1125 seinen Onkel Roger II. von Sizilien zum Erben des Herzogtums Apulien. Damit legte er den Grund für eine einzige Normannenherrschaft über ganz Süditalien und Sizilien.

8. Das Königreich Sizilien

Sizilien

Ihren Höhepunkt erreichte die Normannenherrschaft in Süditalien auf Sizilien, das schließlich Ausgang eines einzigartig geeinten Reiches wurde. Die Mittelmeerinsel nahm seit der Antike eine Sonderrolle ein, die sie zu einem Schmelztiegel der Kulturen machte. Denn zentrale Lage und Fruchtbarkeit brachten Phönizier, Griechen sowie Karthager hierhin, wo Rom schließlich eine einträgliche Provinz begründete. Nach dem Ende des Imperium Romanum und insbesondere des Weströmischen Reiches (476) gehörte Sizilien für wenige Jahrzehnte zu Theoderichs Ostgotenreich, bis es 535 von den Truppen des oströmischen Kaisers in Konstantinopel erobert wurde. Seit dem 8. Jahrhundert mehrten sich dann Raubzüge der neuen arabischen Großmacht in Nordafrika. 826 folgte mit Marsala, an der westlichen Inselspitze und nur 140 km vom heutigen Tunesien entfernt, die erste arabische Stadtgründung. Araber und Berber unterwarfen sich in der Folge den Großteil der Insel mit dem Zentrum Palermo – nur im Nordosten konnte sich Byzanz halbwegs behaupten. Die neuen Herrscher brachten ihre bewährten Bewässerungssysteme mit und eine Reihe von Kulturpflanzen (Zitronen- und Orangenbäume, Dattelpalmen, Pistazien sowie Maulbeerbäume für die Seidenraupenzucht), die für die Abendländer nun den besonderen Zauber der Insel ausmachten. Außerdem trug das Gold des Mittelmeerhandels zum Reichtum Siziliens bei. Selbstredend wirkte sich die arabische Herrschaft auch auf die Religion aus und führte dazu, dass durch Einwanderung und Konversion um 1050 zwei Drittel der Einwohner Muslime waren. Allein im byzantinischen Nordosten verblieben Christen des griechisch-orthodoxen Glaubens. Dieser stark muslimisch geprägte Süden Italiens gehörte zum Kalifat der Fatimiden, deren Herrschaft vom Maghreb über Ägypten bis nach Syrien reichte. Doch seit 948 waren die hier regierenden Emire der Kalbiden praktisch selbständig. Streitigkeiten innerhalb dieser Dynastie führten schließlich zum Zerfall ihrer Herrschaft in kleine sich befehdende lokale Herrschaftsgebiete.

Die Eroberung Siziliens

Diese Situation weckte die Aufmerksamkeit des Papstes und von Byzanz. Während sich der Erste eine Rückgewinnung für den katholischen Glauben erhoffte, trugen sich die Oströmer mit dem Gedanken einer Rückeroberung ihrer alten Provinz. Hier kamen die Normannen ins Spiel, deren Ritter bekanntlich am erfolglosen byzantinischen Feldzug vor 1040 beteiligt waren (vgl. Kap. 7). Zwanzig Jahre später fand sich mit Roger der jüngste der Hauteville-Brüder in Süditalien, dessen Interesse für Sizilien schon bald geweckt wurde. Immerhin hatte er als Folge der inneritalienischen Kämpfe Syrakus und Catania erobert und sich einen Namen gemacht, als der arabische Lokalherrscher Ibn al-Thumna († 1062) ihn um Hilfe in den sizilianischen Fehden anging. Diese Chance nutzten die Hauteville-Brüder Robert Guiscard und Roger, um an der Meerenge mit ihren Kämpfern im Sommer 1061 nach Sizilien überzusetzen. Der Angriff war erfolgreich und führte zur Eroberung der Festung Rometta bei Messina – dem ersten normannischen Brückenkopf. Dabei blieb es vorerst, da Robert aufs Festland zurückkehrte und Roger sich für größere Militäraktionen nicht stark genug fühlte. Dies hielt ihn allerdings nicht von Plünderungszügen ins Inselinnere ab. Wie stark bei ihm die Anteile eines christlichen Missionsgedankens und weltlicher Spekulationen auf Macht und Reichtum waren, sei dahingestellt. Eine historiographische Quelle unterstellt ihm beide Motive: »Roger überlegte sich, dass er auf zwei Arten Gewinn von der Eroberung Siziliens haben könnte, also sowohl für seine Seele als auch für seinen Körper. Wenn er zum einen das Land für die göttliche Verehrung zurückfordern könnte, das den falschen Idolen diente und zum anderen – sozusagen in weltlicher Hinsicht – sich die Früchte und ein Einkommen des Landes sichern könnte, das von einem Volk besetzt wurde, das Gott zuwider war, und sie in den Dienst Gottes stellen könnte.« (Register Gregors, zitiert bei Plassmann 2008, 116. Zitat ergänzt).

In den nächsten Jahren und Jahrzehnten betrieben die beiden Hauteville-Brüder trotz mancher Differenzen und Streitigkeiten fortwährend die Eroberung Siziliens. Das familiäre Bündnis folgte insofern einer geregelten Hierarchie, als Roger als Graf von Sizilien der Vasall Robert Guiscards war und ihn gegebenenfalls durch Hilfsleistungen gegen Aufstände in Kalabrien und Apulien unterstützen musste. Gemeinsame Unternehmungen gegen die arabischen Fürsten führten hingegen zu mehreren Siegen: so etwa 1163 bei Cerami, was der zeitgenössische normannischer Chronist Gaufredus Malaterra wie folgt schildert: »Über und über mit Beute beladen, nahmen die Normannen jetzt die Zelte der Mohammedaner in Beschlag, nahmen ihre Kamele und alles, was sie nur finden konnten.« (Rowley 2003, 147 f.). Die zumindest geistliche Unterstützung des Papstes fand ihren Ausdruck in der Übergabe eines geweihten Banners. Militärische Unterstützung durch andere italienische Mächte wie etwa Pisa und Genua erhielt Roger nicht. Er verließ sich mehr oder weniger auf die Hilfe Robert Guiscards. Und die führte immerhin auch nach 1063 zu mehreren Siegen über die Araber. Dabei kam den Normannen zugute, dass die zerstrittenen Muslime keinen gemeinsamen Widerstand zuwege brachten. Mit der steigenden Einnahme von Festungen gewann Roger immer mehr Stützpunkte, von denen aus seine Truppen operierten und wo man arabische Gegenschläge abwehren konnte.

Die langwierige Eroberung Siziliens erreichte schließlich 1072 mit der Einnahme Palermos ihren Höhepunkt. Nach der Einnahme des byzantinischen Bari im April 1071 (vgl. Kap. 7) richtete sich die Aufmerksamkeit der Hautvilles zentral auf Sizilien, und sie starteten einen dritten gemeinsamen Feldzug, dessen Ziel Palermo war. Der Bedeutung und Größe der Stadt angemessen – mutmaßlich zählte sie 50.000 Einwohner – versuchte man sich erstmals mit einem Doppelangriff vom Land und von der See: Roger zog durchs Landesinnere, während Robert Guiscard mit der Flotte an der Nordküste entlangfuhr. Insgesamt dürfte das normannische Belagerungsheer nicht mehr als 4000–5000 Krieger (Bünemann 1997, 64 ff.) umfasst haben, die sich an der gut gesicherten und starken Außenmauer der Stadt versuchten. Was auch immer man unternahm – den Einsatz von

Sturmleitern, Schleuderern, Bogenschützen und Reitern: Mauern und Stadttore hielten stand. Deshalb versuchten die Normannen die Bevölkerung auszuhungern, was durchaus Wirkung zeigte. Der Chronist Amatus erwähnt eine »große Hungersnot«: »Und andererseits gab es wegen der nicht begrabenen Toten Seuchen und Sterblichkeit, von der viele ... geschlagen wurden.« (Zitat bei Bünemann 1997, 72). Aber es nutzte alles nichts und die Hautevilles mussten sich sogar Ausfällen und eines Flottenangriffs nordafrikanischer Muslime erwehren. Da griff man schließlich zu einer Kriegslist: Während Roger weiterhin die Erstürmung der Altstadt vortäuschte, führte Robert einen Überraschungsangriff auf die weniger kompakten und schwächer geschützten Mauern der Neustadt. Ihm und seinen Kriegern gelang es im Januar 1072 tatsächlich, in Palermo einzudringen. Anschließend kam es dort zu erbitterten Straßenkämpfen und Plünderungen. Allerdings war damit die Altstadt noch nicht genommen. Dort verschanzte man sich weiterhin und diskutierte, wie nun zu verfahren sei. Man entschied sich schließlich für Verhandlungen mit den Normannen. Was angesichts der vorhergehenden durchaus brutalen Kämpfe überraschen mag: Nach wenigen Tagen des Waffenstillstands und der Verhandlungen entschied man sich für die Übergabe der Stadt. Die muslimischen Bewohner stellten jedoch als Bedingungen, dass der Koran unter christlicher Herrschaft geachtet und gültig sein sollte und dass keine ungerechten Gesetze ihnen gegenüber erlassen werden sollten. Damit erklärten sich Robert und Roger im Großen und Ganzen einverstanden: Sie gewährten die freie Religionsausübung und eine unabhängige Rechtsprechung, forderten aber im Gegenzug die Anerkennung ihrer Oberherrschaft und die Tributpflicht der Einwohner. Dies führte als unmittelbare Folge zum Einzug erheblicher Kontributionen, zur Stationierung einer ständigen normannischen Garnison (Becker 2008, 56 ff.) und zur Einsetzung eines Statthalters mit der dem Arabischen entlehnten Bezeichnung Amiratus »Emir«. Dazu verlangte man die Rückgabe der alten Marienbasilika, die über Jahrhunderte als Moschee gedient hatte und nun entsühnt und neu eingesegnet wurde. Offensichtlich arbeitete die palermitanische Münzstätte äußerst rasch mit den neuen Herren zusammen;

denn wenige Monate bzw. Wochen nach der Eroberung prägte sie Golddinare mit dem Namen Roberts als Münzherrn.

An den formalen Machtverhältnissen änderte sich vorerst nichts: Robert blieb als Herzog von Apulien auch Herrscher und oberster Lehnsherr von Graf Roger (Ruggero I 1061–1101), der seit 1172 die faktische Herrschaft über Sizilien innehatte. Zweierlei schränkte seine Macht erheblich ein: Robert Guiscard behielt auf der Insel Palermo, Messina und das Val Demone im Nordosten unter Kontrolle. Des weiteren war der muslimische Widerstand noch lange nicht gebrochen. Insbesondere die Emire von Syrakus und Enna dachten nicht daran, sich den Normannen zu unterwerfen. Darum ging auch nach der Eroberung Palermos der Kleinkrieg noch 20 Jahre weiter. Erst 1091 schloss die Einnahme der Stadt Noto (im Südosten bei Syrakus) die Eroberung Siziliens ab, ebenso fielen die benachbarten Inseln Malta und Gozo an die Normannen.

Die normannische Herrschaft

Als Roger die muslimischen Emire endgültig besiegt hatte, fiel Sizilien ganz und bindungslos in seine Hand. Denn nach dem Tod Robert Guiscards (1085) verloren die Herzöge an Autorität und Roger verfügte über weit mehr Macht (vgl. unten). Diese und sein Ansehen baute er mit seiner Heiratspolitik erheblich aus, die den Grafen von der Mittelmeerinsel mit ganz Europa vernetzte. Roger hatte reichlich Nachkommen – 17 Kinder aus insgesamt drei Ehen – darunter auch uneheliche. Bereits 1076 verstarb seine Ehefrau Judith, eine Tochter des Grafen Wilhelm von Évreux in der Normandie. Auch seine zweite Frau Eremberga († 1087) überlebte er. Sie war die Tochter des Grafen Robert von Mortain (1049–1095), einem Teilnehmer der Schlacht von Hastings, der unter Wilhelm dem Eroberer zu einem der einflussreichsten Landbesitzer Englands und der Normandie wurde. Stehen diese beiden Ehen für die Verbindung mit dem Herkunftsland der Normandie, verdeutlicht die 1089 vollzogene Vermählung mit Adelheid del Vasto (Adelaide, Adelasia del Vasto, 1072–1118), die angestrebte Vernetzung mit dem italienischen

Umfeld. Als Tochter des Markgrafen Manfred I. von Savona († 1079) entstammte sie einem im norditalienischen Ligurien beheimateten Adelsgeschlecht. Wie gelegen Roger an engeren Familienverbindungen zu diesen Aleramiden war, belegen mehrere Verlobungen und Heiraten seiner Kinder aus den ersten beiden Ehen mit Verwandten Adelheids.

Diese Beziehungen führten zudem zu einer verstärkten Einwanderung von Norditalienern. Aus den anderen Verbindungen seien beispielhaft ausgewählt: Mathilde († vor 1094) wurde mit Raimund IV., dem späteren Graf von Toulouse (1094–1105) vermählt, einem unter anderem in Spanien umtriebigen Kreuzritter, der mehrere Ehen führte und sich von ihr alsbald trennte. Felizia († 1102) avancierte als Gattin König Kolomans (1095–1116) zur Herrscherin von Ungarn. Muriella († 1119) heiratete mit Gosbert von Lucy (Josbert) in eine der mächtigsten anglo-normannische Familien ein. Und mit Konstanze, vermählt mit dem deutschen Mitkönig, Herzog von Niederlothringen und König von Italien Konrad (1074–1101), dem Sohn Kaiser Heinrich IV., knüpften die sizilianischen Hauteville sogar Bande zu den Saliern. Rogers letzter Ehe mit Adelheid entsprossen die beiden Söhne Simon (* 1093) und Roger (* 1095), die schließlich als Thronfolger infrage kamen. Doch dazu und zu der außergewöhnlichen Rolle ihrer Mutter unten mehr.

Als Vollzieher des christlichen Rückeroberungsauftrags der Päpste genoss Roger per se deren Wohlwollen. Dieses fand einen Ausdruck in der 1098 erteilten Gewährung des Apostolischen Legats für Roger und seine Nachfolger über Sizilien. Als unmittelbare Vertreter des Papstes erhielten die Hauteville damit ganz außerordentliche päpstliche Privilegien wie z. B. für die Einberufung von Synoden und die Einsetzung von Bischöfen. Folglich begründeten sie etliche lateinische Bischofssitze in Palermo, Troina, Catania, Syrakus, Agrigent sowie in Mazara. Die Stiftung von Benediktinerklöstern gehörte ebenso zu dieser kirchlichen Relatinisierungspolitik, die auch mit dazu beitrug, dass immer mehr Süditaliener auf der Insel siedelten.

Die von Graf Roger geförderte Einwanderung lateinischer Christen aus ganz Italien, aber auch von griechischen Christen aus Kalabrien, richtete sich jedoch nicht unmittelbar gegen die muslimische Bevölkerung. Deren Religion wurde toleriert und Bekehrungsversuche scheinen nicht unternommen worden zu sein. Die Muslime behielten ihren Glauben und ebenso eine gewisse Selbstverwaltung, hatten aber eine Kopfsteuer zu zahlen – wie sie unter muslimischer Herrschaft für Christen üblich war. Überhaupt blieb der Einfluss der arabischen Kultur noch lange bestehen, wie sich etwa bei der Steuerverwaltung zeigte: Dort arbeiteten insbesondere griechisch-christliche Sizilianer, die der arabischen Sprache mächtig waren. Die zeitgenössischen Chronisten vergessen selten, die sarazenische Elitetruppe der normannischen Herrscher hervorzuheben, deren exotisches Aussehen sich von dem der abendländischen Ritter unterschied. Auch gegenüber den griechisch-orthodoxen Christen Siziliens wurde Toleranz geübt. Voraussetzung dafür war die Anerkennung Rogers als »unangefochtener Herrscher« (Plassmann 2008, 127), der politisch die »vollständige Unterwerfung« (ebd., 125) erwartete. Diese Erwartung dürfte sich nicht zuletzt an die normannischen Adligen gerichtet haben, die sich natürlich das meiste Land aneigneten. Roger gelang es, die Barone ziemlich widerstandslos in sein Herrschaftssystem einzubinden – dabei mag die Erfahrung der Herzöge der Normandie eine Rolle gespielt haben. Wie unter anderen Normannenregimen änderte sich vorerst kaum etwas an der Sozialstruktur Siziliens, ausgenommen natürlich die neue dünne Herrenschicht. Langfristig trat dann aber doch ein Wandel ein: Durch die erwähnten Einwanderungen vom italienischen Festland kam es zur allmählichen Latinisierung bzw. Romanisierung, was im 12. Jahrhundert zum Rückgang der arabischen und griechischen Bevölkerung führte. Vor allem für die Muslime war das Anwachsen einer christlichen Mehrheit unter einer christlichen Regierung dann doch mit sozialem Abstieg verbunden. Die maßgeblichen arabischen Intellektuellen fühlten sich diesem System nicht mehr verbunden und wanderten nach Nordafrika ab.

All dies schmälerte Rogers Einfluss nicht, der ganz im Gegenteil nach dem Tod Robert Guiscards kräftig anwuchs. Denn dessen Sohn und Nachfolger Roger Borsa stand zwar als Lehnsherr über dem Grafen von Sizilien. In der Praxis seiner ersten Regierungsjahre musste er sich allerdings mit seinem älteren Halbbruder Bohemund auseinandersetzen, der ihm die Erbfolge streitig machte. In die Kämpfe seiner beiden Neffen griff Graf Roger ein und sicherte die Herzogswürde von Roger Borsa, während Bohemund das Kreuz nahm, ins Heilige Land zog und dort einen der Kreuzfahrerstaaten gründete (vgl. Kap. 9). Roger I. erhielt jedoch für seine Unterstützung Herzogsbesitz in Sizilien und Kalabrien. Bereits davor musste er als der realiter mächtigste Hauteville in Süditalien gelten. Er starb im Juni 1101 im kalabrischen Mileto, das er zu seiner Residenz auf dem Festland ausgebaut hatte. Hierher hatte er Benediktiner gerufen und die Gründung der Abtei Santa Trinità veranlasst. Sie sollte die Grablege seiner Familie werden. Hier fand Roger folglich seine letzte Ruhe in einem Jahre später vollendeten Grabmal. Seine Gebeine bestattete man in einem prächtigen Marmorsarkophag der römischen Antike. Die Verwendung einer solchen Spolie des Imperium Romanum unterstrich seinen und seiner Familie Herrschaftsanspruch.

Roger II.

Graf Roger hinterließ seine junge Witwe Adelheid mit zwei minderjährigen Söhnen, nämlich Simon und Roger. Für den älteren Simon übte sie bis zu dessen Tod 1105 genauso die Regentschaft aus wie für dessen Bruder und Nachfolger Roger bis zu dessen Volljährigkeit im Jahr 1112. Während dieser Zeit gelang es Adelheid, durch eigene Tatkraft, mit Unterstützung ihres Bruders Heinrich (Enrico del Vasto, † 1137) sowie fähiger und erprobter griechischer und arabischer Minister die Macht zu behaupten – übrigens vor allem gegenüber Vertretern der normannischen Oberschicht und gegenüber Herzog Roger Borsa. Die Gräfin traf zudem die folgenreiche Entscheidung, ihre Residenz von Mileto nach Sizilien zu verlegen: zuerst nach Messina und schließlich ins bevölkerungsreiche und arabisch geprägte Palermo. Dort empfing Thronfolger Roger 1112 den Ritterschlag, dort sollte das glanzvolle und weitgerühmte Zentrum seiner Herrschaft entstehen. Im Jahr zuvor waren seine Onkel Roger und Bohemund gestorben, beide minderjährige Kinder hinterlassend.

Und damit begann der Niedergang der Herzogtümer Apulien und Kalabrien.

Bevor wir uns der erfolgreichen Regierung Rogers II. widmen, sei noch ein Blick auf seine Mutter nach ihrer Regentschaft geworfen: Ziemlich rasch hielt König Balduin I. von Jerusalem (Balduin von Boulogne, 1100–1118) um ihre Hand an. Er versprach sich davon eine enge Verbindung mit den süditalienischen Hautevilles und durfte zudem mit einer reichen Mitgift seiner zukünftigen Gattin rechnen. Aber auch für den jungen Grafen Roger II. bot sich mit der Vermählung seiner Mutter eine vielversprechende Perspektive: Bei einer Kinderlosigkeit des Königspaares sollte er der Nachfolger Balduins in Jerusalem werden. Man darf davon ausgehen, dass auch Adelheid solchen machtpolitischen Gedanken zugeneigt war. Und so machte sie sich 1113 mit einem sizilianischen Geleitzug auf den Seeweg ins Heilige Land. Der Chronist Albert von Aachen überliefert die prächtige Szenerie, die eine Zurschaustellung des Reichtums Siziliens war: »Mit ihr kamen zwei Triremen, jede mit 500 Kriegern, und sieben Schiffe, die mit Gold, Silber, Purpur und großen Mengen von Edelsteinen und Prachtgewändern beladen waren, gar nicht zu reden von den Waffen, Brustharnischen, Schwertern, Helmen und Schilden, die vor Gold glänzten, und all der übrigen Kriegsausrüstung, wie sie von großmächtigen Fürsten zur Bedienung und Verteidigung ihrer Schiffe gebraucht werden. Das Gefährt, das die große Dame sich zur Reise ausgewählt hatte, war mit einem Mast geschmückt, der außen ganz vergoldet war, so dass er schon von weitem in der Sonne funkelte und blitzte; Bug und hinterer Aufbau dieses Schiffes, in ähnlicher Weise mit Gold und Silber gedeckt und von den trefflichsten Handwerkern gefertigt, waren herrlich anzuschauen. Und auf einem der sieben Schiffe waren die sarazenischen Bogenschützen, kräftige Männer zumeist, die in glänzende, kostspielige Gewänder gehüllt waren und dem König als Geschenk dargebracht werden sollten – Männer, wie man sie in ihrer Art im ganzen Jerusalemer Land nicht findet … Als dem König die Ankunft seiner erlauchten Dame kundgetan war, begab er sich mit seinem Hofstaat und allen Fürsten des Königreichs zum Hafen hinunter, alle großartig und verschieden gekleidet; er war umgeben von seinem ganzen königlichen Prunk, gefolgt von seinen Pferden und Maultieren, die mit Gold und Purpur bedeckt waren, und begleitet von seinen Musikanten, die in die Trompeten stießen und auf allen Instrumenten spielten, die es nur gibt, das Ohr zu erfreuen …« (Zitat bei Rowley 2003, 156 f.) Trotz des glanzvollen Beginns stand die Ehe unter keinem guten Stern. Zum einen hatte König Balduin Adelheids Mitgift schnell ausgegeben – allein die ständigen Kriege gegen die Fatimiden und andere muslimische Machthaber forderten ihren Preis. Außerdem meldeten Klerus und Vasallen des Königs schon bald ihren Widerstand gegen die Ehe mit Adelheid an. Denn Balduin hatte seine armenische Ehefrau Oriana nicht ordnungsgemäß verstoßen und in ein Kloster abgeschoben. Schließlich formierte sich eine so starke Stimmung gegen Adelheid und die offensichtlich nicht legale Vermählung, dass diese 1117 nach Sizilien zurückkehrte. Hier starb sie bereits im folgenden Jahr und wurde in der Kathedrale San Bartolomeo in Patti (Messina) beigesetzt. Nach Wilhelm von Tyrus soll diese Schmach seiner Mutter einen tiefen Hass Rogers II. auf das Königreich Jerusalem begründet haben (Rowley 2003, 157).

Roger II. hat in den knapp vierzig Jahren seiner Herrschaft das respektable Fürstentum seines Vaters ausgebaut und schließlich zu einem prunkvollen Königreich gemacht. Sicherlich nicht zu unrecht führt man seine beachtliche Offenheit und Pragmatismus auf seine Erziehung zurück, die wegen des frühen Todes seines Vaters der norditalienischen Mutter Adelheid zuzuschreiben ist – und wahrscheinlich mehr noch dem griechischen Hofbeamten Christodulos († nach 1125). Im Ausland zählte man diesen zu den einflussreichsten Persönlichkeiten am sizilianischen Hof. Dementsprechend nahm er sich nicht nur des jungen Roger an, sondern wurde später von diesem auch in höchste Ämter und Würden gesetzt. In einer Epoche, die die meisten Adligen nördlich der Alpen als Analphabeten kennt, zeichnete sich der junge Graf durch seine Bildung aus. Diese schöpfte zweifellos nicht nur aus dem abendländischen Bildungskanon, sondern auch aus griechischen und arabischen Quellen. An Sprachkenntnissen werden ihm neben der wahrscheinlichen altfranzösischen Muttersprache die Beherrschung von Latein, Griechisch und Arabisch nachgesagt. Dazu kamen Kenntnisse über drei Kulturen und Religionen. Ob seine Nähe zur islamischen Kultur übrigens den Unterhalt eines Harems mit sich brachte, sei dahingestellt und ist auch in der Forschung umstritten. Formal hat sich Roger dreimal in Einzelehen vermählt (was informelle Beziehungen betrifft, standen ihm andere europäische Herrscher in Nichts nach). Diese Ehen bezeugen zugleich machtpolitische und prestigeträchtige Bestrebungen: 1118 vermählte er sich mit Elvira (1100–1135), der Tochter König Alfons VI. von Kastilien-Leon (1072–1109), mit der er mehrere Söhne hatte. Erst 14 Jahre nach ihrem Tod heiratete Roger II. Sibylle (1126–1150), die Tochter Herzog Hugos II. von Burgund (1103–1143). Als diese bei einer Fehlgeburt starb, vermählte sich Roger ein drittes Mal, nämlich mit Beatrix von Rethel (1130–1185), der Tochter des Grafen Günter von Rethel († 1158) aus der Champagne. Sie gebar Rogers nachgeborene Tochter Konstanze (1154–1198), die für das weitere Geschick der sizilianischen Herrschaft außerordentliche Bedeutung gewinnen sollte.

Was das politische Geschehen betrifft, muss das Augenmerk zuerst auf die bereits angesprochenen Verhältnisse innerhalb der süditalienischen Hauteville-Familie gerichtet werden. Hier konnte Roger II. im Lauf von 15 Jahren klare Verhältnisse schaffen. Denn sein Verwandter Herzog Wilhelm II. hatte erhebliche Probleme mit seinen Vasallen. Diese waren soweit gegangen, sich an Kaiser Heinrich V. (1106–1125) zu wenden und Hilfe zu erbitten. Der Kaiser hatte aber bereits 1111 im Vertrag von Ponte Mammolo auf Süditalien verzichtet und sich damit aus dem Spiel zurückgezogen. Hier half nun Roger II. seinem Lehnsherrn Wilhelm und bot Beistand gegen die Vasallen. Mit dem Ergebnis, dass er den Herzog noch mehr von sich abhängig machte und seinen eigenen Einfluss erheblich ausbaute.

Als Wilhelm II. im Juli 1127 in Salerno starb, hinterließ er keinen Erben. Hier machte nun Papst Honorius II. (1124–30) seine Rechte als Lehnsherr geltend und beanspruchte den Rückfall des Herzogtums an sich. Politisch kam ihm diese Situation sehr gelegen, hatte er doch bislang die aufsässigen Vasallen der Hautevilles unterstützt. Statt einer Schwächung erfuhren diese jedoch in der Person Rogers II. einen beachtlichen Machtgewinn.

Er berief sich nämlich auf ein angebliches Erbversprechen Wilhelms II. ihm gegenüber. Deswegen verlangte er vom Papst, dieser möge ihn als nächsten männlichen Verwandten Wilhelms zu dessen Nachfolger bestimmen. Honorius II. sah dies anders und exkommunizierte Roger erst einmal, was diesen nicht sonderlich kümmerte. Außerdem versuchte der Papst ein Bündnis von Adligen und Städten gegen ihn zu schmieden, darunter als führenden Kopf Graf Robert II. von Capua (1127–1156). Roger nahm die Herausforderung an und bereitete einen Feldzug vor, um seinen Anspruch auf die Herzogswürde durchzusetzen.

Doch zum Entscheidungskampf kam es nicht, da der Papst einsah, dass die Ritter seiner Vasallen mit ihrer zeitlich begrenzten Dienstpflicht gegen das stehende Heer Rogers keine große Chance hatten. Darum suchte er Verhandlungen mit dem Hauteville-Grafen. Als dieser Capua und Benevent als päpstliches Einflussgebiet anerkannte, belehnte ihn Honorius II. am 22. August 1128 mit Apulien, Kalabrien und Sizilien. In dem mittlerweile eingenommenen Salerno wurde Roger II. zum Herzog gesalbt. Sizilien und das süditalienische Festland waren damit erstmals in einer Hand. Als sich der Herzog wenige Jahre später noch Capua und Neapel aneignete, hatte er seine Herrschaftsansprüche voll und ganz durchgesetzt. Es war die Geburt des eigentlichen Hauteville-Reichs in Süditalien, das in der Person Rogers II. kulminierte. Sein zeitgenössischer Biograph Alexander von Telese, Abt des Benediktinerklosters San Salvatore bei Telese († 1143), stimmt in seiner Chronik ein Hochlied auf ihn an und lässt seinen Werdegang durch vorzeitige Visionen verkünden (Plassmann 2008, 133).

Das Königreich Sizilien

Abt Alexander erzählt ebenso von den weiterreichenden Ansprüchen des neuen starken Mannes im Süden Italiens. Diese zielten unzweideutig auf die Königskrone. Ein solcher Anspruch bedurfte einer Begründung, die bemerkenswerterweise keine genealogischen bzw. Verwandtschaftsargumente anführte. Denn Roger bezog sich – fast schon modern – auf die Geschichte des Landes und die faktischen Verhältnisse: Demnach sei Sizilien einstmals Königreich gewesen und jetzt habe er hier die Macht inne (Plassmann 2008, 134). Dieser Anspruch war eigentlich vermessen, ließ sich aber aufgrund der politischen Verhältnisse durchsetzen. Nach dem Tod von Honorius II. hatte sich nämlich ein erneutes Schisma ergeben. Mit Innozenz II. (1130–1143) und Anaklet II. (1130–1138) erhoben zwei Päpste Anspruch auf den Heiligen Stuhl. Während fast sämtliche Könige Europas und der Kaiser sowie der einflussreiche Zisterzienser Bernhard von Clairvaux den ersten unterstützten, entschied sich Roger II. für Anaklet. Er schien ihm wohl ein schwächerer und darum willfährigerer Partner zu sein. Und einen Papst benötigte er für die Durchsetzung seines Königswunsches. Und so kam es auf halbem Wege zwischen Benevent und Salerno zum Treffen zwischen Roger II. und dem Papst. Anaklet II. empfing von Roger den Lehnseid und ernannte ihn im September 1030 zum »König von Sizilien, Kalabrien und Apulien« (rex Siciliae, Calabriae, Apuliae; RGA 21, 2002, 374). Außerdem inszenierte Roger auf einem Hoftag die Akklamation zum König durch die normannischen Großen, am Weihnachtsfest 1130 wurde er schließlich in Palermo von dessen Bischof Peter (1123–1132) gekrönt. Das war die Geburtsstunde des Königreichs Sizilien.

Dessen erstes Jahrzehnt prägten heftige Auseinandersetzungen der in Italien involvierten Mächte. Kaum verwunderlich erkannten der Gegenpapst Innozenz II., die Kaiser des Heiligen Römischen Reiches und von Byzanz sowie etliche süditalienische Adlige und Städte Rogers Königswürde nicht an. Dieser konnte sich jedoch auf eine effiziente Flotte und ein starkes Heer aus Rittervasallen, Söldnern, einfachem Fußvolk und den muslimischen Bogenschützen verlassen. Die militärische Stärke des Sizilianers musste sogar Kaiser Lothar (1125–1137) zur Kenntnis nehmen, als er 1133 zur Kaiserkrönung nach Rom kam: Das von Anaklet II. mit Unterstützung Rogers II. gehaltene St. Peter blieb ihm verschlossen. An einen Feldzug nach Süditalien war angesichts der schwachen kaiserlichen Truppen nicht zu denken.

Das änderte sich, als Roger II. 1135 schwer erkrankte und anscheinend mit dem Tode rang. Sofort nutzten seine Widersacher die Schwäche des Königreichs aus: Vor allem Robert II. von Capua und Rainulf von Alife († 1139) führten den Widerstand an. Unterstützung erhielten sie zwei Jahre später, als sich Kaiser Lothar und Papst Innozenz II. gegen Roger verbündeten und das kaiserliche Heer nach Bari und Basilicata vorrückte und sogar Salerno eroberte. Der wieder genesene Roger ließ sich allerdings nicht provozieren und blieb in Sizilen, sodass Lothar unverrichteter Dinge wieder heimwärts ziehen musste.

Eine erneute Wendung erfuhr die Situation durch den Tod Anaklets II. Der nun alleinige Papst Innozenz II. forcierte den Kampf gegen Roger und ließ eigene Truppen marschieren. Was für ihn desaströs endete: denn im Juli 1139 unterlag sein Heer bei Mignano den Normannen und Innozenz II. geriet in Gefangenschaft. Kurz darauf erkannte auch er Rogers Königswürde an und belehnte ihn und seine Söhne aufs Neue. Damit erfuhr die Krone des Normannen ihre endgültige Legitimation. Ebenso war mittlerweile die Opposition des Adels zusammengebrochen. Städte wie Bari und Troia in Apulien gewann Roger wieder zurück. Letzteres ergab sich und erwirkte Schonung, indem es einer besonderen Forderung Rogers genügte: der Herausgabe des Leichnams Rainulfs von Alife, jenes Anführers der normannischen Drengot-Familie, der Rogers Schwager war, aber gleichwohl gegen ihn gekämpft und sich sogar mit dem Herzogstitel geschmückt hatte. An ihm wollte der König von Sizilien offensichtlich ein Exempel statuieren. Er ließ angeblich dem Leichnam den Prozess machen, ihn durch die Straßen zerren und in einem See versenken (Plassmann 2008, 136, nennt dies »das abscheuliche Ritual«).

Rogers Verhalten zwischen Milde und Härte (bei renitenten Rebellen), erfährt bis in die Gegenwart die unterschiedlichsten Bewertungen. Bereits der zeitgenössische große Gelehrte Otto von Freising († 1158) sah Roger zwiespältig: »Manche allerdings sagen, er handle mehr so aus Rechtsgefühl als aus tyrannischen Gelüsten, und behaupten, er liebe den Frieden mehr als alle anderen Fürsten, und nur zu dessen Bewahrung halte er die Aufrührer mit solcher Strenge in den Schranken. Andere dagegen sind der Meinung, er suche den Frieden zu erhalten mehr aus Gier nach dem Gelde, von dem er weit mehr besaß, als selbst alle abendländischen Könige, denn aus Liebe zum Recht.« (Schmidt,

Adolf (Übers.): Otto von Freising. Chronik oder die Geschichte der zwei Staaten. Darmstadt 2011 [6. Aufl.] VII, 23, S. 541). Wenn auch unter dem Vorwurf der Tyrannei, so war es ihm doch gelungen, Süditalien endlich zu befrieden.

Werfen wir einen Blick auf Rogers II. Außenpolitik: Das Verhältnis zu den Herrschern des Heiligen Römischen Reiches blieb weiterhin angespannt. Genauso wenig wie sie seinen Machtanspruch im Süden ihres Reiches konnte er ihre militärischen Interventionen vergessen. Auch das Verhältnis zu Byzanz war nicht das allerbeste, obgleich es zu keinen Kämpfen kam. Die Beziehungen zu den Päpsten blieben wechselhaft und etlichen Schwankungen unterworfen. Ende der 1140er-Jahre schlossen die Kaiser Manuel I. Komnenos (1143–80) und Konrad III. (1137–52) sogar ein Bündnis gegen den Normannen – als König erkannten sie ihn ohnehin nicht an. Schließlich eskalierten die Kämpfe und es kam zu normannischen Plünderungen in Theben und Korinth sowie zu einem Angriff auf den Hafen von Konstantinopel. An den grundsätzlichen Verhältnissen änderte dies nichts. Bessere Beziehungen schien der sizilianische König ohnehin mit den muslimischen Nachbarn an den Küsten Nordafrikas zu pflegen. Mit dem ägyptischen Kalifen al-Hafiz (1130–49) aus der Fatimidendynastie pflegte er anscheinend ein gutes, um nicht zu sagen freundschaftliches Verhältnis. Den Kämpfen verschiedener Berberdynastien im Maghreb untereinander begegnete Roger mit gezielten Interventionen. Dies führte zur Eroberung einiger Hafenstädte Nordafrikas wie Tripolis und Sfax. Darauf erkannte Tunis sogar die Oberhoheit Rogers an. Gern unterstellt man ihm bevorzugte Handelsinteressen gegenüber den muslimischen Partnern, wozu etwa die Kontrolle des Karawanenhandels zwischen Ägypten und Marokko gehörte. Aus dieser Perspektive erklärt sich auch Rogers II. Zurückhaltung während des 2. Kreuzzugs (1147–1149). In dieser späten Phase seiner Regierung lag König Roger vor allem daran, seine Herrschaft zu stabilisieren und die ökonomisch wichtigen Handelsrouten zu sichern. Innenpolitisch richtete sich alles auf die Hauteville-Dynastie respektive auf seine Person aus. Von den vier Söhnen aus seiner ersten Ehe mit Elvira von Kastilien hatte nur der jüngste überlebt. Diesen Wilhelm (* 1122) erhob Roger 1151 zum Mitkönig und ließ ihn von Erzbischof Hugo von Palermo (1150–1161) salben. Dabei soll er ihm selbst die Krone aufgesetzt haben – als deutliches Zeichen seiner Unabhängigkeit und seines Machtverständnisses. Damit war die Nachfolge gesichert, Roger galt als reichster Herrscher des Abendlandes und Sizilien erlebte eine unvergleichliche Blütezeit. Zweifelsohne hatte der Normanne den Höhepunkt seiner Macht erreicht. Da ereilte ihn am 26. Februar 1154 in Palermo der Tod. Seine letzte Ruhestätte fand Roger II. in einem von ihm selbst in Auftrag gegebenen Porphyrsarkophag im Dom von Palermo. Der beigegebene Schwertring trug die Inschrift »Der Apulier, Kalabrenser, Sizilianer, Afrikaner, sie alle folgen meinem Willen« (Rowley 2003, 160).

Das besondere Reich

Das Königreich Rogers II. stellt sich im 12. Jahrhundert als ein Staat dar, der in Europa seinesgleichen suchte –ein modern anmutendes zentralistisches Unikum, in dem sich Fortschritt und Gewalt verbanden. Seine Struktur war ohne Abstriche und bedingungslos auf den König an der Spitze der Hierarchie ausgerichtet, auf Roger II. Ein weithin und bis heute geachtetes Zeugnis haben dessen Staatsvorstellungen in einem Gesetzeswerk gefunden, das sich erstmals in dieser Zeit an antikem römischem Recht orientierte und für das Roger die Hilfe angesehener Juristen aus Bologna in Anspruch nahm. Diese sogenannten Assisen von Ariano von 1140 (dazu Houben 2012, 101) bestehen aus 44 Artikeln zum kirchlichen Bereich, zum öffentlichen Recht bis hin zu einzelnen Rechtspraktiken wie Zulassungsprüfungen von Ärzten. In einer lateinischen und einer griechischen Fassung enthalten sie Gesetze für das gesamte Königreich, nehmen allerdings auch regionale Gewohnheitsrechte auf. Auch heute noch bemerkenswert ist die festgelegte grundsätzliche Schuldunfähigkeit von Minderjährigen und Behinderten.

Wenn die Gesetze auch der Heterogenität der Bevölkerung Rechnung tragen wollen, so galt doch im Zweifel immer das Gesetz des Königs. Diese »Zuspitzung auf die fast sakrale Person des Königs« (Plassmann 2008, 140) fand einen Ausdruck in den üblichen Vorrechten der Münzprägung, aber auch in dem ungewöhnlichen strafrechtlichen Delikt des Majestätsverbrechens. Das nahmen viele Zeitgenossen als hart und grausam wahr, weil es gnadenlos gegen aufständische Vasallen angewendet wurde. Gehörte zum üblichen Herrscherbild des Mittelalters das Abwägen von Barmherzigkeit und Gerechtigkeit, so herrschte unter Roger II. laut Gesetz nur das Recht. Mit Milde und einer Konsenslösung durften selbst Fürsten nicht mehr rechnen. Das Gesetzeswerk des Königs stellt die Grundlage eines Staates dar, der das verbreitete Lehnswesen basierend auf Verwandtschaftsbindungen mit der Treue zwischen Lehnsherrn und Lehnsmann und einer straffen zentralistischen Verwaltung verband (RGA 21, 2002, 374). Neben normannischen finden sich insbesondere in der Verwaltung auch sarazenische und byzantinische Einflüsse. Das Ergebnis war ein gut ausgebildeter Beamtenapparat, der sowohl Effizienz (wichtig besonders im Steuerwesen, für Handel und Wirtschaft) vorwies als auch strenge Kontrolle. Einzelne Ämtertitel verweisen auf ihre Herkunft, so der arabische Amiratus (Admiral, Emir), der byzantinische Protonotarius (Kanzleileiter) und der normannische Camerarius und Vicecomes. Unter diesen leitenden Beamten wurden Hörigenlisten und Landregister zusammengestellt, die Besitzveränderungen stets erfassten und auf den aktuellen Stand brachten. Ein Catalogus Baronum listete die kriegspflichtigen Barone auf. Am Hof von Palermo residierte die Verwaltungszentrale und bündelte das Verwaltungnetz des gesamten Königreichs. Was die lehnsrechtlichen Bindungen betraf, genossen einige Städte und Grafen Selbstverwaltung, die Mehrzahl der normannischen Vasallen des Königs, nicht selten mit ihm verwandt, unterstand diesem direkt.

Im königlichen Herrschaftsapparat diente eine gebildete, internationale Elite. Auf den erwähnten Christodulos aus einer griechisch-byzantinischen Familie folgte etwa 1125 Georg von Antiochia († 1151) als Wesir bzw. Ammiratus ammiratorum. Für seinen Berufsweg war bezeichnend, dass er nach byzantinischen Diensten und solchen als Finanzexperte am Hof der Ziriden in Mahdia (Tunesien) in Rogers Dienste kam und bis zu seinem Tod eine dominierende Stellung einnahm. Vertraute Rogers kamen allerdings auch aus dem Westen und aus einem normannischen Umfeld, so der Kanzler Guarinus († 1137) aus Süditalien, dessen Nachfolger Robert von Selby († 1152) aus England und der Landsmann Thomas Brun, der später in seine Heimat zurückkehrte und unter König Heinrich II. diente. Der königliche Hof in Palermo galt in ganz Europa als kulturelles und wissenschaftliches Zentrum, dessen Könige als freigebige Mäzene auftraten und zahlreiche Gelehrte nach Sizilien holten. Zu ihnen zählte Neilos Doxopatres, der vorher als Diakon an der Hagia Sophia in Konstantinopel tätig gewesen war und in Palermo eine griechische Geschichte der Patriarchate verfasste; oder der berühmte arabische Naturwissenschaftler al-Idrisi (um 1100–1166), der als Geograph den ganzen südlichen Mittelmeerraum bereiste und eine arabische Beschreibung der Welt nebst Erdkarte vorlegte. Neben den Wissenschaften widmete man sich in Palermo und andernorts in Sizilien auch den Übersetzungen der griechischen Klassiker ins Lateinische, so legte etwa Heinrich Aristipp, Erzdiakon von Catania, nach 1150 Übersetzungen von Werken Platons und des Aristoteles vor. Regelrechte Übersetzerschulen nahmen sich die Schriften des Ptolemäus und Euklids vor.

Dies alles war nicht nur der Politik Rogers II. geschuldet, sondern auch der besonderen Situation in Sizilien und Süditalien, wo bekanntlich ein Nebeneinander verschiedener Sprachen, Kulturen und Religionen exisierte. Zieht man in Betracht, dass auch hier die normannische Einwanderung zahlenmäßig gering war, zeigt sich umso deutlicher die Toleranz der dünnen Adelsschicht aus dem Norden. Da diese aristokratische Elite an Staatsaufgaben jenseits der lehnsrechtlichen Verpflichtungen wenig Interesse zeigte, griff Roger II. auf die besagten Vorbilder von Arabern und Griechen zurück. Sie und einheimische Italiener stellten das Personal der Verwaltung. Beispielsweise taten in Schatzamt und Münze viele Araber ihren Dienst, aber unter der Leitung von Griechen. Überhaupt kam es vielerorts zu Mischungen der verschiedenen Kulturen. Augenfällig zeigt sich dies noch an sizilianischen Münzen, die sich aus arabischen Inschriften, dem christlichen Kreuz und der griechischen Signatur des Christos Pantokrator zusammensetzen. Deutlicher noch findet sich diese hybride Verbindung in der normannischen Architektur wie etwa in der Palastkapelle in Palermo, bei der sich westliche Grundform mit griechischen und arabischen Formen, Bildern und Dekorationen verbindet (vgl. Kap. 10). Roger II. selbst war den fremdartigen Elementen nicht abgeneigt: Als Herrschaftssymbol griff er auf den Sonnenschirm der ägyptischen Fatimiden zurück und ließ ihn vor sich hertragen. Bei Audienzen trug er einen arabischen Mantel, der über die Staufer in den Schatz der Reichskleinodien gelangte und sich heute in der Wiener Hofburg befindet (vgl. Kap. 1).

Gleichwohl muss das Königreich Sizilien als christlich-katholischer Staat gelten, dessen Staatsreligion eben diese Religion war und wo man die Konversion vom Christentum zu einer anderen Religion mit der Todesstrafe ahndete. Trotz aller Auseinandersetzungen mit den Päpsten galt die Kirche als Stütze der Normannenherrschaft, die ihr dies mit einer Latinisierungspolitik dankte. In Sizilien rückten beispielsweise immer mehr französische Bischöfe an die Spitze der Hierarchie des Klerus. Neue Kirchenbauten förderten die Normannen in Bari, Trani, Cefalù, Monreale und Palermo. Klosterstiftungen erfolgten bereits 1043 mit dem Dreifaltigkeitskloster in Venosa, in Sizilien waren es nach der Eroberung etwa Catania, Patti und 1095 Messina – insgesamt über 50 Klöster. Im normannischen Süditalien zeigte sich der große Kircheneinfluss an der beeindruckenden Zahl von 145 Bistümern. Die Latinisierung griff nach dem Tod Rogers II. immer stärker um sich, was sich am schwindenden griechischen und arabischen Einfluss am Hof zeigte. Gegen 1200 beherrschte das Lateinische die Königskanzlei in Palermo.

Trotz dieses fortschreitenden römisch-lateinischen Übergewichts bot Sizilien mit Palermo noch lange das Bild eines polyglotten Landes, in dem vielfältige Verflechtungen und Überformungen zu beobachten waren. Das galt insbesondere für Palermo (al Idrisi: »die größte und großartigste Hauptstadt der Welt«, zitiert von Rowley 2003, 167) mit seinen hunderten Moscheen, seinen Märkten, Wechsel- und Handwerkerstuben und sogar einer Papiermühle, wo – damals völlig ungewöhnlich in Europa – Papier hergestellt wurde. Damit erwies sich die Stadt auch als Wirtschaftsmetropole, als eine Drehscheibe des Mittelmeerhandels. Oftmals trieb es Reisende hierhin wie etwa den Mauren Ibn Dschubair aus Valencia auf einer Pilgerreise nach Mekka (1183–1185): Er beschreibt Palermo als schönste Stadt Siziliens und Residenz des Königs. Unter den christlichen Königen gebe es keinen, der einen glanzvolleren Hof habe und reicher sei. Wegen der Gesetze, seiner Macht, seiner Verwaltung gleiche er muslimischen Herrschern. Besondere Aufmerksamkeit widme er Ärzten und Astrologen um sich. Es sei, als hätte sich die Welt mit ihrem schönsten Schmuck behangen, um den König in dieser Stadt zu verherrlichen, die er zur Residenz seines fränkischen Reiches gemacht habe. Die königlichen Paläste umgäben die Stadt wie Halsketten den Hals junger Frauen. In den Gärten und Pferderennbahnen folge Spiel auf Spiel, gebe es Vergnügungen ohne Unterlass. Zahllos seien Pavillons und Aussichtstürme, die dem König gehörten, die er aber nicht bewohne. Ibn Dschubair geht auch auf die Lage der Muslime in Palermo ein: Diese hielten auch dort die rituellen Gebetszeiten ein, an die sie der Gebetsruf des Muezzins erinnere. Sie hätten ihre eigenen Vorstädte, in denen keine Christen wohnten. Das Freitagsgebet sei ihnen insofern nicht möglich, weil sie den Namen des Herrschers darin nicht nennen könnten. Nur an besonderen Festtagen täten sie dies – unter Nennung des Kalifen von Bagdad. Vor einem eigenen Kadi könnten sie ihre Prozesse führen. Und zum Gebet versammelten sie sich in einer großen Moschee, außer der es noch viele kleinere gebe, wo der Koranunterricht stattfinde (nach Guggenbühl 1972, 41 ff.).

Das Ende der Normannenherrschaft

Wollte man hier ein Resumé der Normannenherrschaft ziehen, müsste auf ihr bleibendes historisches Erbe hingewiesen werden: die Einbindung und Integration Süditaliens und Siziliens in den lateinischen Westen. Sie verdrängte die byzantinischen und arabischen Einflüsse und verband bei aller Toleranz den noch fortbestehenden Minderheiten gegenüber den Süden mit dem Rest Italiens und mit dem Abendland. Dabei ging wie andernorts auch eine vorherrschende normannische Identität verloren. Denn die ohnehin nur kleine eingewanderte Oberschicht ging alsbald in der einheimischen Bevölkerung auf. Darunter sind kaum griechische oder arabische Gruppen zu verstehen, sondern insbesondere der alte langobardische (und somit auch eingewanderte) Adel, mit dem man sich in Heiraten verband. Im Übrigen sollten auch die Bestrebungen Rogers II., ein homogenes auf ihn ausgerichtetes Reich zu schaffen, zum Rückgang des Normannischen führen. Ob sich der König selbst noch als Normanne fühlte, ist unbewiesen und eher zweifelhaft (Houben 2012, 103). Was nicht gegen ein historisches Herkunftsbewusstsein spricht. Ein solches bezeugt der zeitgenössische Geschichtsschreiber Hugo Falcandus um 1170, der mit dem Hof von Palermo vertraut war: »Weil er [Roger II.] selber von den Normannen abstammte und wusste, dass das französische Volk alle anderen im Kriegsruhm übertraf, bevorzugte und ehrte er ganz besonders diejenigen, die von nördlich der Alpen kamen.« (Plassmann 2008, 155) Das dürften neben Normannen andere Nordfranzosen, Flamen und Bretonen gewesen sein, die gemeinhin als »Normannen« und »Franken« bezeichnet wurden. Als ihre signifikanten Eigenschaften galten Ehrgeiz, Tapferkeit und nicht zuletzt List. Das einzig verbliebene Normannische fand sich dann noch in einzelnen Adelsfamilien, die ihre Herkunft aus der Normandie und die verklärten Heldentaten der Eroberung Süditaliens als Erinnerung und Ausdruck ihrer Nobilität pflegten.

Mit dem Tod Rogers II. begann zum wiederholten Male eine Entwicklung, wie wir sie auch für andere Normannenreiche festgestellt haben, nämlich Schwächung und Zerfall der Herrschaft. Der einzig überlebende Sohn Wilhelm I. (Guglielmo I, später der Böse genannt, 1154–1166), verheirat mit der spanischen Königstochter Margarete von Navarra († 1183), ließ es anfangs ruhig angehen und bewegte sich in den politischen Spuren seines Vaters. Lediglich für das Amt des Amiratus amiratorum, also des Hauptverwalters des Reichs, nahm er mit Maio von Bari († 1160) einen Austausch vor – allerdings hatte dieser bereits in Rogers Diensten gestanden. Außenpolitisch bekam es Wilhelm I. mit dem traditionellen Antagonismus des deutschen Kaisers (Friedrich I. Barbarossa, 1152–1190) und Papst Hadrian IV. (1154–1159) zu tun. Trotz der intensiven Italienpolitik

Friedrichs I. mit immerhin fünf Kriegszügen südwärts über die Alpen geriet das Königreich Sizilien nicht in militärische Verwicklungen. Mit den gegen den Kaiser aufständischen lombardischen Städten mit Mailand an der Spitze arbeitete der König sogar zusammen, mit den Seemächten Venedig und Genua schloss er Verträge ab. Die Auseinandersetzungen mit dem Papst konnten 1156 im Konkordat von Benevent beigelegt werden: Wilhelms Königstitel wurde anerkannt, wohingegen Hadrian IV. als dessen oberster Lehnsherr galt und sich seiner Gebiete vor den Normannen sicher sein durfte. Von nun an galten die Normannen in bewährter Tradition als Bündnispartner des Papstes.

Das eigentliche Problem der zwölfjährigen Regierungszeit Wilhelms I. stellte der oppositionelle Adel dar, der bald nach seiner Thronbesteigung den Aufstand wagte – zuerst mit päpstlicher, später mit byzantinischer Unterstützung. Die anhaltenden Kämpfe führten zur Ermordung des Kanzlers Maio von Bari durch Adlige aus einer Verschwörergruppe des Festlandes. Im Folgenden wurden der König und seine Familie sogar gefangen genommen; sein Sohn Roger sollte den Thron besteigen, fiel aber den Kämpfen zum Opfer (1161). Schließlich riefen sogar die Bischöfe die Bevölkerung Palermos zur Hilfe für den König auf, woraufhin dieser wieder Oberwasser gewann. In den folgenden Jahren schlug er die Aufstände mit brachialer Gewalt nieder, wobei unter anderem Bari schwer zerstört wurde. Als der König 1166 starb, hinterließ er ein Land, das streckenweise in Trümmern lag.

Sein Sohn und Nachfolger Wilhelm II. (Guglielmo II., auch der Gute genannt, 1166–1189) war mit knapp 13 Jahren noch minderjährig, weswegen seine Mutter Margarete bis 1171 die Regentschaft ausübte. Sie befriedete das Land, indem sie die Strafzüge beendete und eine Amnestie erließ. Eine weniger glückliche Hand bewies sie in der Administration, in der Kanzler Peter, ein Eunuch und konvertierter Muslim, mit einem Teil des Königsschatzes das Weite suchte. Um der sich ausbreitenden Korruption beizukommen, wandte sie sich an Rotrou de Beaumont, der einer der einflussreichsten normannischen Familien der Normandie und Englands angehörte und Erzbischof von Rouen war (1165–1184). Allerdings erwiesen sich die fortan in der Verwaltung tätigen Franzosen als hochmütig und waren darum bei der einheimischen Bevölkerung unbeliebt – zumal sie sich ebenso als uneffizient erwiesen.

Daraufhin griff Margarete auf einen weiteren Franzosen zurück, nämlich ihren Verwandten Stephan von Perche († 1169), der auf dem Weg ins Heilige Land war und nun in Palermo als Kanzler und Erzbischof verpflichtet wurde. Nach wenigen Jahren endete auch sein Dienst durch eine Verschwörung, die ihm sogar ein Verhältnis mit der Regentin unterstellte. Er kam jedoch mit dem Leben davon und zog weiter ins Heilige Land, wo er bald darauf verstarb. Margarete wurde entmachtet und 1171 übernahm Wilhelm II. die Regierungsgeschäfte. Er brachte dem Königreich eine neuerliche Phase des Friedens und der Konsolidierung. Durchaus der arabischen Sprache und Kultur zugeneigt forcierte er doch die erwähnte Hinwendung zum lateinischen Westen. Dies zeigte sich auch politisch in einer größeren Nähe zum Papst und in einer stärkeren Teilnahme an der Kreuzzugsbewegung. Ein bleibendes architektonisches wie geistliches Zeugnis schuf sich der König mit der Gründung der Abtei von Monreale (bei Palermo), in deren Kathedrale, einem »Höhepunkt der normannisch-sizilischen Kunst« (Plassmann 2008, 150) Wilhelm II. selbst neben Vater und Mutter sowie anderen Hauteville bestattet wurde. In der Verwaltungsarbeit des Hofes setzte Wilhelm II. auf den altgedienten Matthäus von Salerno († 1193) als Kanzler, ebenso stand ihm sein Erzieher Erzbischof Walter von Palermo (1169–1190) zur Seite. Als ein vielversprechendes Bündnis erwies sich 1177 die Eheschließung mit Johanna Plantagenet (engl. Joan of England, 1165–99), einer Tochter Heinrichs II. von England. Damit bahnte sich eine enge Zusammenarbeit zwischen zwei auf unterschiedliche Weise normannischstämmigen Dynastien an. Die Ehe blieb jedoch kinderlos, sodass sich Wilhelm II. einen anderen Weg zukünftiger Machtsicherung suchte. Er führte zu Kaiser Friedrich Barbarossa und den Staufern. Obwohl der König von Sizilien ursprünglich papsttreu und damit antistaufisch agierte, verschaffte ihm doch der Friedensschluss von Venedig (1177) zwischen dem Kaiser und Papst Alexander III. (1159–1181) die Anerkennung des Königreichs durch den Kaiser. Sechs Jahre später führte der Frieden von Konstanz zwischen dem Kaiser und dem Bund der lombardischen Städte zu einer weiteren Annäherung zwischen Wilhelm II. und Friedrich I.: Ob ein Bündnis gegen Byzanz, gegen das Sizilien immerhin Feldzüge in Griechenland durchführte, oder die Sorge um die Erbfolge – man schloss ein staufisch-sizilianisches Heiratsbündnis ab: 1186 heiratete Friedrich Barbarossas Sohn Heinrich (seit 1169 Mitkönig und 1191–1197 Kaiser) Wilhelms II. 11 Jahre ältere Tante Konstanze, die nachgeborene Tochter Rogers II. und damit »einzige überlebende legitime Hauteville« (Plassmann 2008, 149), die im Fall fortbestehender Kinderlosigkeit Wilhelms Erbin des Königreichs Sizilien sein sollte.

Dieser Fall trat 1189 mit Wilhelms Tod ein, womit eigentlich die legitime Linie der normannischen Hauteville-Dynastie erlosch. Denn Konstanze konnte nicht selbst den Thron besteigen, sondern konnte dies nur ihrem staufischen Gemahl ermöglichen. Aber als einfach erwies sich dessen Machtübernahme nicht. Während nämlich die Königinwitwe Johanna als Schwester von Richard Löwenherz sich mit auf den Weg ins Heilige Land machte und später noch durch erneute Heirat Gräfin von Toulouse wurde, geriet Sizilien erneut in eine Krise. Graf Tankred von Lecce (* 1138, 1169–1194) erhob als ein Enkel Rogers II. und somit aus dem normannischen Königshaus stammend Anspruch auf die Krone. Folglich ließ er sich im Dezember 1189 mit ausdrücklicher Unterstützung von Papst Clemens III. (1187–1191) von einer stauferfeindlichen Partei auf Betreiben des Vizekanzlers Matthäus von Salerno zum König von Sizilien wählen. Am 18. Januar 1190 wurde er von Erzbischof Walter von Palermo gekrönt.

Damit standen Sizilien und Unteritalien für die nächsten Jahre erbitterte Kämpfe bevor, die hier nur kurz umrissen seien: So besetzte Richard Löwenherz auf dem 3. Kreuzzug vorübergehend Messina, während dort Aufstände der arabischen Bevölkerung ausbrachen. Konstanzes Ehemann Heinrich ließ sich 1191 in Rom zum Kaiser krönen und unternahm danach einen Zug in den Süden, um seinen Anspruch auf das Königreich Sizilien durchzusetzen. Dabei berief er sich auf das Erbrecht Konstanzes, aber auch auf das alte Recht des Kaisers auf ganz Italien. Sein Heer belagerte erfolglos Neapel und Salerno, bis sich

Heinrich VI. wegen ausbrechender Malaria zum Rückzug gezwungen sah. Zwischenzeitlich geriet Konstanze sogar in die Gefangenschaft der aufsässigen Adligen, erst Papst und Kaiser gemeinsam konnten ihre Freilassung erwirken. Tankred versuchte seine Herrschaft zu festigen, indem er seinen ältesten Sohn zum Mitkönig krönen ließ. Nach beider Tod stand 1194 nur noch Tankreds unmündiger Sohn Wilhelm III. zur Verfügung, für den seine Mutter Sibylla Regentin war. Noch im selben Jahr zog Heinrich VI. siegreich in Palermo ein und ließ sich zum König von Sizilien krönen. Der junge Wilhelm wurde des Verrats bezichtig, womöglich geblendet und im Alpenraum gefangen gehalten, wo er schon bald gestorben sein soll.

Damit war das Ende des unabhängigen Königreichs sowie der Normannenherrschaft in Süditalien gekommen. Was folgte, waren deutsche Vasallen, die kaiserliche Machtansprüche durchsetzen sollten. Ihr rigides Vorgehen machte sie zunehmend unbeliebt. Als Heinrich VI. 1197 überraschend starb, versuchte Konstanze etliche Maßnahmen zu korrigieren. Als sie im folgenden Jahr selbst der Tod ereilte, verblieb nur ihr vierjähriger Sohn Friedrich, den sie Papst Innozenz III. (1198–1216) überantwortet hatte. Süditalien und Sizilien verblieben jahrelang in einem Zustand der Anarchie, in dem deutsche Vasallen, normannischstämmige Barone und Sarazenen miteinander stritten. Erst Konstanzes Sohn konnte als Friedrich II. (Federico II, Kaiser 1220–1250) diesen Kämpfen ein Ende setzen und seiner bevorzugten Region eine neue Blütezeit verschaffen. Diese Zeit gehört aber nicht mehr zur normannischen Geschichte, sondern zu der der deutschen Staufer.

9. Normannen als Kreuzfahrer – das Fürstentum Antiochia

Normannen im Osten

Eine Geschichte der Normannen wäre unvollständig ohne deren dauerhafte Intervention im östlichen Mittelmeer geschildert zu haben. Dort herrschte der Basileus (Kaiser) des Byzantinischen Reiches, dessen griechischsprachiges Kernvolk sich als Romäer (Römer) bezeichnete, nach Selbstverständnis als einzige und wahre Nachfolger des Imperium Romanum. Trotz immenser Gebietsverluste ganz Nordafrikas und Syriens an die Araber sowie Italiens an Araber (Sizilien) und Normannen (1071 ging mit Bari bekanntlich der letzte bedeutende Stützpunkt verloren) stellte Byzanz im 11. Jahrhundert noch immer ein beachtliches Imperium dar. Sein Reichsgebiet erstreckte sich von der Donau über den gesamten Balkan hinüber nach Kleinasien bis zum Kaukasus. Die Hauptstadt dieses Reiches suchte in Europa ihresgleichen: Konstantinopel (das heutige Istanbul) lag auf einer Landzunge des europäischen Bosporusufers, zwischen dem Marmarameer im Süden und dem Goldenen Horn im Norden. Die einzige Landverbindung im Westen schützten über acht Kilometer lange Steinmauern, selbst die Ufer waren stark befestigt. Die Bevölkerung dieser Metropole zählte bis zu einer halben Million Menschen, und bestand nicht nur aus der griechischen Führungsschicht, sondern auch aus Bulgaren, Juden, Armeniern, Syrern, Italienern und vielen anderen. Konstantinopel, wo nicht nur zahlreiche Handelswege zusammentrafen, war gleichsam ein Synonym für Luxus und Reichtum. Im ganzen Reich bestand erheblicher Bedarf an Soldaten, wofür man in steigendem Maße auf externe Söldner zurückgriff. Denn Byzanz befand sich letztlich ständig im Krieg, um seine Grenzen zu verteidigen, aber auch um Eroberungspläne umzusetzen – so in Sizilien und Süditalien (vgl. Kap. 7, 8). Zudem prägte erhebliche Gewalt die innenpolitischen Konflikte, denen nicht selten ein Kaiser zum Opfer fiel.

Unter den Söldnern tat sich besonders eine Truppe hervor, deren Angehörige im Kern aus Skandinavien kamen und somit als Wikinger bezeichnet werden dürfen. Allerdings standen sie anfangs im Dienst des Fürsten Vladimir von Kiew (980–1015), dem Herrscher des skandinavisch-slawischen Rus-Reiches, das nicht selten selbst mit seinen Flotten Konstantinopel bedroht hatte. Der Überlieferung nach sandte er im Jahr 989 6000 Waräger (vgl. Kap. 2) zu Kaiser Basileios II. (976–1025), damit dieser sie in seine Dienste nehme. Er und seine Nachfolger begründeten mit dieser Truppe die Warägergarde als Hof- und Leibwache des Kaisers in Konstantinopel, wo sie den Herrscher und seine diversen Paläste schützten. Darüber hinaus kämpften Waräger überall im Machtbereich des Byzantinischen Reiches, auch in Süditalien und auf Sizilien. Schon bald verknüpfte man mit dem Dienst in dieser Truppe hohes Prestige, das sogar Söhne skandinavischer Königshäuser anlockte. Die Warägergarde war also eine Elitetruppe, wahrscheinlich bestand sie aus wenigen tausend Mann. Zwar bildeten die Skandinavier ihr prägendes ethnisches Element, aber im Laufe der Zeit gehörten ebenso Slawen und Westeuropäer wie Engländer dazu. Sie sollten eine verschworene Gemeinschaft bilden, die ihren eigenen Bräuchen folgte, den kaiserlichen Gesetzen aber verpflichtet war. Sie hatte bis 1204 Bestand, als Kreuzritter das christlich-orthodoxe Konstantinopel eroberten und den byzantinischen Kaisern vorerst ein Ende bereiteten. In diesem Umfeld dürfen wir auch den einen oder anderen Normannen aus Nordfrankreich, England oder Süditalien vermuten. Dort trafen jedenfalls skandinavischstämmige Krieger aus beiden Lagern im Kampf aufeinander. Allerdings stellten die Waräger als Infanterie mit Streitäxten nur einen kleinen Teil der byzantinischen Söldnerscharen, unter denen ebenso die leicht bewaffneten Reiter der Armenier und Türken sowie die schwer bewaffneten Normannen Dienst taten.

Mit den Kriegen des 11. Jahrhunderts stieg der Bedarf an Söldnern weiter an: Übernahm man anfangs noch Hilfstruppen von lokalen Herrschern, so etwa 1038 300 normannische Ritter von Fürst Waimar IV. von Salerno, so kam es seit der Mitte des Jahrhunderts zu Anwerbungen direkt in Westeuropa. Die byzantinischen Chroniken bezeichnen alle Söldner von nördlich der Alpen als »Franken«, unter denen sich auch Normannen befanden. Erwähnt werden sie allerdings selten (Houben 2012, 78).

Von einigen normannischen Karrieren in byzantinischen Diensten hören wir in den Quellen dann aber doch. So etwa von dem Ritter Hervé, den die griechischen Zeugnisse als Erbebios ho Frangopoulos (Herwig der Franke) bezeichnen, dessen Herkunft unbekannt ist, der sich aber unter den erwähnten 300 Normannen befand, die unter Wilhelm Eisenarm in Sizilien für Byzanz kämpften. Damals scheint er in Diensten des oströmischen Kaisers verblieben zu sein, jedenfalls findet sich sein Name seit 1049 als Kommandeur einer Abteilung »Franken«. Diese kämpften wenig erfolgreich gegen die türkischen Reiterkrieger der Petschenegen, was Hervés Ruf am kaiserlichen Hof schadete. Er zog sich darauf mit 300 fränkischen Kriegern auf ein Landgut in Nordanatolien zurück. Dort fühlte er sich in seinen Ambitionen so sehr eingeschränkt, dass er sich mit einem türkischen Heerführer verbündete und nun gegen Byzanz kämpfte. Der Rest seiner Geschichte wird von Verrat, Gefangennahmen und Auslieferungen bestimmt, bis er schließlich erneut in kaiserliche Dienste trat und dann wiederum türkische Bestechungsgelder annahm. Kaiser Konstantin X. Dukas (1059–1067) ließ den unzuverlässigen Söldnerführer schließlich hinrichten.

Robert Crispin (frz. Crépin) hatte bereits in Spanien gegen die Mauren gekämpft, als er 1066 nach Süditalien kam und schließlich in den Dienst des byzantinischen Kaisers trat. Zwei Jahre später sicherte er die Reichsgrenze am oberen Euphrat gegen die Seldschuken. Der Dank des Kaisers fiel ihm offenbar zu gering aus, sodass er von seiner Burg in Nordanatolien aus Steuereintreiber ausplünderte. Der Kaiser erwies sich als gnädig und entließ ihn lediglich aus seinen Diensten. Der Machtwechsel zu Michael VII. Dukas (1067–1078) brachte Crispin wieder in Amt und Würden. Bis zu seinem Tod 1073 in Konstantinopel diente er dem Kaiser loyal. Die Schriftquellen ergehen sich in Gerüchten, Neider könnten ihn vergiftet haben.

Roussel Phrangopolos (»Sohn des Franken«, auch Ursel von Bailleul) brachte es unter den bekannten Normannen in byzantinischen Diensten am weitesten. Für 1063 ist er im Heer Rogers I. im Kampf gegen sizilianische Muslime bezeugt. 1071 zog er unter Robert Crispin in der Schlacht von Manzikert gegen die Seldschuken, die mit einer Niederlage und der Gefangennahme des Kaisers Romanos IV. (1068–1071) endete – Roussel hatte sich allerdings vorher von den Kämpfen zurückgezogen. Auch er erwies sich mehrmals als unsicherer Kantonist im kaiserlichen Heer. Den eskalierenden Kämpfen um den Thron war es geschuldet, dass Roussel plündernd durch Nord- und Mittelanatolien zog und sogar die Errichtung einer eigenständigen Herrschaft anstrebte. Womöglich dienten ihm dafür die Hauteville in Süditalien als Vorbild – seinen Bestrebungen war jedoch kein Erfolg beschieden. Als hingegen mit Johannes Dukas ein Onkel von Kaiser Michael VII. (1071–1078) sein Gefangener wurde, ließ ihn Roussel zum Kaiser ausrufen und marschierte mit ein paar tausend Franken gegen Konstantinopel, um dort die Macht zu übernehmen. Sein noch folgender militärischer wie politischer Werdegang bestand aus Niederlage, Verrat, Rehabilitation, Folter und Kerker bis hin zu seinem Tod 1078, der wie in Byzanz üblich durch einen Giftanschlag verursacht worden sein könnte.

Damit dürfte die Zeit der Söldnerführer und damit auch der Normannen im Byzantinischen Reich zu Ende gegangen sein. Denn wenige Jahre später bestieg mit dem »Soldatenkaiser« Alexios I. Komnenos (1081–1118) ein Herrscher den Thron, der dem Reich stabilere Verhältnisse brachte. Dazu trugen Heeresreformen mit Einschränkung der Söldnerdienste und Erfolge gegen die Petschenegen mit bei. Die nächsten Normannen in Konstantinopel kamen in großer Zahl und als Pilger auf dem Weg nach Jerusalem.

Bohemund der Kreuzfahrer

Man könnte sagen, dass Byzanz selbst daran Schuld trug: Hatte man sich doch des öfteren an die abendländische Christenheit gewandt und um Hilfe gegen die Muslime gebeten. Im November 1095 griff Papst Urban II. (1088–1099) während eines Konzils in Clermont in der Auvergne diese Hilfsgesuche auf und verkündete einen Aufruf, den man erst viel später als Beginn des

Ersten Kreuzzugs bewertet hat. Nach dem Chronisten Fulcher von Chartres appellierte Urban, den bedrängten Glaubensbrüdern im Osten zu helfen. Die Seldschuken hätten diese angegriffen und seien bis zum Mittelmeer vorgedrungen. Zahlreiche Christen seien getötet oder gefangen genommen worden, die Kirchen seien zerstört, das Reich Gottes sei verwüstet. Wer dorthin ziehe und bei der Fahrt zu Lande oder zu Wasser oder im Kampf gegen die Heiden sein Leben verliere, dem werde unmittelbar die Remissio peccatorum, die »Vergebung der Sünden«, gewährt. Urban habe sich auf Gott berufen, als er diejenigen zum Kampf aufforderte, die bisher gewohnt waren, Privatfehden unter Christen zu führen. Die einst Räuber waren, sollten nun zu Christi milites, zu »Soldaten Christi«, werden. Sie könnten jetzt mit Recht gegen Barbaren kämpfen, statt mit ihren Brüdern und Verwandten zu streiten. Anstelle geringen Soldes könnten sie Aeterna praemia, »ewigen Lohn«, erwerben. Nach den Worten des Chronisten erfüllte die Zuhörer heiliger Eifer; sie glaubten, nichts könne ruhmvoller sein als sich auf den weiten Weg zu machen. Immer wieder unterbrachen sie die Rede des Papstes mit dem begeisternd zustimmenden Ausruf Deus lo vult! (»Gott will es!«).

Viele erklärten sich sogleich bereit, den Zug zu beginnen. Jene Männer verstanden sich als Pilger unter Waffen, mit den charakteristischen Kennzeichen des Pilgerstabs und der Pilgertasche. Daher sprachen die Zeitgenossen von einer Peregrinatio, einer »Wallfahrt«, ins Heilige Land und nicht von einem Kreuzzug – dieser Begriff fand erst viele Jahrhunderte später in der Neuzeit Verwendung. Neben dem Seelenheil versprach natürlich ein Kriegszug in das reiche Byzanz viele Möglichkeiten, an Sold und Beute zu gelangen. Außerdem hatten erst vor wenigen Jahren normannische Ritter den »Heiden« Sizilien entrissen, 1085 war König Alfons VI. von Kastilien (1072–1109) die Eroberung des maurischen Toledo gelungen. Gegen Ende des 11. Jahrhunderts entwickelte sich das im fernen nordwestspanischen Galizien gelegene Santiago de Compostela zu einem viel besuchten Wallfahrtsort. Insofern gab es etliche Gründe, warum der Aufruf Papst Urbans II. in vielen Teilen des Abendlandes auf große Resonanz stieß, überwiegend allerdings in Frankreich und benachbarten Gebieten wie Lothringen. Der Appell von Clermont hatte überdies eine größere Dimension angenommen: Aus der Hilfe für die Oströmer war die Befreiung des Heiligen Landes und Jerusalems geworden.

Unter denen, die sich besonders angesprochen fühlten, befanden sich viele Normannen aus der Normandie und Süditalien. Ihre starke Verbundenheit mit der Kirche und ihre ausgeprägte Kampfkraft boten im Verbund mit der vielberufenen Abenteuerlust und dem Sinn nach Beute und Reichtum ausreichende Gründe, sich auf den Weg zu machen. Zu ihnen gehörte auch Bohemund von Tarent, der um 1051 geborene und damit älteste Sohn Robert Guiscards und seiner Frau Alberada (vgl. Kap. 7). Nach dem Chronisten Ordericus Vitalis soll Robert seinen hochgewachsenen und auf den Namen Markus getauften Sohn nach dem Riesen Boamundus benannt haben, dessen Geschichte er von einem Spielmann hörte. Byzanz und seine Truppen waren Bohemund nicht fremd, hatte er doch gemeinsam mit seinem Vater nach 1080 auf dem Balkan gegen das Heer von Kaiser Alexios I. gekämpft. Nach Roberts Tod 1085 hatte sein Ehrgeiz einen Dämpfer erhalten, als sein Halbbruder Roger Borsa im Herzogtum Apulien Nachfolger des Vaters wurde, während Bohemund sich nur Fürst von Tarent nennen durfte. Damit wollte er sich nicht zufrieden geben und unternahm deshalb mehrere Aufstände gegen Roger, denen allerdings kein Erfolg beschieden war. Insofern mag dem frustrierten Fürsten von Tarent der päpstliche Aufruf zur bewaffneten Wallfahrt gerade recht gekommen sein.

Im Angesicht der durch Süditalien ziehenden Kreuzritterheere machte sich Bohemund auf den Weg: Im Oktober 1096 setzte er mit 500 normannischen Rittern und in Begleitung seines Neffen Tankred (1072–1112), eines Enkels Robert Guiscards, über die Adria und zog durch Albanien und Nordgriechenland nach Konstantinopel. Auf diesem Weg kam er in Gebiete, die er vom Krieg gegen den Kaiser zehn Jahre zuvor gut kannte, nun wollte er Alexios I. seine Dienste anbieten. Davon ging dieser zumindest aus, erwartete er doch von den Kreuzrittern den Vasalleneid. Das Ritterheer des Westens versammelte sich demgemäß im Frühjahr 1097 vor Konstantinopel, um den Oströmern beizustehen und Jerusalem zu befreien. Dazu zählten die Provenzalen des Grafen Raimund IV. von Toulouse (1085/88–1105), die Lothringer um ihren Herzog Gottfried von Bouillon (1089–1100) und dessen jüngeren Bruder Balduin sowie mit Graf Hugo von Vermandois (1057–1101) der Bruder des französischen Königs Philipp I. Dazu kamen normannische und flämische Kontingente aus Nordfrankreich unter der Führung Herzog Roberts II. von der Normandie (vgl. Kap. 4), des Grafen Stephan von Blois (1089–1102) und des Grafen Robert II. von Flandern (1093–1111). Nicht zu vergessen das zweite normannische Heer aus Süditalien unter der Führung Bohemunds. Schätzungen gehen davon aus, dass damals um die 50.000 Westeuropäer am Bosporus zusammenkamen: 7.000 berittene Krieger, 20.000 Fußkämpfer und ein großer Tross, zu dem auch die eine oder andere Ehefrau eines Ritters gehörte.

Die Einwohner Konstantinopels und seines Umlandes fühlten sich schon bald unbehaglich beim Anblick dieser Menschenmassen, die sie letztlich doch als Barbaren ansahen. Die byzantinische Kaisertochter Anna Komnena (1083–1154) beschrieb später, wie die Byzantiner diese bewaffnete Wallfahrt einschätzten: Im Westen sei eine Bewegung von Männern und Frauen entstanden, wie es sie seit Menschengedenken noch nicht gegeben habe. Die einfachsten Menschen seien von der Sehnsucht erfüllt worden, am Heiligen Grab zu beten und die heiligen Stätten zu erblicken. Damals habe es auf allen Straßen Konstantinopels nur so gewimmelt von diesen Leuten, die von glühender Begeisterung ergriffen waren. Die fränkischen Krieger seien in Begleitung unzähliger Unbewaffneter gewesen – zahlreicher als die Sandkörner und die Sterne, mit Palmzweigen in Händen und Kreuzen auf der Schulter. Männer, Frauen und Kinder seien es gewesen, die allesamt ihre Heimat verlassen hatten. Wenn die Franken – die Westeuropäer also – erst einmal in Fahrt seien, könne man sie nicht mehr aufhalten. In ihrem Geschichtswerk Alexiade geht sie auf die Herrschaftsjahre ihres Vaters Alexios I. und als vermutliche Augenzeugin auf die Geschehnisse von 1097 ein. Dabei fiel ihr die Erscheinung eines normannischen Ritters besonders auf, die sie später auf Robert Guiscard übertrug, die aber wohl ursprünglich auf den Kreuzritter Bohemund von Tarent gemünzt war: »Dieser Robert, von Geburt Normanne und von dunkler Herkunft, verband großen Ehrgeiz mit außerordentlichem Scharfsinn. Seine Körperkraft war bemerkenswert. Sein ganzes Verlangen war, Vermögen und hohe Stellung der Mächtigen zu gewinnen. Nichts konnte ihn an der Ausführung seiner Pläne hindern, und, um dieses Ziel zu erreichen, traf er seine Maßnahmen in unfehlbarer Weise. Seine hohe Gestalt überragte diejenige der größten Krieger. Seine Gesichtsfarbe war rötlich, sein Haar blond, seine Schultern breit. Seine Augen schienen Blitze zu schleudern. Gut gebaut in den Partien, die von Natur aus breiter sein sollen, war er so glücklich proportioniert, dass er dort schlanker wurde, wo man mehr Feinheit und Eleganz erwartet. So war dieser Mann, wie ich es oft von vielen habe sagen hören, vom Kopf bis zu den Füßen gut gewachsen. Was seine Stimme angeht: Wenn Homer von Achill hat sagen können, dass die Menschen, wenn sie ihn hörten, den Eindruck einer aufgeregten Menge hatten, so schlug der Schrei dieses Kriegers, wie man berichtet, Tausende in die Flucht.« (Zitat bei Houben 2012, 84) In dieser bemerkenswerten Personenbeschreibung mag noch das alte Wikingererbe anklingen und ebenso dessen Klischee – allerdings sollte sich Bohemund in der Tat als ehrgeiziger, fähiger und entschlossener Heerführer erweisen, der sich in bester normannischer Tradition ein eigenes Reich erobern wollte.

Das Verhältnis zwischen Kaiser Alexios I. und den Anführern der Kreuzritterscharen schien in jenem Frühjahr 1097 von gegenseitigem Misstrauen geprägt. Denn natürlich versuchte der Basileus die Westeuropäer für seine Zwecke einzuspannen und sie sich als Lehensmänner zu verpflichten. Diese wiederum dachten nicht daran, ihre erhofften Eroberungen der Hoheit des Byzantiners zu unterstellen und ihren Gewinn auf diese Weise zu schmälern. Der Rest bestand aus politischer Taktik: Während die Mehrheit einschließlich Bohemunds den gewünschten Vasalleneid abgab und dafür überreichlich beschenkt wurde – die Rede ist von Gold, Silber, Purpurstoffen und Edelpferden – verweigerten ihn Raimund von Toulouse und Tankred. Aber schließlich brach man doch auf, versorgt mit den Lebensmitteln des Kaisers und geführt von dessen landeskundigen Führern.

Den Weg durch Kleinasien bewältigte man teils gemeinsam, teils getrennt, aber immer in Richtung Südosten ins Heilige Land. Schon bald gelangten die bewaffneten Wallfahrer vor die Stadt Nikaia (Iznik), die seit wenigen Jahren Hauptstadt der so genannten Rumseldschuken war. Diese hatten Kaiser Alexios I. fast ganz Kleinasien abgenommen und waren Konstantinopel bedenklich nahe gerückt. Hier erstritten die Normannen, Lothringer, Provenzalen und anderen Europäer ihren ersten Sieg. Um ihn zu gewährleisten war jedoch der Kaiser selbst angerückt und man hatte die Stadt derart massiv belagert, dass deren Befehlshaber kapitulierte. Alexios I. schloss ein Abkommen mit dem Sultan und belohnte die auf Plünderungen und Beute erpichten Heerscharen mit reichen Geschenken aus seiner eigenen Schatulle.

Auf dem Kreuzzug

Danach standen den Kreuzrittern die Straßen durch Anatolien offen, die sie nach zwei Jahren schließlich vor die Mauern Jerusalems bringen sollten. Allerdings gaben die gefürchteten Reiterkrieger der Seldschuken nicht klein bei. Belagerungen und Schlachten kennzeichneten diesen Zug. Bündnisse, Friedensvereinbarungen, Verrat und Massaker wechselten sich ab. Im Sommer 1097 errang das Kreuzzugsheer in der Schlacht von Doryläum und damit immer noch im Nordwesten Kleinasiens einen überzeugenden Sieg und schlug die Rumseldschuken in die Flucht. Dabei bewies Bohemund seine Kampf- und Führungsstärke, die sein Ansehen enorm förderte. Je weiter die Heere vordrangen, umso mehr wurden sie mit den komplizierten Bevölkerungsverhältnissen konfrontiert, die von verschiedenen Ethnien und Religionen geprägt waren: Die muslimische Bevölkerung akzeptierte die Eindringlinge nur mit Widerwillen, musste sie doch mit dem Schlimmsten rechnen. Die Christen, etwa die Armenier, scheinen die Kreuzritter hingegen als Befreier von den Muslimen begrüßt zu haben. Im Oktober 1097 erreichte Bohemund Syrien mit der bedeutenden Stadt Antiochia (Antakya in der heutigen Türkei). Als griechische Gründung der

Diadochen gewann die Stadt am Orontes im Römischen Reich große Bedeutung und konnte sich sogar mit dem ägyptischen Alexandria messen. Nach der Christianisierung befand sich dort eines der fünf Patriarchate, was sie an die Seite von Rom und Jerusalem stellte. Mit der arabischen Eroberung 637 entglitt Antiochia der byzantinischen Herrschaft, konnte allerdings nach über 300 Jahren zurückerobert werden (969). Es folgte im 11. Jahrhundert der Siegessturm der türkischstämmigen und muslimischen Seldschuken, die das byzantinische Kleinasien überrollten, bis vor die Tore Konstantinopels drangen und schließlich 1084 Antiochia einnahmen. Der Verlust dieser bedeutenden Stadt im Osten seines Reiches schmerzte den byzantinischen Kaiser und darum ist es nicht unwahrscheinlich, dass ihre Rückeroberung durch die Kreuzritter eines seiner Hauptziele war (Asbridge 2015, 75 ff.).

Diese sahen sich nach monatelangem Marsch mit gewaltigen Stadtmauern mitsamt 60 Türmen konfrontiert, die es zu überwinden galt. Es folgten weitere Monate einer für beide Seiten zermürbenden Belagerung. Dabei ging vieles der Pracht verloren, die Albert von Aachen von den anrückenden Heeresabteilungen am 21. Oktober 1097 regelrecht besingt: »Die Kreuzfahrer zogen auf die Mauern von Antiochia zu, und im Glanze der vergoldeten, grünen, roten und andersfarbigen Schilde entfalteten sie ihre goldenen und purpurnen Banner; sie ritten auf Schlachtrossen und trugen funkelnde Schilde und Helme (Pernoud 1971, S. 72). Dem folgten etliche Greueltaten auf beiden Seiten, denen Türken und in der Stadt christliche Griechen, Syrer und Armenier zum Opfer fielen. Bohemund gelang es schließlich, den armenischen Kommandanten der Stadt auf seine Seite zu ziehen. Dessen Hilfe ermöglichte dem Normannen und seinen Rittern die Mauern Anfang Juni 1098 zu ersteigen und die Tore für das Kreuzritterheer zu öffnen. Nun folgte ein Gemetzel an der muslimischen Bevölkerung: »Alle Plätze der Stadt waren mit Leichen bedeckt, dermaßen, dass niemand sich wegen des Gestanks dort aufhalten konnte. In den Straßen konnte man nur gehen, indem man über die Körper der Toten hinwegstieg.« (Pernoud 1971, S. 82). Nur wenige Tage nach diesem blutigen Sieg sah sich das Kreuzfahrerheer selbst in Antiochia von Feinden belagert, nämlich von den seldschukischen Truppen des Emirs von Mossul. Die nun zu Belagerten gewordenen Kämpfer waren erschöpft und fanden in der Stadt kaum Nahrungsmittel. Aber einem Kampf in offener Feldschlacht fühlten sie sich auch nicht gewachsen. In dieser aussichtslosen Situation ereignete sich eines jener Wunder, wie sie nach den zeitgenössischen Quellen nicht selten waren: Angeblich fand man in der Kathedrale St. Peter (heute die St.-Petrus-Grotte bei Antakya) die Heilige Lanze, mit der ein römischer Soldat einst dem Gekreuzigten in die Seite gestochen hatte. Selbst den Christen in Antiochia kamen Zweifel, ob die Reliquie wirklich echt sei. Doch dem neu erwachten Kampfgeist tat dies offensichtlich keinen Abbruch: Obwohl erschöpft und in der Minderzahl wagte man einen Ausbruch. Das Wunder geschah: Die Kreuzritter erkämpften einen überwältigenden Sieg; den überlebenden Seldschuken blieb nur die Flucht.

Um die damit gewonnene altehrwürdige Metropole am Weg nach Jerusalem entbrannte ziemlich schnell ein Streit zwischen Bohemund und Raimund von Toulouse, den der Normanne nach erschöpfenden Monaten für sich entschied. Bohemund behauptete sich in Antiochia und verzichtete vorerst auf den Kampf um Jerusalem. Nach dessen Eroberung am 15. Juli 1099 währte es bis gegen Ende des Jahres, bis sich Bohemund endlich gemeinsam mit Balduin von Boulogne auf den Weg machte, um sein Kreuzzugsgelübde zu erfüllen. Begleitet und offenkundig wohlwollend aufgenomen wurde er vom päpstlichen Legaten und Patriarchen von Jerusalem Daibert von Pisa (Dagobert, 1099–1102 Patriarch), der ihn auch als Fürst von Antiochia einsetzte. Damit hatte Bohemund sein Ziel einer eigenen, praktisch unabhängigen Herrschaft erreicht. Denn sein Fürstentum stand von nun an zumindest formal in einer Reihe mit den anderen Kreuzfahrerstaaten, nämlich dem Königreich Jerusalem und den Grafschaften Edessa und Tripolis. Aber das Glück war ihm nicht hold: Als er im folgenden Jahr dem armenischen Herrn von Melitene (Malatya) im östlichen Anatolien in 300 km Entfernung Hilfe gegen die türkischen Danischmenden brachte, erlitt er mit seinem Heer eine schwere Niederlage und geriet in Gefangenschaft. Diese währte über 2,5 Jahre bis 1103, bis endlich das geforderte Lösegeld bezahlt worden war. In seinem Vetter Tankred fand Bohemund einen guten Regenten, der sich als verantwortungsvoll und erfolgreich erwies. Immerhin konnte er das Herrschaftsgebiet des Fürstentums 1101 um Kilikien und zwei Jahre später um Latakia erweitern. Nach seiner Rückkehr nahm Bohemund gemeinsam mit Tankred und der Grafschaft von Edessa sofort den Kampf gegen die muslimischen Gruppen wieder auf, was schließlich im Mai 1104 in der Schlacht von Harran gipfelte. Diese erste große Schlacht zwischen Kreuzfahrerstaaten und Moslems geriet für die Kreuzritter zu einem Debakel. Hier nun offenbarte sich die Vielzahl der beteiligten Parteien; denn es ging nicht nur um die Behauptung der neuen Reiche gegen die ihrerseits zerstrittenen diversen Muslimgruppen. Ebenso war Byzanz an der Kontrolle über seine ehemaligen Gebiete interessiert. In diesem Sinne stellte die verheerende Kreuzritterniederlage einen Erfolg dar. Denn die armenischen Städte in Kilikien und Latakia nahmen die Schwäche der neuen Herren wahr und unterstellten sich lieber wieder Byzanz.

Bohemund war an den Verhältnissen vor Ort eher uninteressiert, setzte Tankred weiterhin als Regenten ein und reiste noch im Jahr der Schlacht nach Süditalien zurück, um angeblich Verstärkung und Unterstützung zu gewinnen. Er sollte sein Fürstentum im Orient nicht wiedersehen. Zurück in Europa bereiste er nicht nur Italien, sondern auch Frankreich, wo er allerorts Kreuzfahrer anwarb, aber auch Propaganda gegen den byzantinischen Kaiser betrieb. 1106 zog er als Pilger nach Saint-Léonard in Noblat (bei Limoges), wo er gegenüber Sankt Leonard, dem Schutzpatron der Gefangenen, ein Gelübde ablegte. Bohemund scheint laut Ordericus Vitalis als Held des Kreuzzugs gefeiert worden zu sein – sein seltsamer Name wurde als Personenname populär. Aber der berühmte Normanne nutzte seine Reise auch dazu, um politische Kontakte zu knüpfen und sich zu vermählen: Er gewann mit Konstanze (um 1078–1126) die Hand der Tochter König Philipps I. von Frankreich. Ein zweiter Eheschluss von dessen Tochter Cecilie mit Tankred festigte die Beziehungen zu den Kapetingern. Mit Konstanze hatte Bohemund zwei Söhne, deren jüngerer früh in Apulien starb. Der Ältere (* 1108) wurde als Bohemund II. sein Erbe und Nachfolger.

Überraschenderweise kehrte Bohemund nicht möglichst rasch mit seinem Heer nach Antiochia zurück, wo der treue Tankred weiter die Stellung hielt. Der Fürst setzte hingegen mit seinem Heer nach Albanien über und verzettelte sich mit einem Angriff auf den Kaiser von Byzanz. Diese Unternehmung in den Jahren 1107/08 schlug fehl, da Alexios I. nicht nur militärisch punkten konnte, sondern mit Hilfe der venezianischen Flotte den Nachschub Bohemunds unterband. Selbst auf die Zahlung von Bestechungsgeldern an Normannen griff er zurück. Schließlich sah sich Bohemund gezwungen, Verhandlungen mit dem Byzantiner aufzunehmen. 1108 schloss man in Devoll in Albanien einen Vertrag, der Bohemund erhebliche Zugeständnisse abnötige. Dieser erkannte nun Alexios als Lehnsherrn an und empfing von ihm das Fürstentum Antiochia als Lehen; nach seinem Tod sollte das Gebiet an den Kaiser zurückfallen. Außerdem erklärte er sich mit der Wiedereinsetzung des griechisch-orthodoxen Patriarchen von Antiochia einverstanden. Freilich fühlte sich sein Regent Tankred nicht an den Vertrag gebunden. Nach seinem Balkan-Misserfolg kehrte Bohemund nach Apulien zurück, wo er schließlich drei Jahre später starb. Konstanze ließ ihrem Mann in Canosa di Puglia (bei Bari) ein Mausoleum errichten, das heute als »die älteste noch erhaltene normannische Begräbnisstätte Unteritaliens« (Rowley 2003, 137) gilt (Teil der Kathedrale San Sabino).

Das Fürstentum Antiochia

Da Bohemunds Sohn und Erbfolger noch ein Kleinkind war, blieb er mit seiner Mutter im Fürstentum Tarent, während Tankred weiterhin die Regentschaft ausübte. Dabei wurde dieser seinem Ruf als einer der Erstürmer Jerusalems mehr als gerecht. Bekanntlich festigte er die Stellung Antiochias durch die Eroberung angrenzender Gebiete. Insbesondere kam es mit der seldschukischen Herrschaft von Aleppo zu Auseinandersetzungen, dessen Fürst Ridwan (1095–1113) 1105 eine Niederlage erlitt. Tankred errichtete zudem Befestigungen an den Grenzen; es gelang ihm sogar, die mächtige und bis heute berühmteste Kreuzritterburg Krak des Chevaliers unter seine Kontrolle zu bringen (später sollte sie der Grafschaft Tripolis zufallen). Das Verhältnis zu den muslimischen Nachbarn war allerdings nicht ständig von Gewalt geprägt. Es kam wie andernorts in den Kreuzfahrerstaaten zu Bündnissen zwischen Christen und Muslimen, die ihrerseits zerstritten waren. Ertragreicher als Eroberungen erwiesen sich oftmals Tributzahlungen, die die Nichtchristen zu entrichten hatten. Tankreds langjährige Regentschaft hatte sich insofern für das Fürstentum als erfolgreich erwiesen, als der 40-Jährige im Dezember 1112 an Typhus starb.

Als seinen Nachfolger hatte er seinen Neffen Roger von Salerno ausersehen, der auch dem Haus Hauteville angehörte. Obwohl ihm Tankred die Anerkennung des noch minderjährigen Bohemund abgenötigt hatte, nannte er sich selbst Fürst von Antiochia. Stärker noch als sein Vorgänger suchte er die militärische Auseinandersetzung vor allem mit Aleppo und war dabei auch durchaus erfolgreich. Sein frühes und desaströses Ende ist jedoch seiner Unüberlegtheit und seinem kämpferischem Temperament zuzuschreiben. Denn 1119 schlug ein muslimisches Bündnis um Aleppo zurück und griff das Fürstentum an. Roger hätte das Heer des Königs von Jerusalem als Verstärkung abwarten können, das die Siegeschancen erheblich erhöht hätte. Doch er stellte sich im Juni des Jahres den Angreifern westlich von Aleppo und es kam zur Schlacht. Sie ist in die Annalen als »Schlacht auf dem Blutfeld« (Houben 2012, 93) eingegangen, was selbstredend die christliche Perspektive widergibt. Von den 700 Rittern und 3000 Fußsoldaten überlebten nur wenige, Roger selbst fiel im Kampf. 20 Jahre nach der Begründung der normannischen Herrschaft in Antiochia war deren Blütezeit vorbei. Denn das Fürstentum verlor einen Großteil seiner Ritterschaft und seines Territoriums. Die gewonnene Macht ging verloren, Antiochias weiteres Geschick hing nun vom Königreich Jerusalem ab. Dessen Herrscher Balduin II. (1118–1131) übernahm die weitere Regentschaft.

Sein Reich galt als das vornehmste jener christlichen Länder in Palästina, die als Kreuzfahrerstaaten fast zwei Jahrhunderte bestehen sollten. Der legendäre und weithin gerühmte Anführer des 1. Kreuzzugs, Gottfried von Bouillon, ließ sich übrigens nicht zum König krönen, sondern nannte sich bescheiden »Verteidiger des Heiligen Grabes« (Advocatus Sancti Sepulchri). Nach seinem Tod wurde sein jüngerer Bruder Balduin der erste König von Jerusalem und am Weihnachtstag 1100 in der Geburtskirche von Bethlehem gekrönt. Ihm folgte sein Vetter, der oben genannte Balduin II. In den folgenden Jahrzehnten setzten sich die Kreuzritter zumeist gegen die zerstrittenen muslimischen Parteien durch. Nördlich des Königreichs Jerusalem, das sich vom Golf von Akaba bis in den Libanon erstreckte, schlossen sich die Grafschaft Tripolis, das Fürstentum Antiochia und die Grafschaft Edessa an. Der christliche Machtbereich dehnte sich somit längs der Mittelmeerküste aus und reichte selten mehr als 100 Kilometer ins Landesinnere. Nur Edessa lag abgelegen jenseits des nördlichen Euphrats und galt deshalb als schwächste und bedrohteste Herrschaft.

Über die Zahl der während dieser Herrschaft eingewanderten Europäer liegen nur vage Schätzungen vor; demnach lebten im Königreich Jerusalem auf dem Höhepunkt seiner Macht über 100.000 »Franken«. Ihnen dürften etwa dreimal so viele einheimische Moslems, Christen und Juden gegenübergestanden haben. Die Masse der Europäer bewohnte die Städte, insbesondere Jerusalem und Akkon. Letzteres entwickelte sich zum bedeutendsten Hafen und Handelsplatz des Heiligen Landes. Dort florierte der internationale Orienthandel, dort liefen die Schiffe der italienischen Seestädte Venedig, Genua und Pisa das Königreich an. Wie schnell man sich in der neuen Heimat zuhause fühlte, berichtet der Chronist Fulcher von Chartres († 1127): »Wir Abendländer wurden zu Orientalen; wer ein Römer oder Franke war, ist in diesem Land zum Galiläer oder zum Palästinenser geworden. Wer aus Reims oder Chartres kam, wurde zum Tyrer oder Antiochener. Schon haben wir unsere Geburtsstätten vergessen, schon sind sie den meisten von uns unbekannte, nie gehörte Namen. Der eine besitzt hier ein eigenes Haus mit Gesinde, wie vom Vater ererbt, der andere heiratete eine Frau, nicht nur eine Landsmännin, sondern auch eine Syrerin oder getaufte Sarazenin. Wer ein Fremder war, ist gleichsam einheimisch geworden … Die zuhause arm waren, hier macht Gott sie reich.« (Haas 2002, 125 f.) In der Tat erlebte das Königreich Jerusalem neben allen Kämpfen auch Zeiten friedlicher Koexistenz. Christliche Siedler kamen ins Land und bauten Wein, Olivenöl und Zuckerrohr an, gewannen Salz am Toten Meer und trieben Fischfang. Zisternen und Wasserbecken sorgten für landwirtschaftliche Erträge, durch eine kluge Steuerpolitik des Königs begünstigt. Zwischen Kreuzfahrern und Arabern entwickelten sich Kontakte, die zu guten Geschäftsbeziehungen führten. Im Königreich galt auch weibliches Erbrecht, dazu traten ungewohnte persönliche Freiheiten. Dies alles lockte nicht nur Ritter, sondern auch Bürger, Handwerker und Kaufleute an. Zweifelsohne bildeten die adligen Ritter eine Herrenschicht, die in allen vier Ländern das Sagen hatte. Erst weit darunter folgten die Juden und Muslime, die – ähnlich den islamischen Gepflogenheiten – spezielle Steuern zu entrichten hatten.

Für Antiochia dürften zumindest die Verhältnisse der Einwanderer anders gelegen haben. Denn eine regelrechte Masseneinwanderung fand hier niemals statt. Wie in Süditalien etablierte sich eine dünne Oberschicht normannischer Ritter. Ihr Zentrum fanden diese Normannen im stark befestigten Antiochia, übers Land verstreut residierten sie in ihren Kreuzritterburgen. Die Verhältnisse muss man als feudal und kolonial bezeichnen, denn die Haupteinnahmequelle war die Pacht der einheimischen Bauern. Außerdem wurden Militärexpeditionen unternommen. Unter diesen gesellschaftlichen Verhältnissen kam es natürlich zu keinen Verbindungen zwischen den Bevölkerungsgruppen. Der normannische Adel herrschte von seinen Burgen im Bewusstsein der gleichen Abstammung bzw. Verwandtschaft und wurde von Gefolgschaftstreue und gegenseitigen Verpflichtungen zusammengehalten.

Bereits 1119 bezahlte dieser Adel in der erwähnten Schlacht auf dem Blutfeld einen so hohen Blutzoll, dass die Familien normannischer Herkunft in die Minderheit gerieten. Zumal unter den nachrückenden Adelsfamilien kaum noch Normannen waren; dagegen wuchs der Einfluss anderer französischer Aristokraten. Was die inneren Strukturen des Fürstentums betraf, versuchte bereits Bohemund Grundzüge der andernorts beschriebenen Normannitas einzuführen und normannisches Recht auch hier anzuwenden. In der Staatsverwaltung zeichneten sich

Mischformen westeuropäischer wie byzantinischer Formen ab, was unter anderem westliche Ämter wie Marschall und Kämmerer sowie oströmische wie der Dux (Leiter der Stadtverwaltung) und Praetor (Zivilrichter) verdeutlichen. Kirchenpolitisch bemühten sich die Fürsten und Regenten, die römische Kirche gegen den Widerstand des orthodoxen Byzanz durchzusetzen. Dies belegt zuvorderst die Besetzung des lateinischen Patriarchats von Antiochia mit dem provenzalischen Kleriker Bernhard von Valence (1100–1135), der als streitbarer Kirchenfürst 1119 nur mit Mühe dem Schlachttod entronnen war. Andere Stationen normannischer Kirchenpolitik waren die Einführung des lateinischen Ritus und römischer Bischöfe, die Gründung mehrerer Benediktinerabteien sowie die Aufnahme und Förderung von Ordensrittern. Von einer dauerhaften Konfrontationspolitik zu sprechen wäre aber unangemessen, denn insgesamt lebten die unterschiedlichen Bevölkerungsgruppen doch friedlich miteinander. Antiochia übernahm sogar ähnlich wie das sizilianische Palermo die Rolle eines Kulturmittlers zwischen dem Abendland und Arabern. Hier entstand auf christlicher Basis durchaus so etwas wie eine multikulturelle Gesellschaft, in der auch die griechische und arabische Sprache gepflegt wurde. Für die weitreisende und polyglotte Gelehrtenwelt Antiochias mag Stephan von Pisa sprechen, der um 1125 nach Antiochia kam. Er übersetzte medizinische, astronomische und mathematische Werke vom Arabischen ins Lateinische und gilt als Vermittler der indisch-arabischen Ziffern.

In diesem Umfeld trat 1126 endlich Bohemund II. (1126–1130) die Nachfolge seines Vaters an und reiste von Apulien nach Antiochia. Abgesehen davon, dass er zwei Jahre später sein italienisches Fürstentum an Roger II. von Sizilien abtreten musste (vgl. Kap. 8), waren seine Regierungsjahre überwiegend von Kämpfen bestimmt. Dazu gehörten innerchristliche Auseinandersetzungen, aber auch Züge gegen die muslimischen Nachbarn. Dabei fand Bohemund während eines Feldzugs gegen die turkmenischen Danischmenden in Anatolien den Tod. Aus seiner Ehe mit Alice (um 1110 – nach 1137), der Tochter König Balduins II. von Jerusalem, hinterließ er eine Tochter, Konstanze von Antiochia (1127–1163). Ähnlich wie später unter ihrer Namensvetterin in Sizilien fand mit ihr die eigentliche normannische Geschichte Antiochias ein Ende. Nach Bohemunds Schlachttod kam es zu einer veritablen Nachfolgekrise, als statt seiner Witwe Alice deren Vater Balduin II. erneut die Regentschaft übernahm. Ihm folgte als König wie als Regent Fulco von Jerusalem (Fulco V. von Anjou; 1131–1143). Nachdem die noch nicht zehnjährige Konstanze 1136 mit Raimund von Poitiers (Raymond de Poitiers) vermählt worden war, trat dieser die Herrschaft über das Fürstentum an (1136–1149). Er kam vom englischen Hof, wo er erzogen worden war und ihn die Einladung Fulcos erreichte, er möge die antiochische Thronfolgerin heiraten.

Raimunds Regierungsantritt führte noch einmal zu einem neuerlichen Zuzug französischer Gefolgsleute. Seine Herrschaft stand freilich unter keinem günstigen Stern: Anfangs musste er sich dem byzantinischen Kaiser Johannes II. Komnenos (1118–1143) beugen und dessen Lehenshoheit über Antiochia anerkennen. 1144 erlebte er die Vernichtung des Kreuzfahrerstaates Edessa durch Zengi von Mossul und Aleppo (1127–1146), was den militärischen Druck auf sein Fürstentum verstärkte. Im Frühjahr 1147 empfing Raimund seine Verwandte Eleonore von Aquitanien und deren damaligen Gemahl Ludwig VII. von Frankreich (vgl. Kap. 6). Hilfe erhielt er von diesem allerdings nicht, wie überhaupt sich der ganze 2. Kreuzzug als Debakel erwies, das die abendländischen Herrscher und Heerführer schnell hinter sich bringen wollten. Schließlich musste sich Raimund des syrischen Herrschers Nur ad-Din (1146–1174) erwehren, der mit Erfolg Antiochia bedrängte. Im Juni 1149 fand der Fürst bei einer Niederlage seines Heeres den Tod. Sein Kopf soll dem Kalifen von Bagdad gesandt worden sein. Vier Jahre später heiratete die verwitwete Konstanze Rainald von Chatillon (frz. Renaud de Châtillon), der mit König Ludwig dem VII. ins Heilige Land gekommen und geblieben war. Er regierte von 1153 bis 1160 als Fürst über Antiochien, geriet dann in jahrelange Gefangenschaft in Aleppo, worüber seine Frau Konstanze 1163 starb. Nach seiner Freilassung erwarb Rainald wenig Ruhm wegen seiner Überfälle auf muslimische Karawanen. 1187 ließ ihn der siegreiche Saladin, Sultan von Ägypten und Syrien (1171–1193), nach der für die Kreuzritter Jerusalems katastrophalen Schlacht von

Hattin hinrichten. In Antiochia regierte derweil Bohemund III. (1163–1201), der Sohn Konstanzes und ihres ersten Ehemannes Raimund von Poitiers. Von normannischem Geist war nicht mehr übrig geblieben als eine historische Erinnerung. Ihr ist die Beibehaltung des Namens Bohemund geschuldet – bis hin zu Bohemund VI., der 1268 die Eroberung Antiochias durch die Mamelucken hinnehmen musste. Damit endete die Geschichte des von süditalienischen Normannen gegründeten Fürstentums.

10. Normannisches Erbe und normannische Kultur

Erbe und Erinnerung

Wie dargelegt, lässt sich nach 1200 kaum noch von Normannen sprechen – mit Ausnahme der Normandie, wo es bekanntlich zu einer größeren Einwanderung von Skandinaviern gekommen war und ein dementsprechendes Identitätsbewusstsein gepflegt wurde. Unter den ursprünglich von deren Herzogtum ausgehenden Herrschaften in England bzw. auf den Britischen Inseln, in Süditalien sowie im Fürstentum Antiochia stellten die Migranten eine viel zu kleine Minderheit, um ein langlebiges Herkunftsbewusstsein pflegen zu können. Dazu kam die allerorts zu beobachtende kulturelle Assimilation, die bereits unter den skandinavischen Einwanderern in der Normandie festzustellen war. Aber während dort auf Dauer zumindest der Ursprungsgedanke bis in die Gegenwart existent blieb und sich mit der ausgeprägten Staatsbildung des Herzogtums verband, stoßen wir in den anderen Gebieten auf das »Phänomen des Identitätsverlustes« (Houben 2012, 115). Das normannische Bewusstsein schwand in den dünnen Oberschichten Englands und Süditaliens und war in Antiochia offensichtlich von Anfang an kaum vorhanden. Das galt natürlich auch für die angesprochenen Einzelschicksale normannischer Abenteurer in Byzanz, ebenso für die unerwähnt gebliebene Herrschaftsbildung des Adligen Robert Burdet, der in der ersten Hälfte des 12. Jahrhunderts das Fürstentum Tarragona westlich von Barcelona vorübergehend dominierte (ebenso unberücksichtigt blieb das eher kurzfristige militärische Auftreten der Anglo-Normannen in Wales, Schottland und Irland (Plassmann 2008, 289 ff.).

Im Hochmittelalter erwies sich das Gedenken an die normannische Herkunft gegebenenfalls als Element der Lokal- und adligen Familiengeschichte. Dazu zählten Erinnerungen an eine Vernetzung der normannischen Welt um 1100, in der es in der

Tat zahlreiche persönliche Verbindungen etwa zwischen der Normandie und England, aber auch nach Süditalien gab. So etwa in der um 1040 von Drogo von Hauteville gegründet Abtei von Venosa, die 30 Jahre später Robert Guiscard als Grablege seiner Familie bestimmte und wohin er Mönche aus dem Kloster Saint-Évroult berief. Sie zog es in den Süden in seine Gründung Sant'Eufemia (Kalabrien). Der normannische Chronist Ordericus Vitalis berichtet etliche Jahrzehnte später, dort unten im Süden würde immer noch der Chorgesang von Saint-Évroult gepflegt und man halte sich an dessen monastische Bräuche. Wie überhaupt sizilianische Musikhandschriften des 12. Jahrhunderts deutlich die erhaltenen normannischen Einflüsse zeigten. Die mittlerweile süditalienischen Mönche vergaßen genauso wenig ihre aus der Normandie gekommenen Klostergründer und gedachten ihrer. Ein um 1150 erstellter Codex zum Gedenken verstorbener Mönche und Wohltäter nennt unter den mehr als 1000 Personen viele Normannen mit Namen.

Mehr noch zeigten sich unter einigen normannischen Adelsfamilien regelrechte Emigrantenreisen durch die damalige normannische Welt. Dies galt etwa für die Grandmesnil aus der Gegend von Falaise bei Caen: Einen Abt Robert von Grandmesnil zog es in den Süden. Seinen Bruder Hugo verschlug es hingegen mit Wilhelm dem Eroberer 1066 nach England, wo er Landbesitz um Leicester sein Eigen nannte. Diesen verlor sein Sohn Ivo durch einen Konflikt mit König Wilhelm II., woraufhin er ins Heilige Land zog und dort 1102 den Tod fand. Sein Bruder Wilhelm wiederum ging nach Süditalien, heiratete eine Tochter Robert Guiscards und erhielt Land in Kalabrien. Später beteiligte er sich an einem erfolglosen Aufstand gegen seinen Schwiegervater, der ihn ins Exil nach Byzanz zwang. Ein anderer Grandmesnil opponierte 1129 gegen Roger II. und musste in die Normandie flüchten. Eine weitere Normannenvita liest sich wie ein Abenteuerroman: Ein Hugo Bunel ermordet 1077 die Gräfin Mabel von Bellême, was ihn mit seinen Brüdern zur Flucht aus der Normandie nach Süditalien und über Sizilien bis nach Byzanz zwang. Laut Ordericus Vitalis trieb ihn die Rache der Angehörigen der Gräfin weiter zu den Seldschuken, bei denen er 20 Jahre verbrachte, bis er schließlich 1099 als Kreuzfahrer vor Jerusalem auftauchte.

Fasst man die gemeinsame Geschichte der Normannen sowie die Geschichten einzelner Biographien zusammen, ergibt sich so etwas wie ein dynamischer Entwicklungsprozess, bei dem die zeitgenössischen Historiographen (vgl. unten) eine entscheidende Rolle spielten. Bei ihnen knüpfte die Normandie an die »Staatsgründung« Rollos im Jahr 911 an, in ihm und den skandinavischen Einwanderern begründete sich die Identität des Herzogtums. Für jene Normannen, die ihre Heimat verließen, stellte wiederum die Normandie das Erinnerungsland ihrer Herkunft dar. Dabei mochte dann auch die ferne Genealogie aus Skandinavien hindurchschimmern, so wenn etwa Wilhelm von Apulien die Normanni als homini boreales »Nordleute« (Plassmann 2008, 310) bezeichnet. Damit verbanden sich schon bald charakterisierende Eigenschaften, die einen normannischen Typus kennzeichneten. In der Normandie selbst sah man die Vorfahren als tapfer, listig und ehrgeizig an. Für die englischen Verhältnisse betont Wilhelm von Malmsbury den Unterschied zwischen Anglo-Normannen und Engländern, indem er für Erstere deren Kriegserfahrung und deren Ehrgeiz hervorhebt, außerdem die starke Bindung an die christliche Religion und die Kirche. Ordericus Vitalis betont ausdrücklich die Normannitas, die sich in der Normandie genauso fände wie in England und Süditalien. Für König Roger II. von Sizilien, der sich mutmaßlich überhaupt nicht mehr als Normanne verstand bzw. fühlte, bezeugt Hugo Falcandus immerhin dessen Vorliebe für Nordfranzosen.

Die normannische Architektur

Was aber blieb von den Normannen, die immerhin zwischen etwa 900 und 1200 einen dominanten Faktor der europäischen Geschichte darstellten? Wo haben sie jenseits des historischen und historiographischen Vermächtnisses ihre Spuren hinterlassen?

Eine herausstechende Leistung ist die normannische Architektur, die sich im Rahmen der romanischen Baukunst bewegte und dabei gerade mit dem Kirchenbau ein eigenständiges und kennzeichnendes Profil gewann. Nach der Mitte des 11. Jahrhunderts waren die Normandie (und davon inspiriert England) und Süditalien »zwei Regionen, in denen wegweisende Architekturkonzeptionen entstanden« (Bering 2004, 45). Charakteristisch für den monumental und wehrhaft wirkenden, mit sparsamer Ornamentik ausgestatteten normannischen Baustil sind Rundbögen, die Anlage dreischiffiger Basiliken, Doppelturmfassaden, Vierungstürme mit quadratischem Grundriss, Arkaden, Lichtgaden und Emporen. Bauplastik wird sparsam eingesetzt, mit Ausnahme der so genannten Portalskulpturen oder Gewändefiguren. Im frühen 12. Jahrhundert löste die Kreuzrippenwölbung die ursprüngliche Flachdecke ab. In der Ornamentik ist das normannische Zickzackband legendär geworden, daneben Zinnen-, Ketten- und Rollmuster – also vor allem geometrische Formen.

Die Architektur der Normandie zeichnet sich durch eine komprimierte Gliederung des Innen- und Außenbaus aus. Im 11. Jahrhundert entstanden hier mehrere monumentale Bauwerke, die man als Zeugnis der aufstrebenden Herzogsmacht interpretiert. Sehr bewusst wurden insbesondere burgundisch-cluniazenzische Anregungen aufgegriffen und verarbeitet. Die frühesten Basiliken sind noch flachgedeckt und verfügen über eine Front mit zwei Türmen, hinzu tritt der burgundisch inspirierte Staffelchor mit mehreren aufgegliederten Apsiden. Angelegte Emporen lockern die massiven Wände auf. Charakteristische Beispiele für den Baustil der Normandie sind die Kirchen Saint-Étienne und Sainte-Trinité in Caen sowie die Abteikirche des Mont-Saint-Michel.

Die beiden Abteikirchen von Caen bieten ein besonders ausgeprägtes Zeugnis herzoglicher Baupolitik. Denn wenige Jahre vor der militärischen Intervention in England gründeten hier der spätere Wilhelm der Eroberer und seine Ehefrau Mathilde die entsprechenden Abteien. Dort ließen sie große Bauten mit mächtigen Türmen errichten, deren Monumentalität jedoch durch eine vertikale Gliederung zu einer gewissen Leichtigkeit gemindert wird. Saint-Étienne bietet dementsprechend eine doppeltürmige Westfront, ein dreischiffiges Langhaus mit drei Geschossen sowie ein einschiffiges Querhaus. Die Innenwände erreichen eine beachtliche Auflockerung durch gleichbreite Emporenöffnungen und darunter liegende Erdgeschossarkaden.

Der Obergadenbereich des oberen Mittelschiffs wird von Arkadenreihen aufgelockert. Der Blick richtet sich deswegen nicht mehr auf eine wuchtige Mittelschiffwand, sondern auf Pfeiler und Stützen, die das Vertikale betonen.

Die Reliefierung der Wand durch vorspringende Halbsäulen gilt geradezu als Herrschaftszeichen der Stifter (Bering 2004, 45) und erinnert an den 1061 geweihten Speyrer Dom. Hier deutet sich bereits das architektonische Konzept der Kirchenbauten Wilhelms nach 1066 in England an. Im Detail sorgt eine fensterreiche Apsis für eine ganz neuartige Beleuchtung. Eine ähnliche Lichtkonzeption weist auch die Kirche Sainte-Trinité des Nonnenstifts auf.

Seit etwa 1100 erhalten die normannischen Kirchen wie in Europa üblich geworden eine Wölbung des Mittelschiffs, in der allerdings als Besonderheit Rippen die vertikalen Stützen fortsetzen. Demgemäß wird das mittlere Hochschiff von Saint-Etienne mit sechsteiligen Gewölben versehen, deren schwere Rippen als tragendes Gerüst gestaltet sind. Das stellt gewissermaßen die architektonische Emanzipation des einzelnen Langhausjochs dar. Die mächtige Westfront von Sainte-Trinité mit ihren beiden Türmen und der nach oben zunehmenden plastisch-dekorativen Gestaltung zeigt sich erheblich aufgelockert und erweist sich damit ebenso als typisch normannisch. Beiden Kirchen ist die Überwindung der geschlossenen Wandflächen in Verbindung mit einer neuen Raumauffassung nebst dazugehöriger Lichtinszenierung eigen. Sie bilden mit den Kirchenbauten von Bernay, Mont-Saint-Michel und Jumièges eine eigene Gruppe. Letztlich stellen sie wie oben geschildert eine auch so verstandene Herrschaftsarchitektur dar, die Jahrzehnte später durch das Zitat der Zweiturmfassade von Saint-Étienne am Bau von Saint-Denis bei Paris eine bemerkenswerte Würdigung erfuhr (Bering 2004, 172), gilt diese Abteikirche doch als einer der Gründungsbauten der frühen Gotik. Die Kirche auf dem Mont-Saint-Michel wurde nach 1035 im normannisch-frühromanischen Stil umgestaltet. Auch hier hatten die Herzöge ihre Hände im Spiel, die ohnehin die gesamte Benediktinerabtei kräftig förderten (vgl. Kap. 4). Als Ergebnis folgte man auch hier burgundisch-cluniazensischen Impulsen, was sich in neuen Bauformen äußert, so wiederum in vorgelagerten Halbsäulen, die die Wände des Mittelschiffs in einzelne abgetrennte Teile zerlegen.

Die anglo-normannische Architektur bildete sich nach der Eroberung Englands durch Wilhelm den Eroberer im Jahr 1066 aus, der die romanische Architektur der Normandie nach England brachte. Der normannische Machtanspruch zeigte sich zuerst an Burgen samt Bergfried (das berühmteste Beispiel ist der Tower in London) und Kastellen, später an Kloster- bzw. Abtei- und Kathedralkirchen. In einer regelrechten »Bauwut« (Rowley 2003, 115) entstanden tausende Pfarrkirchen, Burgen, Stadthäuser und Herrensitze. Fast alle wichtigen Kirchen wurden neu errichtet. Als beispielhaft in der Normandie galten die Kirche von Jumièges (erbaut 1037–1067), die Abteikirche auf dem Mont-Saint-Michel (1024–84) und Sainte-Trinité und Saint-Étienne in Caen (begonnen 1062 und 1064). Sie zeigen allesamt ähnliche Formen, wie sie wenig später im eroberten England auftraten. Allerdings lassen sich normannische Einflüsse schon vorher feststellen, wahrscheinlich umso mehr, da kein einheitlicher Baustil vorherrschte. Nun zeigen sie sich etwa in einem sächsisch-normannischen Mischstil ab ca. 1050–1065 beim Neubau der Westminster Abbey in London durch Edward den Bekenner, der im Exil in der Normandie aufgewachsen war und so mit der romanischen Bauweise vertraut wurde. Er ließ den vorhandenen Kirchenbau abreißen und durch einen Neubau ersetzen. Dieser folgt mit dem zwölfjochigen Langhaus mit Stützenwechsel, dem Querhaus mit Vierungsturm und dem Staffelchor sowie einer Doppelturmfassade dem Vorbild der Abteikirche von Jumièges. Deren Abt Robert Campart wurde 1044 von König Edward auf den Bischofstuhl von London berufen (Bering 2004, 46) und belegt somit in persona die enge Verbundenheit beider Kirchen. Nach 1066 und dem Machtwechsel in England waren die ersten im normannischen Stil errichteten Bauten die Kathedralen von Canterbury (1067), Winchester (1079) und Durham (1093).

Canterbury als Sitz des Erzbischofs und Kloster muss ohnehin als kirchlicher Mittelpunkt der normannischen Herrschaft gelten. Der bis auf den Erzbischof Augustinus 597 zurückreichende Bischofssitz wurde nach einem Brand der alten Kathedrale unter Erzbischof Lanfrank neu erbaut und galt schließlich als erster monumentaler Kirchenbau der Romanik in England. Der von König Wilhelm berufene Lanfrank folgte dabei den normannischen Vorbildern, denen sich Canterbury mit Doppelturmfassade, Langhaus mit 8 Jochen, Pfeilerarkaden, Emporen, Obergaden mit Laufgang und anderem anschloss. Bauelemente aus der Normandie stellten anfangs der Staffelchor (z. B. in Westminster, Canterbury und Lincoln) und der Chorumgang mit Kapellenkranz (in Winchester, Gloucester und Norwich) dar. Nach der Jahrhundertwende von 1100 wandelte sich das Bild unter dem Einfluss der Reformorden und der Rechteckchor wurde bevorzugt. Zu der reichen Ausformung der Ostteile gehörte die Entwicklung von weiträumigen Hallenkrypten (Canterbury, Winchester, Gloucester, Worcester, Rochester). Der so genannte normannische Vierungsturm wird im 12. Jahrhundert mit Pilastergliederungen, Vorlagen und Blenden geschmückt

Die erhalten gebliebenen Monumentalbauten Englands sind allesamt erst nach der normannischen Eroberung und unter deren Einflüssen entstanden. Ihre Herkunft von entsprechender Architektur in der Normandie ist offensichtlich, aber während dort im 12. Jahrhundert der gotische Stil an Boden gewann, erhielten sich in England die normannischen Formen noch bis zum Ende dieses Jahrhunderts. Der anglo-normannische Stil entwickelte jedoch auch eigenständige Formen, so wenn er auf vornormannische Bauten zurückgriff und die Kirchen erheblich in die Länge baute. Die Langhäuser der Kirchen sind dementsprechend auffallend langgestreckt: St. Albans hat 10 Joche, Winchester 11 (bei 164 Metern Länge) und Norwich 14. Die Querhäuser und die Chöre sind ebenfalls in die Länge gezogen. Von ausschlaggebender Bedeutung für den Gewölbebau war die Kathedrale von Durham, die um 1104 als erste große Kirche ein Kreuzrippengewölbe im Mittelschiff einführte, damit wiederum auf Caen und Saint-Etienne in Beauvais einwirkte und dieser Gewölbeform den Triumphzug durch Europa ermöglichte. Ein entscheidendes Element anglo-normannischer Architektur ist die zweiturmige Westfassade, die sich bekanntlich von der normannischen Zweiturmfassade etwa in Saint-Étienne und Sainte-Trinité in Caen ableiten lässt und exemplarisch um 1100 in der Kathedrale von Durham realisiert wurde.

Seit dem späten 11. Jahrhundert entstanden unter den Normannen in Apulien große Kirchenbauten, das Zentrum normannischer Architektur bildete allerdings Sizilien. Auf dem Festland traten die Normannenfürsten das machtpolitische Erbe von Byzanz an, das sich wie in England am Neu- und Umbau von Kathedralen zeigte. Schließlich prägten die Bauten der Normannen die süditalienische Architektur dieser Zeit, insbesondere die Kathedralen von Aversa und Acerenza sowie die Abteikirche von Venosa, der Grablege der Hautevilles. Ihre Vorbilder hatten diese Bauten in Rouen und Gloucester und damit in dreischiffigen Anlagen mit breitem Querschiff und einem Chorumgang mit Radialkapellen.

Erwähnenswert sind unter der Vielzahl an Bauten die Kathedrale von Tarent, ursprünglich ein überkuppelter Bau mit vier Kreuzarmen. 1070 ließ der normannische Bischof Droso einen Kreuzarm abreißen und stattdessen ein Langhaus mit drei Schiffen errichten. Zeitgleich erfolgte in Otranto der Bau einer Kathedrale mit einer Hallenkrypta, die als älteste Apuliens gilt – außerdem schmücken 42 Marmorsäulen den Bau. Die bedeutendste Kirche in Apulien ist zweifelsohne die Basilika San Nicola in Bari, die seit 1071 zu Beginn der normannischen Herrschaft auf dem Gelände der ehemaligen Residenz des byzantinischen Statthalters errichtet wurde. Als 1087 die Nikolaus-Reliquien aus dem kleinasiatischen Myra hierhergebracht wurden, erfuhr die Basilika eine beachtliche Aufwertung. Zwei Jahre später nahm Papst Urban II. selbst die Weihe der Krypta vor. Die Fertigstellung des gesamten Baues ließ allerdings bis in die 2. Hälfte des 12. Jahrhunderts auf sich warten (Bering 2004, 74). Dann bot sich auch in Bari der Blick auf das typisch normannische Westwerk mit zwei Türmen und drei Portalen. Die Seitenwände haben tiefe Pfeilerblendarkaden, über den Portalen lockern Zwerggalerien den Bau auf. An den Querhaus-Außenwänden erwecken Pilaster und Blendarkaden einen stark gegliederten Eindruck, ähnliche Prägung erfuhr die Ostfassade zum Meer hin. Im Innern teilen zahlreiche Säulen die drei Schiffe. Dabei dürften auch spätantike Architekturelemente eine Rolle gespielt haben, die vielleicht als Ausdruck normannischer Herrschaft galten.

In Sizilien griff man auf byzantinische und nicht selten muslimische Vorbilder zurück und arbeitet sie teilweise als dekorative Elemente in die Monumentalbauten ein. Herausragend ist dabei der Kreuzgang von Monreale bei Palermo gegen Ende des 12. Jahrhunderts, dessen diverse Schmuckelemente ein prächtiges Gesamtbild ergeben. Dazu tragen je 26 Arkaden auf paarweise angeordneten Säulen bei, mit Skulpturen versehen oder mit Farbsteinen besetzt, die Kapitelle tragen, deren reicher Figuren- und Ornamentenschmuck etliche Anleihen verdeutlicht und die von Spitzbögen überspannt werden, die wiederum muslimische Vorbilder verraten. Der Bau von Kathedrale, Benediktinerkloster und königlichem Palast ist letztlich Wilhelm II. geschuldet, dessen Abbild als Stifter sich gemeinsam mit dem der Muttergottes auf einem der Kreuzgang-Kapitelle findet. Der Kirchenbau zeichnet sich durch das typisch normannische Westwerk mit zwei Türmen aus, mit drei Schiffen mit reichlicher Säulen- und Arkadengliederung; den Chor kennzeichnen nebst Triumphbogen und Apsiswölbung etliche Spitzbögen. Besonders augenfällig erweisen sich die Mosaiken im ganzen Innenraum, darunter ein monumentaler Christus Pantokrator in der Apsis, die byzantinischen Werkstätten entstammen. Die dargestellten Szenen des Alten und Neuen Testaments wurden ebenso wie der Goldgrund nach griechischen Vorlagen gearbeitet.

Spitzbögen und eine überaus reiche dekorative Gestaltung charakterisieren den Außenbau des Doms von Palermo aus dem späten 12. Jahrhundert. Die Apsis mit ihren verflochtenen Bögen greift auf islamische Bauornamentik zurück. Der so genannte Normannendom ist auch für die deutsche Geschichte von Bedeutung, befinden sich doch dort die Gräber der Stauferkaiser Heinrich VI. und Friedrich II. sowie der Königin Konstanze von Sizilien.

Auch in der profanen Herrschaftsarchitektur haben sich architektonische Zeugnisse der Normannenzeit erhalten. Dafür ist an erster Stelle der Normannenpalast in Palermo zu erwähnen, den insbesondere König Roger II. errichten ließ. Sein Schmuckstück ist die Palastkapelle, die seit 1132 im normannisch-arabisch-byzantinischen Stil als Hofkapelle des Königspalastes erbaut wurde. Die Weihe fand 1140 statt, das Mosaik in der

Kuppel wurde wohl drei Jahre später vollendet. Während auch hier der reiche Wandschmuck an Mosaiken auf byzantinische Einflüsse zurückzuführen ist, belegen die Spitzbögen der Mittelschiffwände Vorbilder der islamischen Architektur. Den Herrschaftsanspruch Rogers II. verbildlicht besonders eindringlich ein Mosaik in der Vorhalle der ab 1143 erbauten Martoranakirche in Palermo: Dargestellt findet sich die Krönung Rogers II. durch Christus, wobei der König byzantinische Kaiserkleidung trägt. Diesen Kirchenbau stiftete der königliche Ammiratus Georg von Antiochien. In ihm belegen neben den Bildermosaiken nach byzantinischem Vorbild Anleihen der griechischen Klassik sowie arabische Schrift mit griechischem Hymnentext die verschiedenen kulturellen Einflüsse. Solche belegt auch die von Roger II. in Palastnähe und auf arabischem Vorgängerbau errichtete Kirche San Giovanni degli Eremiti in Palermo, deren fünf rote Kuppeln an eine Moschee erinnern.

Die hier kurz dargestellte normannische Architektur und Kunst nimmt ihren Ausgang in der Romanik des 11. Jahrhunderts. Im Jahrhundert davor ist für die Normandie an Sachkultur kaum etwas typisch Normannisches auszumachen. Wie lang die skandinavischen Einwanderer der Kultur ihrer Heimat noch verbunden waren, muss darum ungeklärt bleiben. Von dort kannte man das rechteckige, einstöckige Langhaus, das je nach Land aus unterschiedlichen Materialien errichtet wurde. Die Dänen und Südnorweger verwendeten Flechtwerk und verputzten es mit Lehm. Die Dachbalken deckten sie mit Stroh, das mit Weidenruten verschnürt und damit befestigt wurde. In solchen Bauten lebten alle Bevölkerungsschichten, wobei sich wohlhabende Häuptlinge natürlich durch die Ausmaße ihrer Herrenhallen sowie deren Ausstattung von einfachen Kreisen unterschieden. Die Zivilisation der Wikinger beruhte auf dem Basismaterial Holz, der Steinbau blieb ihnen noch fremd. Genauso wenig kannte man in Skandinavien urbane Zentren – stattdessen bildeten Handelssiedlungen wie Birka in Schweden oder Haithabu beim heutigen Schleswig zentrale Orte, mit selten mehr als 1000 Bewohnern. Ihre Kunst war weder arm noch armselig, sondern orientierte sich lediglich an überwiegend anderen Formen und Inhalten als im christlichen Europa. Die Künstler waren Kunsthandwerker, die als Holzschnitzer, Kunstschmiede und Bildhauer Gegenstände verzierten: Teile von Booten und Wagen, Pfosten, Türen, Möbel, metallene Gewandspangen, Teile des Pferdegeschirrs, Schwerter und Äxte und schließlich reich bearbeitete Runensteine. Obwohl die Künstler in der Lage waren, Menschenfiguren und -köpfe erstaunlich realistisch zu gestalten, bevorzugten sie Motive, die fantastisch und irreal wirkten. Denn sie griffen mit der so genannten Tierornamentik auf einen Stil zurück, der tiergestaltige Fabelwesen mit pflanzlichen und geometrischen Formen kombinierte. Aus den üblichen mit Ranken verschlungenen stilisierten Tiergestalten wuchs gleichsam ein Greiftier hervor. Seine skurrilen Vertreter grinsen den Betrachter katzenhaft an, während sie mit absonderlich verdrehten Gliedmaßen ihre Tatzen ausstrecken. Damit greifen und umklammern sie sich selbst, andere Tiere oder die Pflanzenornamente. Von diesem kulturellen Hintergrund der eingewanderten Skandinavier ist in Nordfrankreich so gut wie nichts erhalten geblieben. Und von den wenigen Funden (vgl. Kap. 3) weiß man noch nicht einmal, ob sie kurzen Wikingerzügen oder dauerhaften Siedlungen zuzuschreiben sind.

Die Literatur der Normannen

Gar nichts wissen wir davon, ob die frühen Normannen noch die Dichtkunst ihrer Heimat in Skandinavien kannten oder sogar selber pflegten. Dabei war deren poetische Geschicklichkeit außerordentlich, was sie insbesondere mit Preisgedichten auf ihre Häuptlinge sowie mit Götter- und Heldenliedern bewiesen. Üblicherweise gaben sie diese Texte mündlich weiter. Ihre Dichtung wäre mithin verloren gegangen, hätten sich die Isländer nach der Christianisierung und mit Kenntnis des lateinischen Alphabets nicht der alten Traditionen besonnen. Was über Generationen mündlich überliefert worden war, wurde seit dem 13. Jahrhundert schriftlich fixiert. Was an Zeugnissen überkommen ist belegt, dass man in vielen Teilen Skandinaviens jene Heldensagen erzählte, die man später als germanische bezeichnete. Dazu gehört der Sagenstoff um Dietrich von Bern, der sich vor allem im hohen Mittelalter in Deutschland und Skandinavien großer Beliebtheit erfreute und dessen Protagonist, der historische Ostgotenherrscher Theoderich der Große (493–526) um 800 auf dem schwedischen Runenstein von Rök genannt wird. Außerdem kannten die Wikinger bereits die Sagen von den Nibelungen, aus denen um 1200 im Donauraum das mittelhochdeutsche Nibelungenlied entstand. Während diese Heldensagen mutmaßlich auch unter den Dänen und Norwegern bekannt waren – und somit auch den frühen Normannen zugänglich – sind Götterlieder über Mythen und Gottheiten unter allen Germanen nur aus dem Norden bekannt. Selbst von dort weiß man nicht, ob sie etwa später erst auf Island aufkamen.

An Dichtern war Skandinavien zur Zeit der Wikinger nicht arm. Überall genossen die aus Norwegen und Island stammenden Skalden Ruhm und Anerkennung. Darum blieben ihre Namen in aller Munde, während die Götter- und Heldenlieder als vermeintliche Kunde aus grauer Vorzeit anonym weitergegeben wurden. Allerdings wäre auch die Skaldendichtung ohne die hochmittelalterlichen Schriften Islands vergessen. Denn nur diese überliefern so poetische Dichternamen wie Thorbjörn Hornklaue, Gunnlaug Schlangenzunge oder Einar Schalenklang. Aber auf dem Stein von Karlevi auf der Insel Öland bezeugt eine Runeninschrift unmittelbar skaldische Dichtung: Eine Strophe preist um das Jahr 1000 einen dänischen Heerführer Sibbe, der dort in einem Hügelgrab bestattet wurde. Die Skalden traten nämlich an den Höfen skandinavischer Könige und Häuptlinge auf, die sie mit Preisliedern ehrten. Sie lobten, wie tapfer und großzügig die Herren waren, auf welch edle Abstammung sie zurückblickten und wie erbärmlich hingegen ihre Feinde wirkten. Vor der fürstlichen Gefolgschaft appellierten sie an die Freigebigkeit der Gepriesenen, von denen sie sich als Dank eine wertvolle Gabe versprachen. Die Skalden knüpften unmittelbar an ihre Gegenwart an und wurden nicht selten politisch. Das Besondere dieser an sich stereotypen Dichtungen lag in ihrer metrischen und stilistischen Gestaltung, denn skaldische Gedichte in ihrer entwickeltsten Form stellen die anspruchvollste Lyrik der Weltliteratur dar. Bei Strophen im so genannten Herrenhofton wurden die Silben genauestens gezählt, verband man anlautenden Stabreim mit Binnenreim und splitterte zudem die gewöhnliche Wortfolge auf. Außerdem war es üblich, anstelle vieler Begriffe Synonyme (Heiti) zu verwenden oder mehrgliedrige Umschreibungen (Kenninge). Und selbst deren einzelne Wörter wurden über die gesamte Strophe verteilt. Die Skalden bastelten ihre komplizierten Strophen unter Verwendung zahlreicher Anspielungen auf Mythen und Heldensagen, auf politische Verhältnisse oder aus purem Wortwitz. Sie bis ins Detail zu verstehen war deshalb eine intellektuelle Herausforderung – und das während eines mündlichen Vortrags! Dann galt es, den »Möwenpfad« als Meermetapher, das »Pferd der Wogen« als Wikingerschiff und den »Weidenbaum der Edelsteine« als Frau zu entschlüsseln. Dass man in der Normandie von dieser kunstvollen Poesie im 10. Jahrhundert überhaupt nichts wusste, ist schwer vorstellbar. Allerdings gibt es darüber kein einziges Zeugnis. Als der isländische Skalde Sigvatr Þórðarson um 1024 jedoch in Rouen weilte (vgl. Kap. 3), konnte man dort mit dieser Art von Dichtung wahrscheinlich nichts mehr anfangen.

Man kann nur mutmaßen, dass sich Integration und Assimilation der Normannen auch über die Dichtkunst und ihre Erzählstoffe erstreckte. Denn insbesondere von den Figuren und Stoffen der germanischen Heldensage blieb nichts erhalten. Was erzählte man sich aber dann an den normannischen Höfen, deren Adlige zweifelsohne noch lange Zeit Analphabeten waren? Wenn wir von biblischen Geschichten, überliefert von Klerikern in der mittellateinischen Sprache der Kirche absehen, bleibt im altfranzösischen Sprachumfeld der Normannen nicht viel – zumindest in der Niederschrift sind es Heiligenlieder und ähnlicher kirchlicher Stoff. Mit der Vie de Saint Alexis *(Alexiuslied)* liegt immerhin ein Gedicht vor, dass man um 1050 einem Kanoniker in Rouen zuschreibt. Die Heiligenvita des der Welt entsagenden Alexius wird dem byzantinischen Raum zugeschrieben und könnte insofern auf normannische Reisewege hinweisen.

Dann erfahren wir im Umfeld der Schlacht von Hastings (1066), ein Spielmann habe vor den Normannen das *Rolandslied* gesungen. Ein Zeichen dafür, dass diese Heldensage unter ihnen beliebt und populär war. Damit hatten sie sich von den germanischen Heldensagen ihrer skandinavischen Vorfahren entfernt und ihre neuen ritterlichen Ideale in fränkisch-französischen Erzählstoffen gefunden. Das Chanson de Roland *(Rolandslied)* gilt jedenfalls als das bekannteste und berühmteste und übrigens auch älteste der französischen Epen des Mittelalters. Diese Chansons de geste *(Lieder von den Heldentaten)* handeln vornehmlich von Karl dem Großen und seinen Paladinen. Einer von ihnen war der Markgraf Roland, der im Kampf gegen die spanischen Mauren 778 fiel. Bezeichnenderweise wird eine im 12. Jahrhundert angefertigte Handschrift dieses Textes dem anglo-normannischen Umfeld zugeschrieben und bis heute in Oxford aufbewahrt. Denn mit der Eroberung Englands fiel dem anglo-normanischen Königshof eine herausragende Bedeutung bei der Förderung von Literatur zu. Eines ihrer Hauptanliegen war die Verwurzelung der Normannen und ihrer Herrscher in üblichen Geschichten und Sagenstoffen. Insofern kam Geschichtsschreibern eine herausragende Rolle zu.

Solcherart Historiographie nahm bereits in der Normandie mit dem Kanoniker Dudo von Saint-Quentin (um 960–1026) ihren Anfang, der seit Herzog Richard I. († 996) als Kaplan und Kanzler am normannischen Hof tätig war. Dort erhielt er den Auftrag, eine lateinische Geschichte der Herzogsfamilie und der Normannen zu schreiben (De moribus et actis primorum Normanniae ducum *Über Sitten und Taten der ersten Herzöge der Normandie*), dem Dudo zwischen 1015 und 1026 nachkam. Der erste Geschichtsschreiber der Normannen griff dafür auf überlieferten Familienstoff der Herzöge und diverse andere Erzählungen zurück, wobei ihm insbesondere der Halbbruder des Herzogs, Raoul von Jory, dienlich war. Das Werk befördert den Ruhm des Volkes und seiner Fürsten und hebt ausdrück ihre Entwicklung von der Barbarei der Wikinger zur feinen Gesittung und Kultur hervor, vom Heidentum zum Christentum, vom Chaos zur Ordnung. Das Anliegen der Herzöge ist damit klar: Es gilt gegen die immer noch übel beleumdete Herrschaft anzuschreiben und einen Prozess darzustellen, der die Normannen zu den Edelsten des Abendlandes macht.

Damit wird Dudos Werk zur Quelle für etliche Folgewerke, die alle den Lobpreis des normannischen Herzoghauses singen (Dudos Faktizität und Glaubwürdigkeit als historische Quelle ist ein Problem der modernen Forschung, das uns hier nicht weiter kümmert – das mittelalterliche Geschichtsverständnis war ein anderes und letztlich ging es darum, einen Ursprungsmythos der Familie und des Volkes zu kreieren). Einige Nachfolger Dudos, die weiter an einer lateinischen normannischen »Nationalgeschichte« schrieben und sich mehr oder weniger stark an seinem Werk orientierten, seien hier genannt: Wilhelm von Jumièges (um 1000 – um 1070, aus der berühmten Abtei Jumièges) verfasste die Gesta Normannorum ducum *(Die Taten der Herzöge der Normannen)*, die er für Wilhelm den Eroberer schrieb und darum um die Eroberung Englands erweiterte. Ordericus Vitalis (1075–1142), Sohn eines französischen Geistlichen, der Berater von Wilhelms des Eroberers Gefolgsmann Graf Roger de Montgomerie († 1094) war, und einer angelsächsischen Mutter, Mönch des nordfranzösischen Klosters Saint-Evroul, setzte in seinen Geschichtswerken die Normannenhistorie fort. Ebendies gilt auch für Wilhelm von Malmesbury (um 1090–1143), ebenfalls aus einer angelsächsisch-normannischen Verbindung stammend, Bibliothekar im Kloster Malmesbury (Wiltshire, Südengland) und hochgeachteter Gelehrter seiner Zeit. Als sein Förderer gilt Robert von Gloucester (1100–1147), ein unehelicher Sohn König Heinrichs I., was ein weiteres Mal das Interesse der Könige, Herzöge und ihrer Familien an der Geschichtsschreibung verdeutlicht.

Der literaturinteressierte Robert von Gloucester schenkte jedoch auch einem Verfasser seine Gunst, der einen ganz anderen Weg einer englischen Ursprungserklärung einschlug: Geoffrey von Monmouth (um 1100–1154) war ein mutmaßlich walisischer Benediktinermönch, der als Magister (Lehrer) in Oxford bezeugt ist. Dort schrieb er seine Historia regum Britanniae *(Geschichte der Könige Britanniens)*, die eine englische Identität ohne normannische Wurzeln begründet. Geoffrey greift nämlich auf keltische Erzählstoffe seiner walisischen Heimat zurück. Er verbindet sie mit dem im Mittelalter weit verbreiteten Trojaner-Mythos, dem zufolge die Wurzeln des Volkes letztlich auf eingewanderte Flüchtlinge aus Troja zurückgeführt wurden. Für Geoffrey war das der Trojaner Brutus, der als erster die Insel Albion (England) besiedelte, nach ihm benannten sich die keltischen Briten. Ihre

Geschichte erzählt Geoffrey bis ins 7. Jahrhundert, bis sie sich vor den anrückenden Angelsachsen nach Wales zurückziehen mussten. Unter den Namen der ruhmreichen letzten keltisch-britischen Könige fällt auch der Arthurs (Artus), auf dessen Geschichte eingegangen wird.

Damit etablierte der Oxforder Gelehrte eine der bis heute berühmtesten Sagengestalten, deren Geschichten in vielen europäischen Literaturen des Mittelalters ihren Niederschlag fanden. Die anglo-normannische und dann zunehmend englische Führungselite griff gern auf diesen Helden einer fernen Vergangenheit zurück – zumal er wie später die Normannen gegen die Angelsachsen gekämpft hatte. Die Identifizierung mit dieser geradezu mythischen Gestalt führte soweit, dass man unter Heinrich II. 1186 sogar glaubte, das Artusgrab in Glastonbury gefunden zu haben (die zunehmend distanzierte festländische Normandie hatte diesem Geschichtsbild aus keltischen Quellen nichts entgegenzusetzen). Der von der Insel Jersey stammende Dichter Wace (um 1100 – um 1174) baute darauf auf und übertrug Geoffreys Werk in die anglo-normannische (französische) Sprache des normannischen bzw. angevinischen Hofes. Seine um 1155 abgeschlossene Reimchronik Roman de Brut war eine Arbeit für Eleonore von Aquitanien und erwies sich als großer Erfolg. Einige Jahre später schrieb er im Auftrag Heinrichs II. den Roman de Rou als Normannengeschichte von Rollo bis ins 12. Jahrhundert, in die allerdings bereits Artusmotive einflossen. Mit dem schwindenden normannischen Bewusstsein in der englischen Elite gehörte ihm die Zukunft – der Roman de Rou blieb unvollendet, weil der König offensichtlich das Interesse daran verlor.

Die nur in England derart ausgeprägte Literatur des normannischen Erbes und eines neuen Geschichtsbildes bezeugt ein weiteres Mal den typischen normannischen Werdegang, dessen Ziel offenkundig darin bestand, mit der Kultur und Masse der Bevölkerung zu verschmelzen, wenngleich auch elitäre Stellung und elitäres Bewusstsein beizubehalten. Aus den Normannen wurden schließlich die »Prototypen des mittelalterlichen Ritters« (Plassmann 2008, 312), während ihr Bild in England im Laufe der Jahrhunderte zwischen der Einschätzung als Unterdrücker und als Modernisierer schwankte. Nur in der Normandie blieben Erinnerung und Bekenntnis zu Rollo und seinen Einwanderern erhalten. Und mit dem positiven Wandel des Wikingerbildes galten sie eher als wagemutige Seefahrer denn als marodierende Piraten.

Anhang

Zeittafel

793	Wikinger überfallen das nordenglische Kloster Lindisfarne.
799	Wikinger überfallen das Kloster auf der französischen Atlantikinsel Noirmoutier.
826	Taufe des Dänen Harald Klak in Mainz. Empfang in der Pfalz Ingelheim durch Kaiser Ludwig den Frommen. Der Missionar Ansgar begleitet Harald nach Dänemark.
Seit 834	Wikinger überfallen und plündern den friesischen Handelsort Dorestad.
Seit 835	Mit dem Überfall auf die Insel Sheppey in der Themsemündung beginnt die Zeit wiederkehrender Plünderungen in England.
Nach 840	Wikingerüberfälle im Frankenreich häufen sich.
841	Wikinger überfallen Rouen.
843	Teilung des Fränkischen Reiches (Vertrag von Verdun). Wikinger überfallen Nantes an der Loire.
843–877	Karl der Kahle König des Westfrankenreiches
845	Belagerung von Paris und Plünderung Hamburgs durch Wikinger
851	Erstmals überwintern Wikingerverbände auf den Inseln Thanet und Sheppey in der Themsemündung. Wikinger überwintern im Gebiet von Rouen.
865	Wikinger im Loire-Gebiet. Das »Große Heer« landet in Ostanglia.
866	Das Große Heer besetzt die northumbrische Hauptstadt York.
876	Beginn der dänischen Landnahme und Besiedlung in Ostengland
878	Schlacht von Edington: Sieg König Alfreds des Großen von Wessex über die Dänen. Deren Anführer Guthrum lässt sich taufen.

Seit 879	Das Große Heer überquert den Ärmelkanal und plündert an Maas und Rhein.
881	Sieg des westfränkischen Königs Ludwig III. bei Saucourt über die Wikinger
881/82	Wikinger plündern im Rheinland u. a. Köln, Bonn, Aachen, Trier und das Kloster Prüm.
885–888	Der ostfränkische König Karl III. der Dicke Kaiser des fränkischen Gesamtreiches
885/86	Belagerung von Paris durch ein Wikingerheer
891	Sieg des ostfränkischen Herrschers Arnulf von Kärnten bei Löwen über die Wikinger
892	Wikinger erneut im Rheinland
898–923	Karl III. der Einfältige König des Westfrankenreichs
911	Vertrag von Saint-Clair-sur-Epte: Der Wikingerhäuptling Rollo erhält von König Karl dem Einfältigen die Normandie.
911–ca. 931	Rollo Graf der Normandie
931–942	Wilhelm Langschwert, »Herzog« der Normandie
942	Ermordung Wilhelm Langschwerts
942–996	Richard I. Herzog der Normandie
943	König Ludwig IV. von Frankreich (936–954) besiegt aufständische Normannen.
945	Schlacht von Rouen und Gefangennahme Ludwigs IV. durch die Normannen
954	Erik Blutaxt wird aus York vertrieben und fällt im Kampf.
Um 965	Der dänische König Harald Blauzahn lässt sich taufen.
978–1016	Ethelred II. König von England
986–1014	Sven Gabelbart König von Dänemark
987–996	Hugo Capet König von Frankreich (Dynastie der Kapetinger)
991	Eine Wikingerflotte landet an der Küste von Ost-Anglia. Nach der englischen Niederlage bei Maldon empfangen die Dänen hohe Tributzahlungen.
994	Eine Flotte unter Führung Sven Gabelbarts belagert London und erhält Tribut.
996–1026	Richard II. Herzog der Normandie

Um 1000	Erstmals nordfranzösische Normannen in Süditalien
1002	Ethelred II. befiehlt das Massaker an allen in seinem Reich lebenden Dänen. Vermählung mit Emma von der Normandie, Tochter Herzog Richards I.
1013	Sven Gabelbart fällt mit einem Heer in England ein, Ethelred II. flieht in die Normandie. Sven wird als englischer König anerkannt.
1016–1035	Sven Gabelbarts Sohn Knut herrscht über England, später auch über Dänemark und Norwegen.
1017	Heirat König Knuts und Ethelreds Witwe Emma
1018	Die Schlacht bei Cannae am Ofanto endet mit der Niederlage normannischer Söldner gegen Byzanz.
1026–1027	Richard III. Herzog der Normandie
1027	König Knut von England wohnt in Rom der Kaiserkrönung des Salierherrschers Konrad II. bei.
1027–1035	Robert I. Herzog der Normandie
1030	Der Normanne Rainulf Drengot wird mit der Grafschaft Aversa belehnt: erster Normannenstaat in Süditalien.
1030–1045	Rainulf Drengot Graf von Aversa
Sei 1035	Die Hautevilles in Süditalien (Wilhelm und Drogo)
1035–1087	Wilhelm I. Herzog der Normandie
1035–1040	Harald I. König von England
1040–1042	Hardiknut König von England
1042	Mit dem Tod von Knuts letztem Sohn endet die Herrschaft dänischer Könige in England.
1042–1066	Edward der Bekenner König von England
1043–1046	Wilhelm Eisenarm Graf von Apulien
1046–1051	Drogo Graf von Apulien
1047	Sieg Herzog Wilhelms I. in der Schlacht von Val-és-Dunes. Wilhelm verkündet einen Gottesfrieden. Drogo von Apulien wird von Kaiser Heinrich III. anerkannt. Robert Guiscard kommt nach Süditalien.
1047–1066	Harald der Harte König von Norwegen
1051	Angebliches Treffen zwischen König Edward und Herzog Wilhelm I. führt zu einer Thronfolgevereinbarung.
1051–1057	Humfred Graf von Apulien

1053	Bei Civitate unterliegen die päpstlichen Truppen den Normannen.
1054	Sieg Herzog Wilhelms I. in der Schlacht von Mortemer über französische Truppen
1057	Schlacht bei Varaville: erneuter Sieg Wilhelms I. über das Heer des französischen Königs. Robert Guiscard Anführer der süditalienischen Normannen
1059	Reformsynode von Melfi. Papst Nikolaus II. belehnt Robert Guiscard mit Apulien, Kalabrien und Sizilien.
1059–1085	Robert Guiscard Herzog von Apulien, Kalabrien und Sizilien
1061	Normannen erobern Messina als ersten Stützpunkt in Sizilien.
1061–1101	Roger I. von Hauteville Graf von Sizilien
1066	Tod König Edwards von England, der keinen Nachfolger hinterlässt. König Harald II. besiegt den norwegischen König Harald den Harten in der Schlacht von Stamford Bridge. Herzog Wilhelm I. der Normandie siegt bei Hastings über Harald II. und wird englischer König.
1066–1087	Wilhelm I. der Eroberer König von England
1069	Aufstand in Northumbrien
1071	Eroberung des byzantinischen Bari durch Normannen
1072	Normannen erobern Palermo.
1081	Schlacht von Dyrrhachion: Sieg der Normannen über die Byzantiner
1084	Normannen in Rom
1085–1111	Roger Borsa Herzog von Apulien, Kalabrien und Sizilien
1086	Auf Anordnung Wilhelms des Eroberers Erstellung des Domesday Book
1087–1100	Wilhelm II. Rufus König von England
1091	Ganz Süditalien und Sizilien stehen unter normannischer Herrschaft.
1096–1099	Normannen aus der Normandie und aus Süditalien beteiligen sich am 1. Kreuzzug. Sie gründen das Fürstentum Antiochia.

1100–1111	Bohemund I. Fürst von Antiochia
1100–1135	Heinrich I. König von England
1101–1103 bzw. 1112	Tankred Regent von Antiochia
1106	Sieg Heinrichs I. bei Tinchebray über seinen Bruder Robert Kurzhose
1111–1127	Roger Borsas Sohn Wilhelm Herzog von Apulien, Kalabrien und Sizilien
1113–1119	Roger von Salerno Regent von Antiochia
1119–1126	Balduin II. (König von Jerusalem) Regent von Antiochia
1119	Bei Bremule Sieg Heinrichs I. über Ludwig VI. von Frankreich
1120	Tod des englischen Thronfolgers Wilhelm Aetheling beim Untergang seines Schiffes vor der Küste der Normandie
1126–1130	Bohemund II. Fürst von Antiochia
1128–1130	Roger II. Herzog von Apulien, Kalabrien und Sizilien
1130	Normannisches Königreich in Süditalien und Sizilien
1130–1154	Roger II. König von Sizilien
1130–1131	Balduin II. (König von Jerusalem) Regent von Antiochia
1131–1136	Fulco V. von Anjou (König von Jerusalem) Regent von Antiochia
1135–1154	Stephan von Blois König von England (Englischer Bürgerkrieg)
1136–1149	Raimund von Poitiers Fürst von Antiochia
1139	Bei Mignano Niederlage des päpstlichen Heeres gegen die Normannen Rogers II.
1140	Verabschiedung der Assisen von Ariano durch Roger II.
1141	In der Schlacht von Lincoln Niederlage und Gefangennahme König Stephans von Blois gegen die Anhänger der Kaiserin Mathilde
1152	Heirat von Heinrich FitzEmpress von Anjou und Eleonore von Aquitanien

1154–1189	Heinrich II. König von England (Dynastie Anjou-Plantagenet)
1154–1166	Rogers II. Sohn Wilhelm I. König von Sizilien
1162	Thomas Becket wird Erzbischof von Canterbury.
1163–1201	Bohemund III. von Antiochia
1164	Konstitutionen von Clarendon durch Heinrich II. von England
1166–1189	Wilhelms I. Sohn Wilhelm II. König von Sizilien
1170	Ermordung von Thomas Becket
1173	Rebellion der Söhne gegen Heinrich II.
1186	Staufisch-normannisches Heiratsbündnis
1189–1199	Richard I. Löwenherz König von England
1190–1194	Tankred König von Sizilien
1194	Wilhelm III. König von Sizilien
1194–1197	Kaiser Heinrich VI. König von Sizilien (Dynastie der Staufer)
1194–1198	Konstanze Königin von Sizilien
1198–1250	Friedrich II. König von Sizilien
1199–1216	Johann Ohneland König von England
1204	Die Normandie fällt an Frankreich.
1268	Eroberung von Antiochia durch die Mamelucken

Abkürzungsverzeichnis

altengl.	altenglisch
altnord.	altnordisch
arab.	arabisch
ca.	circa
ebd.	ebenda
engl.	englisch
f.	Femininum
frz.	französisch
ital.	italienisch
Kap.	Kapitel
lat.	lateinisch
m.	Maskulinum
Pl.	Plural
RGA	Reallexikon der Germanischen Altertumskunde
vgl.	vergleiche

Bibliographie

Albu, Emily: The Normans and their histories: Propaganda, Myth and Subversion. Woodbridge 2001.
Asbridge, Thomas: Die Kreuzzüge. Stuttgart 2015 (6. Aufl.).
Barlow, Frank: William Rufus. New Haven, London 2000.
Bates, David (Hg.): England and Normandy in the Middle Ages. London 1994.
Bates, David: Normandy Before 1066. London 1982.
Bates, David: William the Conqueror. New Haven, London 2016.
Bauduin, Pierre: La première Normandie (Xe-XIe siècles). Sur les frontières de la haute Normandie: identité et construction d'une principauté. Caen 2004.
Bauduin, Pierre (Hg.): Les fondations scandinaves en Occident et les débuts du duché de Normandie. Caen 2005.
Becker, Julia: Graf Roger I. von Sizilien. Wegbereiter des normannischen Königreichs. Tübingen 2008.
Berg, Dieter: Die Anjou-Plantagenets. Die englischen Könige im Europa des Mittelalters. Stuttgart 2003.
Bering, Kunibert: Romanik. Stuttgart 2004 (Kunst-Epochen Band 3)
Broekmann, Theo: »Rigor iustitiae«. Herrschaft, Recht und Terror im normannisch-staufischen Süden (1050–1250). Darmstadt 2005.
Brown, Robert Allen: Die Normannen. München 1991.
Bünemann, Richard: Robert Guiskard 1015–1085. Ein Normanne erobert Süditalien. Köln Weimar Wien 1997.
Bumke, Joachim: Höfische Kultur. Literatur und Gesellschaft im hohen Mittelalter. 2 Bde. München 1986.
Chibnall, Marjorie: The Normans. Oxford 2000.
Cuteri, Francesco (Hg.): I Normanni in finibus Calabriae. Rubbettino 2003.
Davis, R.H.C.: The Normans and their Myths. London 1976.
Gameson, Richard (Hg.): The Study oft the Bayeux Tapestry. Woodbridge 1997.
Goez, Elke: Geschichte Italiens im Mittelalter. Darmstadt 2010.
Golding, Brian: Conquest and Colonisation: The Normans in Britain, 1066–1100. Basingstoke 2013 (2. Aufl.).

Grape, Wolfgang (Hg.): Der Teppich von Bayeux. Triumphdenkmal der Normannen. München 1994.

Green, Judith: Henry I. King of England and Duke of Normandy. Cambridge 2006.

Guggenbühl, Gottfried: Quellen zur Geschichte des Mittelalters. Zürich 1972.

Haas, Wolfdieter: Welt im Wandel. Das Hochmittelalter. Stuttgart 2002.

Harper-Bill, Christopher; Houts, Elisabeth van (Hg.): A Companion to the Anglo-Norman World. Woodbridge 2003.

Hicks, Leonie V.: A Short History of the Normans. London, New York 2016.

Houben, Hubert: Die Normannen. München 2012.

Houben, Hubert: Roger II. von Sizilien. Herrscher zwischen Orient und Okzident. Darmstadt 1997.

Houts, Elisabeth van (Hg., Übers.): The Normans in Europe. Manchester 2000.

Huscroft, Richard: The Norman Conquest. A New Introduction. Harlow 2009.

I Normanni. Popolo d'Europa 1030–1200. Venedig 1994.

Insley, J., Eickels, K. van, Lorren, C.: Normandie. In: Reallexikon der Germanischen Altertumskunde. Bd. 21. Berlin / New York 2002. S. 340–361.

Jahn, Wolfgang: Untersuchungen zur normannischen Herrschaft in Süditalien (1040–1100). Frankfurt am Main 1989.

Krause, Arnulf: Die Welt der Wikinger 2016 (3. Aufl.).

Lawson, M.K.: The Battle of Hastings, 1066. Strous 2007 (3. Aufl.).

Levesque, Jean-Marie, Marin, Jean-Yves: Von den Wikingern zu den Normannen. In: Helmbrecht, Michaela (Hg.): Wikinger! Rosenheim 2016. S. 190–197.

Loud, Graham A.: The Age of Robert Guiscard: Southern Italy and the Norman Conquest. Harlow 2000.

Loud, Graham A.: Conquerors and churchmen in Norman Italy. Aldershot 1999.

Loud, Graham A., Metcalfe, Alex (Hg.): The Society of Norman Italy. Leiden 2002.

Mont-Cassin, Aimé du: Histoire des Normands. Paris 2015.

Musset, Lucien: Die Skandinavier und das westeuropäische

Festland. In: Wikinger Waräger Normannen. Die Skandinavier und Europa 800–1200. Ausstellungskatalog. Berlin 1992. S. 88–95.

Neveux, Francois: La Normandie des ducs aux rois. Xe-XIIe siècles. Rennes 1998.

Norwich, John Julius: Die Wikinger im Mittelmeer. Das Südreich der Normannen 1016–1130. Wiesbaden 1968.

Peltzer, Jörg: 1066: Der Kampf um Englands Krone. München 2016.

Pernoud, Régine: Der Abenteurer auf dem Thron. Richard Löwenherz, König von England. München 1999 (3. Aufl.).

Pernoud, Régine: Königin der Troubadoure. Eleonore von Aquitanien. München 1996 (14. Aufl.).

Pernoud, Régine (Hg.): Die Kreuzzüge in Augenzeugenberichten. München 1980 (5. Aufl.).

Plassmann, Alheydis: Die Normannen. Erobern – Herrschen – Integrieren. Stuttgart 2008.

Reisinger, Christoph: Tankred von Lecce. Normannischer König von Sizilien 1190–1194. Köln, Weimar, Wien 1992.

Rill, Bernd: Sizilien im Mittelalter. Das Reich der Araber, Normannen und Staufer. Stuttgart, Zürich 2000 (2. Aufl.).

Roffe, David: Domesday. The Inquest and the Book. Oxford 2000.

Rowley, Trevor: Die Normannen. Essen 2003.

Sarnowsky, Jürgen: England im Mittelalter. Darmstadt 2002.

Sawyer, Peter (Hg.): Die Wikinger. Geschichte und Kultur eines Seefahrervolkes. Stuttgart 2001 (2. Aufl.).

Schlichte, Annkristin: Der »gute« König. Wilhelm II. von Sizilien (1166–1189). Tübingen 2005.

Simek, Rudolf: Die Wikinger. München 2009 (5. Aufl.).

Springer, M., Strauch, D., Skibsted Klaesøe, I.: Normannen. In: Reallexikon der Germanischen Altertumskunde. Bd. 21. Berlin / New York 2002. S. 361–383.

Thomas, Hugh M.: The English and the Normans. Ethnic Hostility, Assimilation, and Identity 1066–c.1220. Oxford 2003.

Walker, David: The Normans in Britain. Oxford 1995.

Waßenhoven, Dominik: 1066. Englands Eroberung durch die Normannen. München 2016.

Wikinger Waräger Normannen. Die Skandinavier und Europa 800–1200. Berlin 1992.
Wilson, David M.: Der Teppich von Bayeux. Frankfurt am Main, Berlin 1985.
Zettel, Horst: Das Bild der Normannen und der Normanneneinfälle in westfränkischen, ostfränkischen und angelsächsischen Quellen des 8. bis 11. Jahrhunderts. München 1977.

SCHOTTLAND
SCHWED
IRLAND
Nordsee
WALES
ENGLAND
London
Elbe
Atlantischer Ozean
Köln
Reims
Paris
Rhein
HEILIGES RÖMISCHES REICH
KGR. FRANKREICH
Lyon
Mailand
KGR. LEON
Po
Marseille
Toledo
Barcelona
Ancona
Tarragona
Korsika
Rom
ALMORAVIDEN
Córdoba
Neapel
Balearen
Sardinien
Granada
Mittelmeer
Palermo
Sizilien
Tunis
ALMORAVIDEN
Malta
Normannische Herrschaftsgebiete
Islamische Herrschaftsgebiete
0 200 400 600 km

Die Welt der Normannen
See
GR.
LEN
Dnjepr
Kaspisches Meer
uda
KGR.
NGARN
Schwarzes Meer
Donau
Sinope
BULGARIEN
Konstantinopel
hachion
Thessalonike
SELDSCHUKEN-REICH
BYZANTINISCHES REICH
Edessa
Smyrna
Athen
Ephesus
Antiochia
Aleppo
Latakia
Ktesiphon
Rhodos
Tripolis
Kreta
Damaskus
Akkon
Mittelmeer
Jerusalem
Alexandria
Kairo
FATIMIDISCHES KALIFAT
ARABIEN
Nil
Rotes Meer
Theben

Herrschaftsgebiet Rolos 911
Grenzen 1066
Normandie 1066
Normannische Eroberungen 1066–1070
Invasion Wilhelm des Eroberers 1066
Wilhelms Fledzüge 1069/70
Hauptgebiete des englischen Widerstands gegen die Normannen 1068–1070
Gebietsgewinne um 1100
bedeutende englische Burgen unter Wilhelm dem Eroberer
englische und normannische Bistümer 1066
bedeutende normannische Abteien
Schlacht
SCHOTTLAND
Tweed
Tyne
Newcastle
Carlisle
Durham
KGR. MAN
York
Stamford Bridge (1066)
Fulford Gate (1066)
Ouse
Irische See
Trent
Lindsey (1066)
Rhuddlan
Anglesey
Chester
Lincoln
Nordsee
Gwynedd
Nottingham
Powys
Shrewsbury
Stafford
Lichfield
Elmham
Norwich
Severn
Rockingham
Ely
Huntingdon
Wye
Warwick
Worcester
ENGLAND
Cambridge
Hereford
Gloucester
Colchester
Deheubarth
Oxford
Little Berkhamsted
Themse
Walling-ford
Chepstow
Dorchester
London
Ramsbury
Windsor
Rochester
Canterbury
Winchester
Wells
Dover
Senlac Hill (1066)
Old Sarum
Bramber
Arundel
Hastings
Flandern
Exeter
Selsey
Lewes
Pevensey
Corfe
St-Valéry-sur-Somme
Ärmelkanal
Fécamp
Cherbourg
Jumièges
Rouen
Bayeux
Dives
Bec
Herzogtum Normandie
Lisieux
Saint-Clair-sur-Epte
Coutances
Evreux
Falaise
Avranches
Vexin
Tinchbrai (1106)
Sées
Mont-St-Michel
Dol
Chartres
Brest
Bretagne
Maine
Rennes
0 50 100 150 km
FRANKREICH
Anjou
N
S

Das Königreich Sizilien 1144
Urbino
Ancona
Tiber
MARK ANCONA
Perugia
HZM. SPOLETO
Spoleto
Orvieto
Viterbo
Rieti
Pescara
Adria
Abruzzen
Tiber
Sulmona
Rom
Monte Gargano
PATRIMONIUM PETRI
Montecassino
Volturno
Siponto
Foggia
Boiano
Troia
Gaeta
Benevento
Ascoli
Trani
Bari
Ofanto
Capua
Ariano
Aversa
Avellino
Melfi
Venosa
Apulien
Neapel
Kampanien
Potenza
Brådano
Montescaglioso
Brindisi
Ischia
Salerno
Amalfi
Capri
Basilicata
Tarent
Lecce
Agri
Otranto
Gallipoli
Crati
Rossano
Tyrrhenisches Meer
Cosenza
Kalabrien
Crotone
Liparische Inseln
Nicotera
Mileto
Ionisches Meer
Messina
Palermo
Patti
Val Demone
Reggio
Cefalù
Trapani
Cerami
Taormina
Troina
Mazara
Sizilien
Enna
Catania
Agrigent
Salso
Syrakus
Noto
Mittelmeer
Nordgrenze des Königreichs Sizilien (ab 1144)
0
50
100
150 km
N
S

Personenregister

Bibliografische Information der Deutschen Nationalbibliothek
Die Deutsche Nationalbibliothek verzeichnet diese Publikation in der Deutschen Nationalbibliografie; detaillierte bibliografische Daten sind im Internet über
http://dnb.d-nb.de abrufbar.

Originalausgabe

Covergestaltung: Anja Carrà, Weimar
Umschlagabbildung: Normannische Soldaten, 11. Jahrhundert
© akg-images / Science Source
Karten: Peter Palm, Berlin
Satz und Bearbeitung: SATZstudio Josef Pieper, Bedburg-Hau
Der Titel wurde in der Palatino Linotype gesetzt.
Gesamtherstellung: CPI books GmbH, Leck – Germany

ISBN: 978-3-7374-1095-3

Mehr über Ideen, Autoren und Programm des Verlags finden Sie auf
www.verlagshausroemerweg.de und in Ihrer Buchhandlung.